"十四五"普通高等教育会计专业精品规划教材

配套辅导用书

# 财务管理学

## 习题集

主　编　俞雪华

副主编　王雪珍　滕　青　孙舟天洋

苏州大学出版社
Soochow University Press

#### 图书在版编目(CIP)数据

财务管理学习题集 / 俞雪华主编. —— 苏州：苏州大学出版社, 2023.9
　　ISBN 978-7-5672-4492-4

Ⅰ.①财… Ⅱ.①俞… Ⅲ.①财务管理－高等学校－习题集 Ⅳ.①F275-44

中国国家版本馆 CIP 数据核字(2023)第 168864 号

CAIWU GUANLIXUE XITI JI

| 书　　　名： | 财务管理学习题集 |
|---|---|
| 主　　　编： | 俞雪华 |
| 责任编辑： | 杨　冉 |
| 装帧设计： | 刘　俊 |
| 出版发行： | 苏州大学出版社(Soochow University Press) |
| 社　　　址： | 苏州市十梓街1号　邮编：215006 |
| 印　　　刷： | 镇江文苑制版印刷有限责任公司 |
| 邮购热线： | 0512-67480030 |
| 销售热线： | 0512-67481020 |
| 开　　　本： | 787 mm×1 092 mm　1/16　印张：17.5　字数：363 千 |
| 版　　　次： | 2023 年 9 月第 1 版 |
| 印　　　次： | 2023 年 9 月第 1 次印刷 |
| 书　　　号： | 978-7-5672-4492-4 |
| 定　　　价： | 58.00 元 |

图书若有印装错误,本社负责调换
苏州大学出版社营销部　电话：0512-67481020
苏州大学出版社网址　http://www.sudapress.com
苏州大学出版社邮箱　sdcbs@suda.edu.cn

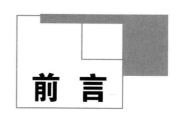

# 前言

本习题集是苏州大学出版社"十四五"普通高等教育会计专业精品规划教材《财务管理学》的配套辅导用书。

本习题集具有以下四个特点。

一是紧扣教材内容。为了满足和配合教师教学和学生学习的需要,本习题集严格按照《财务管理学》教材的内容进行编写,以便学生巩固知识点内容、熟练掌握相关方法和专业工具的运用。

二是内容完整,题型丰富。在内容方面,本习题集融合了"财务管理"课程的全部"应知应会"的理论、思维和知识;在题型方面,本习题集涵盖了单项选择题、多项选择题、判断题、计算题、实训题和案例分析题等。

三是理论联系实际。根据教材内容的特点,设置了不同题型,使学生能够迅速掌握相关知识、方法及财务管理的思维方式,使学生能够注重实务操作、掌握实务运作和解决实际问题的方法。

四是深入浅出,难易结合。本习题集设置了不同难度的题型,力求对不同层次的学生都能有所帮助,使学生能够循序渐进地学习和探索。

本习题集适合普通本科院校和高职院校学习"财务管理"课程的师生使用,也适合准备考研、考证的读者和其他读者使用。

在使用本习题集时,教师可以根据教学内容及重点有选择性地布置学生"必做题"和"提高题",通过常规的练习使学生掌握基本内容和方法,通过案例分析进一步引导学生理解财务管理的内涵。学生在使用本习题集时可以按照单项选择题、多项选择题、判断题、思考题、计算题、实训题、案例分析题的顺序,尽量结合上课的内容进行"配套"练习,通过练习掌握基本知识点、基本计算公式、分析方法和专业工具的运用。

由于编写时间仓促,本书不足之处在所难免,期盼同行专家与广大读者不吝指正。

编　者

# 目 录

第一章　总　论 / 001

第二章　财务管理目标和财务管理环境 / 004

第三章　资金时间价值 / 013

第四章　投资收益和风险分析 / 028

第五章　企业价值评估 / 040

第六章　资金成本及其运用 / 050

第七章　经营杠杆和财务杠杆 / 063

第八章　资金结构决策 / 067

第九章　筹资管理概论 / 081

第十章　长期筹资 / 091

第十一章　短期筹资 / 097

第十二章　项目投资决策 / 100

第十三章　流动资产投资管理 / 125

第十四章　利润管理和股利政策 / 142

第十五章　财务分析概论 / 158

第十六章　企业设立、变更与清算 / 178

第十七章　企业并购财务管理 / 181

部分习题参考答案 / 185

# 第一章  总  论

## 一、单项选择题

1. 在资本市场上向投资者出售金融资产，如发行股票和债券等，从而取得资金的活动是（　　）。
   A. 筹资活动　　　　　　　　B. 投资活动
   C. 收益分配活动　　　　　　D. 资金营运活动

2. 在下列经济活动中，能够体现企业与其投资者之间财务关系的是（　　）。
   A. 企业向国有资产投资公司交付利润
   B. 企业向国家税务机关缴纳税款
   C. 企业向其他企业支付货款
   D. 企业向职工支付工资

3. 企业支付利息属于由（　　）引起的财务活动。
   A. 投资　　　B. 分配　　　C. 筹资　　　D. 资金营运

4. 财务管理是企业组织财务活动、处理各方面（　　）的一项经济管理工作。
   A. 筹资关系　　B. 投资关系　　C. 分配关系　　D. 财务关系

5. 根据财务报表等有关资料，运用特定的方法，对企业财务活动过程及其结果进行分析和评价的工作是指（　　）。
   A. 财务控制　　B. 财务决策　　C. 财务规划　　D. 财务分析

6. 财务管理的基本环节是指（　　）。
   A. 筹资、投资与用资
   B. 预测、决策、预算、控制和分析
   C. 资产、负债与所有者权益
   D. 筹资活动、投资活动、资金营运活动和分配活动

7. 某公司预测将出现通货膨胀，于是提前购置一批存货备用。从财务管理的角度看，这种行为属于（　　）。
   A. 长期投资管理　　　　　　B. 收入管理
   C. 营运资金管理　　　　　　D. 筹资管理

8. 假定某年年末 A 企业须向 B 企业还本付息，A、B 间的财务关系为（    ）。
   A. 债权人与债务人的财务关系　　B. 债务人与债权人的财务关系
   C. 投资者与受资者的财务关系　　D. 受资者与投资者的财务关系
9. 企业主要与政府（    ）部门发生财务关系。
   A. 审计部门　　B. 财政部门　　C. 税务部门　　D. 主管部门
10. 甲公司向乙公司赊销产品，且甲公司持有丙公司的债券和丁公司的股票，并向戊公司支付公司债券利息。假定不考虑其他条件，从甲公司的角度看，下列各项中属于本企业与债权人之间财务关系的是（    ）。
    A. 甲公司与乙公司之间的关系　　B. 甲公司与丙公司之间的关系
    C. 甲公司与丁公司之间的关系　　D. 甲公司与戊公司之间的关系

## 二、多项选择题

1. 以下属于企业筹资活动的是（    ）。
   A. 企业发行股票和债券　　B. 企业联营
   C. 企业吸收投资者直接投资　　D. 企业按规定支付红利
2. 企业财务管理的具体内容包括（    ）。
   A. 企业流动资产管理　　B. 企业利润分配管理
   C. 企业销售收入管理　　D. 企业财务收支预算管理
3. 企业财务管理的基本环节包括（    ）。
   A. 财务控制　　B. 财务计划
   C. 财务预测　　D. 财务监督和评价
4. 财务预测的方法主要有（    ）。
   A. 定性预测法　　B. 损益决策法
   C. 定量预测法　　D. 数学微分法
5. 以下属于公司制企业特点的是（    ）。
   A. 独立的法人实体　　B. 具有无限的存续期
   C. 股东承担无限责任　　D. 所有权和经营权分离

## 三、判断题

1. 企业同其债权人的财务关系，在性质上属于投资与受资的关系。（    ）
2. 在市场经济条件下，财务决策是为财务预测服务的。（    ）
3. 财务分析是财务管理的核心，财务预测是为财务决策服务的。（    ）
4. 企业集团内部所属单位之间业务联系越密切，就越有必要采用相对集中的财务管理体制。（    ）
5. 财务管理的主要职能是对投资决策、融资决策和股利决策进行管理，因此，财务管理的内容不涉及成本方面的问题。（    ）

## 四、实训题

赵丽是东方公司的会计主管,在公司的表现可圈可点。随着公司业务的拓展,她不仅要进行会计核算,而且要参加企业的经营管理决策,如投资决策、筹资决策等。2023年年初,总经理提名聘任赵丽为公司财务总监,并要求她将原来的会计部门分为两个部门:会计部和财务部。会计部主要负责处理日常会计业务、进行会计核算等会计和税务方面的事宜;财务部主要负责企业的资金预算、筹资决策、投资决策、现金管理、信用管理、股利决策、计划控制和分析及处理财务关系等工作。

讨论与思考:

(1) 赵丽在东方公司扮演了什么样的角色?

(2) 会计部和财务部有什么区别?

# 第二章　财务管理目标和财务管理环境

## 一、单项选择题

1. 企业价值最大化目标强调的是企业的（　　）。
   A. 实际利润额　　　　　　　　B. 实际利润率
   C. 预期获利能力　　　　　　　D. 生产能力

2. 每股收益最大化作为财务管理目标，其优点是（　　）。
   A. 考虑了资金的时间价值
   B. 考虑了投资的风险价值
   C. 有利于企业克服短期行为
   D. 反映了投入资金与收益的对比关系

3. 在下列各项中，不属于企业财务管理的金融市场环境内容的是（　　）。
   A. 利息率和金融市场　　　　　B. 金融机构
   C. 金融工具　　　　　　　　　D. 税收法规

4. 已知短期国库券利率为5%，纯利率为4%，市场利率为8%，则通货膨胀附加率为（　　）。
   A. 3%　　　　B. 1%　　　　C. -1%　　　　D. 4%

5. 某上市公司职业经理人在任职期间不断提高在职消费额，损害股东利益。这一现象揭示的公司制企业的缺点主要是（　　）。
   A. 产权问题　　B. 激励问题　　C. 代理问题　　D. 责权分配问题

6. 下列财务管理的目标中，没有考虑风险因素的是（　　）。
   A. 股价最大化　　　　　　　　B. 股东财富最大化
   C. 利润最大化　　　　　　　　D. 企业价值最大化

7. 财务管理的经济环境不包括（　　）。
   A. 社会文化环境　　　　　　　B. 经济政策
   C. 经济周期　　　　　　　　　D. 经济发展水平

8. 财务管理目标不具有（　　）特点。
   A. 相对稳定性　　B. 多元性　　C. 单一性　　D. 层次性

9. 下列属于企业财务管理宏观环境的是（ ）。
   A. 法制环境              B. 企业管理体制
   C. 企业财务组织结构      D. 企业组织形式
10. 扩张性财政税收政策可采取的财政措施是（ ）。
    A. 发行公债             B. 削减财政补贴
    C. 调高税率             D. 缩小投资规模

## 二、多项选择题

1. 在下列各种观点中，既能够考虑资金的时间价值和投资风险，又有利于克服管理上的片面性和短期行为的财务管理目标是（ ）。
   A. 利润最大化           B. 企业价值最大化
   C. 每股收益最大化       D. 股东财富最大化
2. 在不存在通货膨胀的情况下，利率的组成因素包括（ ）。
   A. 纯利率               B. 违约风险报酬率
   C. 流动性风险报酬率     D. 到期风险报酬率
3. 企业价值最大化的缺点包括（ ）。
   A. 股价很难反映企业所有者权益的价值
   B. 法人股东对股票价值的增加没有足够的兴趣
   C. 片面追求利润最大化，可能导致企业短期行为
   D. 对于非股票上市企业的估价不易做到客观和准确，导致企业价值确定困难
4. 协调所有者与债权人之间矛盾的措施包括（ ）。
   A. 限制性借款           B. 收回借款
   C. 不再借款             D. 提高借款使用率
5. 企业的财务管理环境涉及的范围很广，主要包括（ ）。
   A. 经济环境             B. 法律环境
   C. 金融市场环境         D. 自然环境

## 三、判断题

1. 根据风险与收益对称的原理，高风险的投资项目必然会获得高收益。
   （ ）
2. 与企业价值最大化目标相比，股东财富最大化目标的局限性在于未能克服企业追求利润的短期行为。（ ）
3. 实行赤字预算属于紧缩性财政税收政策。（ ）
4. 扩张性货币政策是指货币供应量小于货币需求量。（ ）
5. 一般而言，资金的利率由纯利率、通货膨胀补偿率和风险报酬率三部分构成。
   （ ）

### 四、思考题

1. 在产业转型升级和后金融危机时代背景下，结合当地的经济发展情况，你认为企业的财务管理目标是什么？与本章中学到的几种代表模式相比，还应给财务管理目标赋予哪些内涵？

2. 企业的财务管理目标是企业财务管理活动所希望实现的结果。企业财务管理目标有以下四种具有代表性的模式：利润最大化、股东财富最大化、资金价值最大化和企业价值最大化。试调查分析你所熟悉的企业的财务管理目标，并指出这种目标的优缺点。

### 五、实训题

1. 假设你是财务专业的毕业生，在一家咨询公司上班。张伶是你的一个客户，她正打算创办一家生产健身器材的公司。近几年这一行业的前景看好，已经有多位出资者表示愿意对张伶的新公司出资。鉴于采用发行股票方式设立公司的手续复杂，张伶打算采用有限责任公司的组织形式，她想通过你来了解有关公司理财方面的问题。

讨论与思考：

你的老板设计了下面这些问题，让你通过对这些问题的询问与回答来帮助张伶了解相关知识。

（1）公司内部的组织结构如何设置？

（2）公司财务管理的目标是什么？在实施这一目标的过程中，可能遇到的问题有哪些？应如何解决？

（3）公司主要的财务活动有哪些？财务人员在进行这些活动时需要注意的问

题是什么？

(4) 公司财务人员可以通过金融市场实现什么理财目标？金融机构有哪些？

(5) 市场利率的构成因素主要包括哪些？这些构成因素产生的原因是什么？

2. 企业经营的目标是实现企业价值、股东财富的最大化。改革开放以来，我国企业一直是我国经济快速增长的发动机，为经济的发展做出了巨大的贡献。但是企业作为国民经济和社会的重要组成部分，其在研发、原材料采购、生产、包装、运输、销售、后续服务、品牌宣传等各个生产经营环节中都涉及企业目标和社会整体目标的矛盾。例如，毒奶粉事件、福建紫金矿业溃坝事件、王石捐款门事件，类似的食品安全、环境污染、公益争议问题层出不穷。

讨论与思考：

谈谈你对企业目标、社会目标及其关系的理解，你认为应如何协调二者之间的关系？

3. 一个高度国际化的研究小组曾对美国、日本、法国、荷兰、挪威5个国家中4个工业部门的87家企业的财务经理做过一个调查，以了解他们心中各种理财目标的重要性排名情况，结果如表2-1所示。

**表2-1　5个国家不同财务管理目标的排名情况表**

| 排序 | 法国 | 日本 | 荷兰 | 挪威 | 美国 |
|---|---|---|---|---|---|
| 1 | 每股收益增长 | 每股收益增长 | 每股收益增长 | 资金可获得性 | 每股收益增长 |
| 2 | 资金可获得性 | 销售利润率 | 投资收益率 | 投资收益率 | 投资收益率 |
| 3 | 股价升值和股利 | 投资收益率 | 资金可获得性 | 息税前收益 | 股价升值和股利 |
| 4 | 销售利润率 | 资金可获得性 | 市盈率 | 销售利润率 | 股票市场价值 |
| 5 | 息税前收益 | 账面价值 | 销售利润率 | 股价升值和股利 | 销售利润率 |
| 样本数 | 8 | 20 | 13 | 26 | 20 |

从表2-1中可以看出，绝大多数国家的财务经理都非常注重企业每股收益的增长情况，但挪威却未把这一目标列入前5位，而是把资金可获得性放在了首位。同样，对于资金可获得性这一理财目标，法国将其排在第2位，荷兰将其排在第3位，日本将其排在第4位，美国却未将其列入前5位。

销售利润率是唯一一个被5个国家都列入前5位的理财目标，日本将其排在第2位，法国和挪威将其排在第4位，荷兰和美国将其排在第5位。与销售利润率相类似的是投资收益率，除法国以外的4个国家都把这一目标排在了前5位，其中，荷兰、挪威和美国将其排在第2位，日本将其排在第3位。

股价升值和股利这一理财目标，法国和美国将其排在第3位；股票市场价值最大化这一理财目标，美国将其排在第4位；而资金可获得性，法国、荷兰和挪威也都将其排在重要地位。

讨论与思考：

各国企业的财务管理目标为何不尽相同？结合已有的财务知识，你认为我国企业的财务管理目标应该是什么？

4. 窗外阳光明媚，健达公司的王总坐在办公桌旁却满脸阴云。昨天公司的股东大会上表决了两个并购方案，结果都没有通过。

第一个并购方案是以王总为核心的董事会提出的，准备并购一家互联网科技公司"卓游"。该公司属于朝阳行业，不过业务仍在开发中，还没有盈利，而且健达公司需要向卓游公司继续投入大量资金拓展其市场份额。健达公司的大股东否决了这个议案，认为健达公司作为食品公司，没有必要进行大规模多元化，更何况还要付出这么大的代价。大股东代表虽然没有明说，但王总从他的表情上明显可以看出潜台词：这次并购纯粹是你们这些高管瞎折腾！

第二个并购方案是大股东极力推动的，大股东准备把休闲食品资产注入健达，大股东认为这是增强公司核心竞争力的有效措施。王总闭上眼睛揉了揉太阳穴，大股东代表慷慨陈词的样子好像就在眼前。可是，随后的表决让大股东一下子泄了气，王总想到这不禁露出一丝微笑。因为这一并购涉及大股东的利益，大股东作为关联方需要回避表决，是否能够进行这次并购将由参加会议的小股东，以及没有来参加会议的小股东通过现场和网络投票决定。出乎大股东意料，也出乎王总意料，小股东以高票否决了这个提案。王总会后拉住一个认识的小股东聊了两句，这个小股东的语气和神色跟大股东否决第一个并购方案时几乎一模一样：谁知道他们大股东想干啥？不让买互联网，非把自己的资产塞进来，肯定没好事！

讨论与思考：

企业中的财务活动都需要有目标的引导，但股东和管理者、大股东和小股东之间的目标冲突该如何缓解？

5. 新港钟表厂是一家有名的老企业，在计划经济体制下，以"产值最大化"作为财务管理目标，生产的产品由国家外贸部门包销出口。该企业产品生产成本较高，每出口一只闹钟亏损1元人民币。但是，国家为了创汇，每年都给该厂大量的财政补贴。

改革开放后，国家取消了财政补贴。但该企业并没有以市场为导向，一如既往地坚持以"产值最大化"为财务管理的目标，以致产品滞销。企业终于资不抵债，被迫宣布破产。而同时期的其他企业大多顺应形势的变化实行了股份制改造。它们坚持以产品为龙头、以市场为导向，及时转变财务管理目标，使企业顺利地迈入市场经济的轨道。

讨论与思考：

试谈谈财务管理目标的确立对一个企业生存、发展、实现盈利目标的重要意义。

## 六、案例分析题

### 案例一

宏伟公司是一家从事IT产品开发的企业，由三位志同道合的朋友共同出资120万元，三人平分股权比例共同创立。公司发展初期，创始股东都以公司的长远发展为目标，关注公司的持续增长能力，所以，他们注重加大研发投入，不断开发新产品，这些措施有力地提高了公司的竞争力，使公司实现了营业收入的高速增长。在开始的几年间，销售业绩以年均60%的速度提升。然而，随着利润不断快速增长，三位创始股东在收益分配上产生了分歧。股东王力、张伟倾向于分红，股东赵勇则认为应将公司取得的利润用于扩大再生产，以提高公司的持续发展能力，实现长远利益的最大化。矛盾不断升级，最终导致着眼于公司长期发展的赵勇被迫出让其持有的1/3股份而离开公司。

但此结果引起了与公司有密切联系的广大供应商和分销商的不满，因为他们业务的发展壮大都与宏伟公司密切相关，他们深信宏伟公司的持续增长将带来更多的机会。于是他们声称，如果赵勇离开公司，将断绝与公司的业务往来。面对这一情况，其他两位股东提出他们可以离开，条件是赵勇必须收购他们的股份。赵勇的长期发展战略需要较多的投资，这样做将导致公司陷入没有资金维持生产的困境。这时，众多供应商和分销商纷纷伸出了援助之手，他们或主动延长应收账款的期限，或预付货款，最终使赵勇重新回到公司，成为公司的掌门人。经历了股权变更的风波后，宏伟公司在赵勇的领导下不断加大投入，实现了公司规模化发展，在行业中处于领先地位，公司的竞争力和价值不断提升。

案例思考题：

1. 赵勇坚持公司长远发展，而其他股东要求更多分红，你认为赵勇的目标是否与股东财富最大化的目标相矛盾？

2. 拥有控制权的大股东与供应商和客户等利益相关者之间的利益是否矛盾？应该如何协调？

3. 像宏伟这样的公司，其所有权与经营权是合二为一的，这对公司的发展有什么利弊？

4. 重要利益相关者能否对公司的控制权产生影响？

## 案例二

1992年沈阳蓝田股份有限公司（以下简称"蓝田"）成立之初，其主业为制药业与酒店业。后来根据市场形势的变化，蓝田决定把农业作为公司的发展方向，开拓新的生产力增长点。1996年6月18日，蓝田在上海证券交易所上市。1996—2000年，蓝田在财务数据上一直保持着神奇的增长速度。总资产规模从1996年5月底的2.66亿元发展到2000年年末的28.38亿元，增长了10.67倍，历年年报的每股收益都在0.60元以上，最高达到1.15元，创造了中国农业企业罕见的"蓝田神话"，被称作"中国农业第一股"。

2001年10月26日，中央财经大学教授刘姝威发表文章，对蓝田财务造假行为进行了揭露，此时蓝田的真实总资产为10.26亿元，总负债为11.205亿元。蓝田造假丑闻曝光后，股价大跌，各家商业银行纷纷停止对其贷款，此后蓝田资金链条断裂。最后，因涉嫌提供虚假财务信息，董事长等10名中高层管理人员被拘，无数股东倾家荡产、负债累累，相关商业银行损失惨重。

蓝田的失败，最主要的原因是公司治理机制失灵，在缺乏明确的投资战略的情形下盲目扩张。此外，蓝田的财务管理漏洞百出，致使公司真实的业绩状况不断恶化。于是管理高层炮制了所谓"金鸭子""野莲汁、野藕汁""无氧鱼"的动人故事，靠骗取贷款来过日子。蓝田的失败还有一些其他原因，如地方政府过分袒护公司、注册会计师审计失当、企业管理水平偏低等。

案例思考题：
蓝田的失败，带给我们什么启示？

# 第三章　资金时间价值

### 一、单项选择题

1. 某人进行一项投资，预计 6 年后会获得收益 880 元，在年利率为 5%的情况下，这笔收益的现值应为（　　）元。
   A. 4 466.62　　　B. 656.66　　　C. 670.56　　　D. 4 455.66

2. 某人将 10 000 元存入银行，银行年利率为 8%，按单利计算，则 5 年后此人可从银行取出（　　）元。
   A. 10 200　　　B. 10 400　　　C. 14 000　　　D. 14 690

3. 某人拟在今后 4 年中每年年末从银行取出 1 000 元，年利率为 7%，按复利计算，则此人现在应存入银行（　　）元。
   A. 4 000　　　B. 3 720　　　C. 3 387　　　D. 3 580

4. 某人现在存入银行 20 000 元，在银行利率为 6%的情况下，今后 10 年内每年年末可提取的相等金额的现金是（　　）元。
   A. 2 000　　　B. 2 200　　　C. 2 717　　　D. 2 145

5. 在普通年金终值系数的基础上，期数加 1、系数减 1 所得的结果，数值上等于（　　）。
   A. 普通年金现值系数　　　B. 即付年金现值系数
   C. 普通年金终值系数　　　D. 即付年金终值系数

6. 下列各项年金中，只有现值没有终值的年金是（　　）。
   A. 普通年金　　B. 即付年金　　C. 永续年金　　D. 先付年金

7. 某公司预存一笔资金，年利率为 $i$，从第六年开始连续 10 年可在每年年初支取现金 200 万元，则预存金额的计算正确的是（　　）。
   A. $200 \times (P/A, i, 10) \times (P/F, i, 5)$
   B. $200 \times (P/A, i, 10) \times [(P/F, i, 4) + 1]$
   C. $200 \times (P/A, i, 10) \times (P/F, i, 4)$
   D. $200 \times (P/A, i, 10) \times [(P/F, i, 5) - 1]$

8. 货币时间价值形成的原因是（　　）。

A. 流动偏好　　　B. 消费倾向　　　C. 边际效应　　　D. 经营增值

9. 下列各组时间价值系数中互为倒数的是（　　）。
A. 普通年金终值系数与复利现值系数
B. 普通年金终值系数与复利终值系数
C. 普通年金现值系数与偿债基金系数
D. 普通年金现值系数与资金回收系数

10. 下列年金中，不可计算终值的是（　　）。
A. 普通年金　　　B. 预付年金　　　C. 递延年金　　　D. 永续年金

二、多项选择题

1. 影响资金时间价值大小的因素主要包括（　　）。
A. 单利　　　B. 复利　　　C. 资金额　　　D. 利率和期限

2. 在复利计息方式下，影响复利息大小的因素包括（　　）。
A. 计息频率　　　B. 资金额　　　C. 期限　　　D. 利率

3. 递延年金的特点有（　　）。
A. 最初若干期没有收付款项　　　B. 最后若干期没有收付款项
C. 其终值计算与普通年金相同　　　D. 其现值计算与普通年金相同

4. 永续年金具有（　　）特点。
A. 没有终值　　　B. 没有期限
C. 每期不等额支付　　　D. 每期等额支付

5. 年金有（　　）等特征。
A. 收入或支付款项的金额相等
B. 收入或支付款项的间隔期相同
C. 收入或支付款项的间隔期一定为一年
D. 收入或支付款项的时间是在每一期的期初

三、判断题

1. 每半年付息一次的债券利息是一种年金的形式。　　　　　　　　　　（　　）
2. 在利率和计息期数相同的条件下，复利现值系数与复利终值系数互为倒数。
（　　）
3. 公司年初借入资金 100 万元，第 3 年年末一次性偿还本息 130 万元，则该笔借款的实际利率小于 10%。　　　　　　　　　　　　　　　　　　　　（　　）
4. 在期数和年金相同的情况下，先付年金的现值小于普通年金的现值。
（　　）
5. 在期数相同的情况下，先付年金现值与后付年金现值相比，前者相应的年金会比后者相应的年金多折算一期现值。　　　　　　　　　　　　　　（　　）

**四、计算题**

1. 为了 5 年后能从银行取出 1 000 元,在年利率 2%的情况下,按单利计算目前应存入银行的金额是多少?

2. 某人将 10 000 元投资某项事业,年报酬率为 6%,按复利计算,该笔投资 3 年后的本利和是多少?

3. 某人拟在 5 年后获得本利和 10 000 元,假设年投资报酬率为 10%,他现在应该投入多少元?

4. 某人连续 8 年每年年末存入银行 500 元,存款利率为 5%,问第 8 年年末的年金终值是多少?

5. 某人出国 3 年,请你代付房租(年末付),每年租金为 10 000 元,假设银行存款利率为 5%,他现在应当在银行给你存入多少钱?

6. 某人每年年初存入银行 2 000 元，银行利息为 9%，问第 10 年年末的本利和为多少？

7. 某人以 6 年分期付款方式购物，每年年初付 200 元，假设银行利率为 10%，该项分期付款相当于一次现金支付的购价是多少？

8. 某人想从银行贷款，年利率为 10%，规定前 5 年不用还本付息，但从第 6 年开始至第 10 年的每年年末偿还本息 5 000 元，问这笔贷款的现值是多少？

9. 某校拟建立一项永久性的奖学金，每年计划发放 10 000 元奖学金。若银行存款年利率为 10%，现在应存入多少钱？

10. 大河公司将 10 000 元投入某个体公司，该公司承诺以年利率 10% 的复利计算投资报酬，则第 2 年年末该投资的终值为多少？

11. 大河公司打算 3 年后以 120 000 元购买一部客货两用车，假设银行存款利率为 5%，以复利计算，现在应存入银行多少钱？

12. 大河公司计划在 5 年后更新一批设备，从今年起每年年末在银行存入 80 000 元，银行存款利率为 5%，到第 5 年年末该系列存款的本利和是多少？

13. 大河公司预计 10 年后需偿还一笔 600 000 元的债务，从现在起每年年末等额存入银行一笔款项，假设银行利率为 10%，则该公司每年年末需要存入多少钱？

14. 大河公司打算租赁一台全自动化的生产设备，租期 10 年，租赁公司要求每年年末收取 50 000 元的租赁费用。若该设备现在的市场价值是 35 万元，以贷款利率 6% 计算，则大河公司租赁该设备是否合算？

15. 大河公司欲投资一小型矿山，预计投资额为 3 500 万元，该公司希望在 8 年内能收回该项投资。假设银行利率为 10%，则每年需要收回多少投资才能实现预期目标？

16. 大河公司打算租赁一套写字楼，每年年初支付租金 90 000 元，年利率为 6%。该公司计划租赁 5 年，按复利计算，5 年后共计支付的租金终值为多少？

17. 大河公司打算分期付款购买一栋写字楼，开发商要求每年年初支付 80 000 元，20 年还款期。假设银行借款利率为 6%，该项分期付款如果现在一次性支付，需支付多少现金？

18. 大河公司与某矿业公司合作开发一小型煤矿，预计 3 年后正式投产，投产后估计每年可获得收入 5 000 万元，煤矿的开发期为 15 年。假设银行利率为 6%，则该煤矿收入的现值是多少？

19. 大河公司欲资助某希望小学，双方签订的合约为公司每年以 10 万元奖励 200 名品学兼优的学生，该项资助在公司的存续期内将无限期进行下去。若以 5% 的存款利率计算，则大河公司现在应为这项事业预留多少资金？

20. 大河公司欲在 5 年后对现有生产设备进行更新换代，5 年中各年年末计划预留的资金分别是：1 000 万元、2 000 万元、3 000 万元、2 000 万元、4 000 万元。假设银行存款利率为 5%，则该公司第 5 年年末用于进行设备更新换代的资金总额为多少？

21. 大河公司欲在未来 5 年实行科技奖励计划，5 年中各年末计划用于奖励的资金分别是 100 万元、110 万元、130 万元、150 万元、200 万元。假设银行存款利率为 5%，则该公司现在需预存的资金总额为多少？

22. 假设存入银行 30 000 元，银行年利率为 12%，计算按年、半年、季复利的终值。

23. 假设存入银行 50 000 元，按复利计算，在利率为多少时，才能在以后 10 年中每年得到 10 000 元？

24. 小李将 10 000 元存入银行，存期为 3 年，银行年利率为 4%，问 3 年后小李能取出多少钱？如果每季度复利一次，3 年后小李能取出多少钱？

25. 小王计划 3 年后更换某品牌电脑，预计那时该品牌电脑的售价为 5 000 元，目前银行年利率为 3%，问小王现在需要一次性存入多少钱才能满足 3 年后的心愿？

26. 本金 10 万元，投资 8 年，年利率 6%，每半年复利一次，则 8 年后本利和、复利息各是多少？实际利率是多少？

27. 小王是一位热心于公益事业的人，自 1995 年 12 月底开始，他每年都要向一位失学儿童捐款 1 000 元，以帮助其完成九年义务教育。假定每年定期存款利率为 2%，则小王 9 年的捐款在 2003 年年底相当于多少钱？

28. 某人有一笔 2 年后到期的债务 10 万元，到期须一次性还清借款。为此他每月末向银行存一笔钱，假设银行存款年利率为 12%，问他每月应存多少元才能一次性还清借款？

29. A 公司以分期收款方式向 Y 公司出售一台大型设备。合同规定 Y 公司在 10 年内每半年支付 5 000 元欠款。A 公司为马上取得现金，将合同向银行折现。假设银行愿意以 14% 的年利率、每半年计息一次的方式对合同金额进行折现，问 A 公司将获得多少现金？若折现率为 8%，A 公司将获得多少现金？

30. 某企业从银行取得 1 000 万元的贷款，在 10 年内以年利率 12% 等额偿还，则每年应还的金额是多少？

31. 政府对有突出贡献的青年科学家发放年金式的政府津贴，每年发放人民币 10 000 元，每年 1 月 1 日发放，共发放 10 年。假设 10 年期的银行存款利率为 8%，这笔津贴的现值是多少？

32. 某企业有一个投资项目，预计 2021—2023 年每年年初投入资金 300 万元，2024—2033 年每年年末流入资金 100 万元。如果企业的折现率为 8%，试判断该投资项目是否可行。

33. 某项年金前 3 年无现金流入，后 5 年每年年初流入 500 万元，若年利率为 10%，其现值为多少？

34. 大通公司拟建立一项永久性的基金资助西南干旱地区，年计划资助 50 万元。若利率为 8%，现在应存多少钱？

35. 王先生有现金 30 000 元，准备 5 年之后买一辆车，估计届时该车价格为 48 315 元。假如将现金存入银行，那么在年复利率为多少时，王先生才能在 5 年后实现购买该车的愿望？

36. 假设你每年年底都向一个账户存入 10 000 元，连续存 4 年。如果银行存款年利率为 12%，那么在第 7 年年底你将钱全部取出，将得到多少钱？

37. 张华大学毕业后在一家投资银行找到了一份股票经纪人的工作，他的底薪是每年 10 万元，第一年的工资将在他工作满一年时得到。另外，他一进入公司就会获得一笔 5 万元的安家费，底薪会以每年 4% 的增幅上涨，而且每年他都将获得一份相当于当年工资 10% 的奖金。张华希望能够在这家投资银行工作 3 年，假设折现率为 12%，那么他能获得的所有收入的现值是多少？

38. 新创广告公司准备购置一辆面包车接送员工，购价为 200 000 元，可使用 8 年，期满无残值。购置该面包车每年可节约员工交通费 45 000 元。如果折现率为 12%，试判断是否应该购置面包车。

39. M 公司发行一种债券，年利率为 12%，按季计息，1 年后还本付息，每张债券还本付息 1 000 元。请计算该债券的现值。

40. M 公司全部用银行贷款投资兴建一个工程项目，总投资额为 5 000 万元，假设银行借款利率为 16%。该工程当年建成投产。请问：
(1) 该工程建成投产后，分 8 年等额归还银行借款，每年年末应还多少钱？

（2）若该工程建成投产后，将每年可获得的净利 1 500 万元全部用来归还借款的本息，则需要多少年才能还清？

41. 某公司欲投资一条 1 000 万元的生产线，建设期不足一年，生产线预计使用 20 年，已知 $(P/A,10\%,20)=8.514$，假设社会平均利润率为 10%，则该生产线每年至少给企业带来多少净现金流才是可行的？（结果保留至 0.000 1 万元）

42. 甲公司 2018 年和 2019 年年初对生产线的投资均为 500 万元，该生产线于 2020 年年初完工，假设 2020 年到 2022 年各年年末预期收益均为 10 万元，银行借款利率为 10%。

（1）计算投资额的现值。（结果保留至 0.01 万元）

（2）计算收益额的现值。（结果保留至 0.01 万元）

## 五、实训题

周教授是中科院院士，一日接到一家上市公司的邀请函，邀请他作为公司的技术顾问，指导开发新产品。邀请函的具体条件如下：① 每个月来公司指导工作1天；② 每年聘金10万元；③ 提供公司所在A市住房1套，价值80万元；④ 在公司至少工作5年。

周教授对以上工作待遇很感兴趣，对公司开发的新产品也很有研究，决定应聘。但他不想接受住房，因为每月工作1天，只需要住公司招待所就可以了，这样住房不用专人照顾。因此，他向公司提出，能否将住房改为住房补贴。公司研究了周教授的请求，决定可以每年年初给周教授20万元的住房补贴。

收到公司的通知后，周教授又犹豫起来。如果向公司要住房，可以将其出售，扣除售价5%的契税和手续费，他可以获得76万元；而如果接受住房补贴，则每年年初可获得20万元。

讨论与思考：

（1）假设每年存款利率为2%，则周教授应如何选择呢？

（2）如果周教授本身是一个企业的所有者，其企业的投资回报率为32%，则周教授应如何选择呢？

## 六、案例分析题

### 案例一

如果你突然收到一张事先不知道的 1 260 亿美元的账单，你一定会大吃一惊。而这样的事件就发生在瑞士田纳西镇的居民身上。纽约布鲁克林法院判决田纳西镇应向美国投资者支付这笔钱。最初，田纳西镇的居民以为这是一件小事，但他们收到账单时，被这张巨额账单惊呆了。他们的律师指出，若高级法院支持这一判决，为偿还债务，所有田纳西镇的居民在其余生中将不得不靠吃快餐度日。

田纳西镇的问题源于1966年的一笔存款。斯兰黑不动产公司在内部交换银行（田纳西镇的一个银行）存入一笔6亿美元的存款。存款协议要求银行按每周1%的利率（复利）付息（难怪该银行第二年破产）。1994年，纽约布鲁克林法院做出判决：从存款日到田纳西镇对该银行进行清算的7年中，这笔存款应按每周1%的复利计息；而在银行清算后的21年中，每年按8.54%的复利计息。

案例思考题：

1. 请运用你所学的知识说明1 260亿美元是如何计算出来的。

2. 如果利率为每周1%，按复利计息，6亿美元增加到12亿美元需要多长时间？增加到1 000亿美元需多长时间？

3. 本案例对你有何启示？

## 案例二

1987年，罗莎琳德赢得了一项总价值超过130万美元的大奖。这样，在以后的20年中，每年她都会收到65 276.79美元的分期付款。1995年，罗莎琳德女士接到了位于佛罗里达州西部棕榈市的西格资产理财公司（Singer Asset Finance Company）（以下简称"西格公司"）的一位销售人员打来的电话，称该公司愿立即付给她140 000美元，以获得今后9年其博彩奖支票的一半款项（9年共计293 745.56美元的分期付款）。

西格公司是一个奖金经纪公司，其职员的主要工作就是跟踪类似罗莎琳德女士这样的博彩大奖的获得者，因为公司知道有许多人会急于将他们获得奖项的部分马上变现成一笔大钱。西格公司将它们收购的这种获得未来现金流的权利再转售给一些机构投资者，诸如美国太阳公司或约翰·汉考克保险公司。本案例中，购买这项权利的是EFSG公司，它是一家从事市政债券的再保险公司。西格公司已谈好将罗莎琳德一半奖金的权利以196 000美元的价格卖给EFSG公司，如果罗莎琳德答应报价，西格公司马上能赚取56 000美元。最终罗莎琳德接受报价，交易达成。

案例思考题：

西格公司为何能安排这笔交易并立即获得56 000美元的利润？如果利率为5%，罗莎琳德女士未来9年的现金流量折算到1995年，相当于多少钱？

## 案例三

拿破仑于1797年3月在卢森堡第一国立小学演讲时曾说过这样一番话："为了答谢贵校对我,尤其是对我夫人约瑟芬的盛情款待,我不仅要在今天呈上一束玫瑰花,在未来的日子里,只要我们法兰西存在一天,每年的今天我都将亲自派人送给贵校一束价值相等的玫瑰花,作为法兰西与卢森堡友谊的象征。"然而时过境迁,拿破仑穷于应付连绵的战争和此起彼伏的政治事件,最终惨败并被流放到圣赫勒拿岛,自然也把在卢森堡的诺言忘得一干二净。1984年年底,卢森堡人民旧事重提,向法国提出拿破仑违背"赠送玫瑰花"诺言的索赔,并提出两个方案供法国选择:一是从1798年起,用3路易作为一束玫瑰花的本金,以5厘复利(利滚利)计息全部清偿这笔"玫瑰花"债;二是法国政府在各大报刊上公开承认拿破仑是个言而无信的小人。

起初,法国政府准备不惜重金赎回拿破仑的声誉,但随即他们被计算机计算出来的还款数字惊呆了:原本3路易的玫瑰花,187年之后本息竟高达 1 375 596 法郎。经过苦思冥想,法国政府斟字酌句地答复卢森堡:"以后,无论在精神上还是在物质上,法国将始终不渝地对卢森堡大公国的中小学教育事业予以支持与赞助,来兑现我们的拿破仑将军一诺千金的玫瑰花信誉。"当然这措辞最终得到了卢森堡人民的谅解。

案例思考题:

为何每年赠送价值3路易的玫瑰花,在187年后却相当于要一次性支付 1 375 596 法郎?

# 第四章 投资收益和风险分析

一、单项选择题

1. 在期望值相同的情况下，标准离差越大的方案，其风险（　　）。
   A. 越大　　　　B. 越小　　　　C. 两者无关　　　　D. 无法判断

2. 甲公司投资一项证券资产，每年年末都能按照6%的名义利率获取相应的现金收益。假设通货膨胀率为2%，则该证券资产的实际利率为（　　）。
   A. 3.88%　　　B. 3.92%　　　C. 4.00%　　　D. 5.88%

3. 已知有X和Y两个互斥投资项目，X项目的收益率和风险均大于Y项目的收益率和风险。下列表述中正确的是（　　）。
   A. 风险追求者会选择X项目　　　B. 风险追求者会选择Y项目
   C. 风险回避者会选择X项目　　　D. 风险回避者会选择Y项目

4. 考虑资金时间价值的复利后计算的收益率是（　　）。
   A. 简单收益率　　　　　　　　B. 内部收益率
   C. 名义收益率　　　　　　　　D. 季度收益率

5. 对于不同期间收益率的换算，以下表述正确的是（　　）。
   A. 季度收益率等于3倍的月收益率　B. 季度收益率等于4倍的月收益率
   C. 年化收益率等于3倍的季度收益率　D. 年化收益率等于10倍的月收益率

6. 投资者承担的财务风险是指投资收益受（　　）的影响。
   A. 市场利率变动　　　　　　　　B. 对方支付能力的限制
   C. 政府政策变动　　　　　　　　D. 商品价格或生活费用的变动

7. 对于标准差和标准差率，下列表述中正确的是（　　）。
   A. 标准差越大，各随机变量值偏离期望值的程度越大
   B. 标准差越大，风险越小
   C. 标准差率越大，项目的风险程度越小
   D. 标准差率能反映不同期望值的项目的风险程度，是一个绝对数

8. 对于系统性风险和非系统性风险，下列表述中正确的是（　　）。
   A. 非系统性风险与全部股票有关

B. 系统性风险与个别（特定）股票有关

C. 投资总风险等于非系统性风险与系统性风险之和

D. 非系统性风险又称为不可避免风险

9. 如果股票的系统性风险为 0.5，则表明（　　）。

A. 个别股票收益的波动是市场全部股票收益波动的 0.5 倍

B. 市场全部股票收益的波动是个别股票收益波动的 0.5 倍

C. 市场全部股票收益提高或降低 1%，个别股票收益提高或降低 1%

D. 市场全部股票收益提高或降低 1%，个别股票收益提高或降低 2%

10. 购买（　　）的股票属于保守性投资。

A. 系统性风险为 2　　　　　　　B. 系统性风险为 1.5

C. 系统性风险为 1.2　　　　　　D. 系统性风险为 0.5

## 二、多项选择题

1. 按照风险的来源不同，风险可以分为（　　）。

　A. 系统风险　　B. 非系统风险　　C. 经济风险　　D. 社会风险

2. 下列指标中，能够反映资产风险的有（　　）。

　A. 方差　　　　B. 标准差　　　　C. 期望值　　　D. 标准离差率

3. 以下会影响股票投资收益的有（　　）。

　A. 持有股数　　B. 每股红利　　　C. 出售价格　　D. 出售股数

4. 对于名义收益率和实际收益率，以下说法正确的是（　　）。

A. 根据是否考虑通货膨胀因素，名义收益率等于实际收益率与通货膨胀率之和

B. 根据是否考虑通货膨胀因素，实际收益率等于名义收益率与通货膨胀率之和

C. 根据一年计息次数，一年计息一次的收益率为名义收益率

D. 根据一年计息次数，一年计息一次的收益率为实际收益率

5. 非系统性风险包括（　　）。

　A. 公司竞争对手的出现　　　　　B. 公司领导层改变

　C. 国内外政治形势变化　　　　　D. 产品市场的变化

## 三、判断题

1. 如果企业面临的风险较大，那么企业的价值就有可能降低。　　　　（　　）

2. 随着投资者持有的全部股票中的股票种类的不断增加，股票的非系统性风险也会不断增加。　　　　　　　　　　　　　　　　　　　　　　　　（　　）

3. 当股票的系统性风险大于 1 时，说明个别股票超额收益率的波动程度小于市场全部股票超额收益率的波动程度。　　　　　　　　　　　　　　（　　）

4. 无风险收益率等于纯利率与通货膨胀补偿率之和。（  ）
5. 风险和预期收益率之间的关系是一种反比例关系。（  ）

**四、计算题**

1. 钢化公司于2021年12月1日购买利达公司股票，购买价格为每股20元，并于2022年1月20日获得每股现金股利2元。2022年2月20日，钢化公司将持有的利达公司的股票以每股25元的价格出售。要求：计算钢化公司对利达公司股票投资的收益率。

2. 东方公司于2021年6月5日在证券市场以1 000元的价格购进一张面值为1 200元、票面利率为5%、半年付息一次的债券，并于2021年12月5日以1 150元的价格在证券市场出售。要求：计算东方公司投资该债券的收益率。

3. 张先生投资了a、b两种证券，其预期收益率分别为10%和12%，张先生准备将所有资金平均分成两份分别投资a、b两种证券。则张先生的组合投资的收益率为多少？

4. 投资者王某欲对甲、乙、丙、丁四种不同的股票进行组合投资，四种股票的$\beta$系数分别为0.4、0.6、1.6、0.7，若王某欲对该四种股票采取的投资比例为2∶3∶1∶4。要求：计算投资者王某投资组合的$\beta$系数。

5. 金融市场上存在甲、乙两种证券，它们的相关系数为 0.5，标准差分别为 14%和 22%。投资者张某准备按照 3∶7 的比例投资甲、乙两种证券。要求：计算张某投资该组合证券的风险为多大。

6. 金立公司计划投资 A 公司的股票和 B 公司的债券组合，目前市场上该类组合的投资者要求的必要收益率为 13%，该组合的系数为 1.5，现行国债的利率为 5%。计算金立公司计划投资该组合的必要收益率。

7. 东盛公司股票和金丰公司股票未来 1 年收益率概率分布情况如表 4-1 所示，请计算东盛公司和金丰公司股票的预期收益率。

表 4-1　东盛公司股票和金丰公司股票未来 1 年收益率概率分布情况

| 经济状况 | 该状况发生的概率 | 该状况发生时股票的收益率/% | |
| --- | --- | --- | --- |
| | | 东盛公司 | 金丰公司 |
| 繁荣 | 0.2 | 90 | 25 |
| 正常 | 0.6 | 20 | 15 |
| 衰退 | 0.2 | −70 | 10 |

8. A、B两股票过去6年的历史数据如表4-2所示，要求分别计算投资A股票和B股票的平均收益率。

表4-2 A、B两股票过去6年的历史数据

| 年次 | 1 | 2 | 3 | 4 | 5 | 6 |
|---|---|---|---|---|---|---|
| A股票收益率/% | 26 | 11 | 15 | 27 | 21 | 32 |
| B股票收益率/% | 13 | 21 | 27 | 41 | 22 | 32 |

9. 某企业准备投资开发某新产品，现有A、B两个方案可供选择，经预测，A、B两个方案的预期收益率和概率如表4-3所示。要求：

（1）计算A、B两个方案的预期收益率。

（2）计算A、B两个方案预期收益率的标准差。

（3）继续计算A、B两个方案预期收益率的标准离差率，并判断A、B两个方案的风险大小。

表4-3 A、B两个方案的预期收益率和概率

| 市场状况 | 概率 | 预期收益率/% | |
|---|---|---|---|
| | | A方案 | B方案 |
| 繁荣 | 0.3 | 30 | 40 |
| 一般 | 0.5 | 15 | 15 |
| 衰退 | 0.2 | −5 | −15 |

10. 2022 年 1 月，一位股票分析专家预测 4 家上市公司股票的预期收益率如表 4-4 所示。

表 4-4  4 家上市公司股票的预期收益率

| 上市公司名称 | 预期收益率/% |
| --- | --- |
| A | 12 |
| B | 30 |
| C | 15 |
| D | 8 |

如果用 10 万元资金投资这 4 家上市公司，每一只股票的投入金额为 25 000 元，计算该证券组合的预期收益率是多少。

11. 某公司持有 A、B、C 三种股票组成的投资组合，权重分别为 20%、30% 和 50%，三种股票的 $\beta$ 系数分别为 2.5、1.2、0.5。市场平均收益率为 10%。请计算该投资组合的 $\beta$ 系数。

12. 某企业有 20 000 万元资金，准备等额投资两个项目，投资额均为 10 000 万元，目前有三个备选的投资项目，其收益额的概率分布如表 4-5 所示。

表 4-5 三个备选投资项目收益额的概率分布

| 市场情况 | 概率 | A项目收益额/万元 | B项目收益额/万元 | C项目收益额/万元 |
| --- | --- | --- | --- | --- |
| 销售好 | 0.2 | 2 000 | 3 000 | 4 000 |
| 销售一般 | 0.5 | 1 000 | 1 000 | 500 |
| 销售差 | 0.3 | 500 | −500 | −1 000 |

要求：

（1）若该企业拟选择两个风险较小的项目进行投资组合，应该选择哪两个项目进行组合？

（2）各项目彼此间的相关系数为 0.6，计算所选中投资组合的预期收益率和标准差。

（3）假定资金资产定价模型成立，证券市场的平均收益率为 8%，无风险收益率为 4%，计算所选组合的 $\beta$ 系数。

13. 中原公司和南方公司股票的报酬率及其概率分布见表 4-6。

表 4-6 中原公司和南方公司股票的报酬率及其概率分布

| 经济情况 | 概率 | 报酬率/% ||
| --- | --- | --- | --- |
| | | 中原公司 | 南方公司 |
| 繁荣 | 0.3 | 40 | 60 |
| 一般 | 0.5 | 20 | 20 |
| 衰退 | 0.2 | 0 | −10 |

如果同期国库券利率为 10%，风险报酬系数为 5%。

要求：计算投资于中原公司和南方公司股票的投资报酬率分别是多少？

14. 现有四种证券资料见表 4-7。

表 4-7 四种证券的 $\beta$ 系数

| 证券 | A | B | C | D |
|---|---|---|---|---|
| $\beta$ 系数 | 1.5 | 1.0 | 0.4 | 2.5 |

设无风险报酬率为 8%，市场上所有证券的报酬率为 14%。

要求：计算四种证券各自的必要报酬率。

15. 某债券面值为 1 000 元，票面利率为 12%，期限为 5 年，某公司要对这种债券进行投资，要求必须获得 15% 的报酬率。

要求：计算该债券价格为多少元时才能进行投资。

16. 市场上有三种证券 A、B、C，可能的投资报酬率及其概率分布见表 4-8。

表 4-8　三种证券的投资报酬率及其概率分布

| 经济情况 | 概率 | 投资报酬率/% | | |
|---|---|---|---|---|
| | | A | B | C |
| 繁荣 | 0.2 | 25 | 25 | 10 |
| 一般 | 0.4 | 20 | 10 | 15 |
| 衰退 | 0.4 | 15 | 20 | 20 |

要求：

（1）三种证券的期望报酬率和标准离差是多少？

（2）由 50% 的 A 证券和 50% 的 B 证券构成的投资组合的标准离差是多少？

（3）由 50% 的 A 证券和 50% 的 C 证券构成的投资组合的标准离差是多少？

（4）由 50% 的 B 证券和 50% 的 C 证券构成的投资组合的标准离差是多少？

17. 银河公司刚刚发放了每股 5 元的现金股利，公司预计未来将以 1% 的增长率持续增长。要求：如果你要求的最低收益率为 10%，那么你对银河公司股票的估价是多少？

## 五、案例分析题

### 案例一

大兴与朋友合伙开办的新创广告公司从2006年营业至今发展十分迅速，现有一部分闲散资金准备用来进行为期一年的短期投资。通过对证券市场一段时间的考察，大兴拟定了四个投资备选方案。未来一年里，总体的经济情况大概分为衰退、一般和繁荣。大兴参考经济专家的分析，拟定这三种情况发生的概率分别为20%、60%、20%。四种投资方案在三种经济情况下的估计报酬率见表4-9。

表4-9 四种投资方案的估计报酬率

| 经济情况 | 概率 | 备选方案估计报酬率/% | | | |
|---|---|---|---|---|---|
| | | A | B | C | D |
| 衰退 | 0.2 | 10 | 6 | 22 | 5 |
| 一般 | 0.6 | 10 | 11 | 14 | 15 |
| 繁荣 | 0.2 | 10 | 31 | -4 | 25 |

案例思考题：

1. 请帮助大兴计算各方案的期望报酬率、标准离差、标准离差率。

2. 大兴将四种投资方案的情况介绍给合伙人，合伙人希望他能提出具体的筛选方案以帮助大家判断。大兴想通过比较四种方案各自的标准离差或期望报酬率来确定是否可以淘汰其中某一方案，他应如何回复合伙人？

3. 你觉得这种方法可行吗？其中存在哪些问题？

## 案例二

创办于1996年的合俊集团，是国内规模较大的代工生产（OEM）型玩具生产商。在世界五大玩具品牌中，合俊集团已是其中三个品牌——美泰、孩子宝及斯平玛斯特（Spin Master）的制造商，并于2006年9月成功在香港联交所上市，到2007年的时候，销售额就超过9.5亿港元。然而在2008年10月，这家在玩具界举足轻重的大型公司成了中国实体企业受金融危机影响倒闭的第一家企业。后来，合俊关闭了其在广东的生产厂，涉及员工超过7 000人。

(1) 金融危机只是催化剂

全球金融危机爆发后，整个玩具行业的上下游供应链进入恶性循环，再加上2008年生产成本的持续上涨（塑料成本上升20%、最低工资上调12%及人民币升值7%等），导致合俊集团的资金链断裂。从表面上看，合俊集团是被金融风暴吹倒的，但是只要关注一下最近两年合俊集团的发展动态，就会发现，金融危机只是压倒合俊集团的最后一根稻草。

(2) 商业模式存在着巨大的风险

作为一个贴牌生产企业，合俊并没有自己的专利技术，在生产中也没有重视生产研发的投入，主要靠欧美的订单。金融危机爆发后，首先受到影响的肯定是这些靠出口美国市场的贴牌企业。同在东莞，规模和合俊一样的玩具企业——龙昌公司，却在这场风暴中依然走得很从容，当时他们的销售订单已经排到了2009年。比较一下两家玩具企业的商业模式就能发现，龙昌公司拥有自主品牌，他们在市场中拼的是品质和科技，并且获得专利300多项，研发投入每年达3 000多万元，有300多人的科研队伍。龙昌公司的销售市场并不依赖国外，而是集中在国内。

(3) 盲目多元化造成"失血"严重

其实早在2007年6月，合俊集团已经认识到过分依赖加工出口的危险。2007年9月，合俊计划进入矿业，以约3亿元的价格收购了福建天成矿业48.96%的股权。天成矿业的主要业务是在中国开采贵金属及其他矿产资源，拥有福建省大安银矿。然而合俊集团对此次收购的风险估计不足，支付巨额现金之后，才得知这家银矿一直都没有拿到开采许可证，无法给公司带来收益，而支付的3.09亿元资金也没有如约返还（双方约定2008年4月拿不到开采证，则返还收购资金给合俊）。对于天成矿业的巨额投入，合俊根本未能收回成本，跨行业的资金运作反而令其陷入资金崩溃的泥沼。为缓解资金越来越紧张的压力，合俊卖掉了清远的工厂和一块地皮，并且定向增发2 500万港元。可是，"2 500万港元顶多维持两个月的工资"。为了维持公司的日常运营，合俊开始向银行贷款，但不幸的是，银行贷款的途径也走不通了。公开资料显示，合俊集团的贷款银行全部集中在香港，内地没有银行贷款。可以说，收购矿业是孤注一掷的豪赌，赌本应该是合俊玩具用于"过冬"的"粮食"。没有了这笔巨额资金，合俊最终没能挨过制造业刚刚遭遇的"冬天"。

案例思考题：

1. 对合俊集团来说，金融危机、商业模式问题、收购失败分别属于什么风险？
2. 如何度量和防范这些风险？

# 第五章 企业价值评估

一、单项选择题

1. 企业在证券投资中，能体现出所有权关系的是（　　）。
   A. 企业债券　　　B. 国库券　　　C. 股票　　　D. 金融债券
2. 在证券投资中，因通货膨胀带来的风险是（　　）。
   A. 购买力风险　　B. 流动性风险　　C. 利率风险　　D. 违约风险
3. 相对于发行股票而言，发行公司债券筹资的优点为（　　）。
   A. 筹资风险小　　B. 限制条件少　　C. 筹资额度大　　D. 资金成本低
4. 投资者对股票、短期债券和长期债券进行投资，其共同的目的是（　　）。
   A. 合理利用暂时闲置资金　　　　B. 获取长期资金
   C. 获取控股权　　　　　　　　　D. 获取收益
5. 以下属于无价证券的是（　　）。
   A. 免责证券　　B. 商业票据　　C. 股票　　D. 债券
6. 有价证券的特征有（　　）。
   A. 证券持有者没有请求财产的权利　　B. 证券不可以转让
   C. 证券不能自由让渡　　　　　　　　D. 证券持有者有请求财产的权利
7. 运用收益法进行价值评估的优点是（　　）。
   A. 能较真实、准确地评估资产价值　　B. 预期收益额的预测难度较小
   C. 不受较强的主观判断的影响　　　　D. 不受未来收益不可预见因素的影响
8. 如果市场利率上升使投资者要求的收益率也相应提高，则（　　）。
   A. 债券的市价将上升　　　　　　　B. 债券的市价不会变
   C. 债券的市价将下跌　　　　　　　D. 债券的市价可能上升，也可能下跌
9. 在收益率一定的条件下，债券的回收期越长，其市价的变动幅度（　　）。
   A. 越大　　B. 越小　　C. 不变　　D. 不确定
10. 影响企业价值的因素是（　　）。
    A. 账面的资产　　　　　　　　B. 账面的负债
    C. 所有者权益　　　　　　　　D. 投资者将承担的风险

## 二、多项选择题

1. 以下属于有价证券的是（　　）。
   A. 银行本票　　　B. 普通股股票　　　C. 国债　　　D. 借条
2. 价值评估的基本方法包括（　　）。
   A. 市场价值法　　B. 成本法　　　C. 残值法　　　D. 收益法
3. 以下会影响固定收入证券价值的是（　　）。
   A. 证券的未来各期收益额　　　　B. 合适的折现率
   C. 投资者预期的收益率　　　　　D. 持有证券的期数
4. 假如证券的证券市场价格为 MP，则一般地，（　　）。
   A. 当 MP 等于固定收入证券价值，证券市价为公正的价格
   B. 当 MP 大于固定收入证券价值，可以购买该证券
   C. 当 MP 大于固定收入证券价值，不能购买该证券
   D. 当 MP 小于固定收入证券价值，不能购买该证券
5. 当市场利率超过规定的债券票面利率时，（　　）。
   A. 债券的市价将小于其面值　　　B. 债券将折价发行
   C. 债券的市价将大于其面值　　　D. 债券将溢价发行

## 三、判断题

1. 在债券持有期间，当市场利率上升时，债券价格一般会随之下跌。（　　）
2. 企业的价值应该是全部资产的公允价值，或者是企业按照一定的折现率折算未来现金流入与流出的现值之和。（　　）
3. 在投资决策时运用收益法进行价值评估，不易被买卖双方接受。（　　）
4. 运用成本法进行价值评估，资产价值等于商品成本乘以合理的系数。（　　）
5. 账面价值基于历史价值，与资产或公司的市场价值关系很大。（　　）

## 四、计算题

1. 康欣公司为了筹集资金，计划于 2023 年 1 月 1 日发行面值为 800 元、每年年末付息一次、票面利率为 8%、期限为 8 年的债券，假设当前市场上对此类债券投资者要求的必要收益率为 10%。请问：康欣公司应以什么价格发行债券才能筹集到所需资金？

2. 金鑫公司计划在2022年4月投资政府发行的债券，该债券的面值为2 000元，票面利率为6%，期限10年，当前的市场利率为5%，采用单利计息，到期一次还本并付息。请问：该债券市场价格为多少时，金鑫公司才可以进行投资。

3. 金新公司计划于2022年4月对东华上市公司股票进行投资，准备持有两年，预计2022年年末、2023年年末，该股票每股将分别分得现金股利4元和3元，2024年预计每股出售价格为20元，同时，金新公司预计该股票的投资必要报酬率为12%。计算金新公司投资的东华上市公司股票的价值。

4. 金新公司于2022年1月购买马达公司股票，计划进行长期投资，马达公司对该股票每年支付每股固定股利1.5元，投资者对该股票要求的必要报酬率为13.5%。计算金新公司投资的马达公司股票的内在价值。

5. 能松公司于2022年1月对金化公司股票进行投资，该股票在2021年年末每股股利为1.4元，预计以后每年将以4%的增长率增长，市场上投资者对该类股票要求的投资必要报酬率为14%。计算金化公司的股票价值。

6. 大明公司于 2021 年 7 月 1 日购买了 1 000 张 A 公司于 2021 年 1 月 1 日发行的面值为 2 000 元、票面利率为 12%、期限为 5 年、每半年付息一次的债券。如果市场利率为 8%，债券此时的市价为 2 070 元，则永兴公司是否应该购买该债券？

7. 国家发行面值为 1 000 元、票面利率为 8%、期限为 5 年的债券，到期一次还本付息，单利计息。当前的市场利率为 10%，则当债券的价格为 880 元时，大明公司可否进行投资？

8. 某债券面值为 1 000 元，期限为 3 年，以贴现的方式发行，期内不计利息，到期按面值偿还。如果市场利率为 10%，其市价为多少时，大明公司才能购买该债券？

9. 大明公司于 2021 年 1 月 1 日发行一种 3 年期的新债券，该债券的面值为 2 000 元，票面利率为 12%，每年付息一次。
（1）如果债券的发行价为 2 050 元，则该债券到期收益率是多少？
（2）假定 2021 年 1 月 1 日的市场利率为 10%，该债券市价为 2 050 元，大明公司是否应购买该债券？

10. 某股票的每年每股股利为 5 元，若长期持有，在市场利率为 10% 的情况下，该股票的估价为多少？

11. 大明公司准备投资购买 A 股份有限公司的股票，该股票上一年每股股利为 3.5 元，预计以后每年以 5% 的增长率增长。大明公司经分析后，认为必须要得到 10% 的收益率才能购买该公司的股票，按此收益率计算，A 公司的股票价格在多少时，大明公司才能购买？

12. 大明公司持有 A 公司的股票，其要求的最低投资报酬率为 12%，预计 A 公司未来 3 年股利将高速增长，增长率为 15%，然后增长率降至 10% 的正常水平，公司最近一期支付的股利是 4 元，则 A 公司股票的内在价值是多少？

13. 大明公司在 2018 年 3 月 1 日投资 50 万元购买某种股票 20 万股，在 2019 年、2020 年和 2021 年的 3 月 31 日，每股各分得现金股利 0.4 元、0.5 元和 0.6 元，并于 2021 年 3 月 31 日以每股 5.5 元的价格将股票全部出售。试计算该项投资的收益率。

14. 大河公司假设有一投资项目,现有 A、B 两个方案可供选择。这两个方案在未来三种经济状况下的期望收益率及其发生概率分布如表 5-1 所示。假设 A、B 两方案的风险价值系数分别为 10% 和 12%,总投资额为 200 000 元。请计算两个方案的期望收益率、标准差、标准差率、风险收益率及风险收益。

表 5-1　A、B 方案期望收益率及其发生概率分布

| 经济情况 | 发生概率 | A 方案期望收益率/% | B 方案期望收益率/% |
| --- | --- | --- | --- |
| 繁荣 | 0.3 | 90 | 20 |
| 正常 | 0.4 | 15 | 15 |
| 衰退 | 0.3 | -60 | 10 |
| 合计 | 1.0 | — | — |

15. 大河公司持有 A、B、C 三种股票组成的投资组合,权重分别为 20%、30%、50%,三种股票的 $\beta$ 系数分别为 2、1.5、0.4,市场平均报酬率为 10%,无风险报酬率为 5%。试计算该投资组合的风险报酬率。

16. 某种债券的面值是 1 000 元,息票利率是 9%,要求的债券必要收益率为 11%,债券期限为 20 年。计算该债券的内在价值。

17. 某面值为 1 000 元的 5 年期的一次性还本付息债券的票面利率为 8%(单利付息),假设发行时折现率为 10%,试计算该债券发行时的内在价值。

18. 投资者按 800 元价格买入面额为 1 000 元、票面利率为 10%、剩余期限为 6 年的债券。计算该投资者当前收益率。

19. A 企业 2022 年 1 月 1 日购买某企业 2019 年 1 月 1 日发行的面值为 10 万元、票面利率为 4%、期限为 10 年、每年年末付息一次的债券，若按 94 000 元的价格买入，一直持有至到期，计算到期债券年均收益率（YTM）。

20. 某公司 2021 年 1 月 1 日发行的一种 3 年期的新债券，该债券的面值为 1 000 元，票面利率为 14%，每年付息一次。

（1）如果债券的发行价为 1 040 元，计算其收益率是多少？

（2）假定 2023 年 1 月 1 日的市场利率是 12%，债券市价为 1 040 元，是否应购买该债券？

（3）假定 2024 年 1 月 1 日的市场利率是 10%，此时债券价值是多少？

（4）假定 2024 年 1 月 1 日债券的市价是 950 元，若持有至到期，则债券年均收益率为多少？

21. 某公司去年每股派发现金红利 0.30 元。预计今后无限期内该公司都按这个金额派现。

(1) 假定必要收益率为 3%，求该公司股票的内在价值。

(2) 假定目前该公司股票的市场价格是 8 元/股，试对其投资价值进行评价。

22. 某公司去年分红额为每股 0.30 元，预计今后无限期内该公司的分红每年都会按 5% 的速度增长。

(1) 假定必要收益率为 8%，试计算该公司股票的内在价值。

(2) 假定目前该公司的股票市场价格是 8 元，试对其投资价值进行评价。

23. 某企业现准备投资甲、乙两种股票，已知甲、乙两种股票最近一次的股利分别为每股 2.5 元和 3.2 元。经过分析，甲公司股票预期在将来各年股利将以每年 10% 的成长率增长；乙公司股票预期在将来两年内各年股利将以每年 20% 的成长率增长，以后每年股利将以每年 8% 的成长率增长，乙公司股票最低投资报酬率为 14%。当时，甲公司股票的市价为 35 元，股票市场平均必要收益率为 14%，国库券的利率为 8%，甲股票的 $\beta$ 系数为 1.5。

(1) 通过计算说明该企业是否应以当时的市价购入甲公司的股票？

(2) 通过计算说明乙公司的股票价格低于多少时，才值得购买？

24. 如果某投资者以 52.5 元的价格购买某公司的股票，该公司在上年年末支付每股股息 5 元，预计在未来该公司的股票将按每年 5% 的速度增长，则该投资者的预期收益率为多少？

25. A 公司未来 1—4 年的股权自由现金流量如表 5-2 所示。

表 5-2  A 公司未来 1—4 年的股权自由现金流量

| 年次 | 1 | 2 | 3 | 4 |
|---|---|---|---|---|
| 股权自由现金流量/万元 | 641 | 833 | 1 000 | 1 100 |
| 股权自由现金流量增长率/% | — | 30 | 20 | 10 |

目前 A 公司的 $\beta$ 值为 0.857 1，假定无风险利率为 6%，市场风险补偿率为 7%。

（1）要估计 A 公司的股权价值，需要对第 4 年以后的股权自由现金流量增长率做出假设，假设以第 4 年的增长率作为后续期增长率，并利用固定增长率模型进行估价。请你按此假设计算 A 公司的股权价值。

（2）假设第 4 年至第 7 年的股权自由现金流量的增长率每一年下降 1%，即第 5 年增长率为 9%，第 6 年增长率为 8%，第 7 年增长率为 7%，第 7 年以后增长率稳定在 7%，请你按此假设计算 A 公司的股权价值。

26. A 公司是一家制造医疗设备的上市公司，每股净资产是 4.6 元，预期股东权益净利率是 16%，当前股票价格是 48 元。为了对 A 公司当前股价是否偏离价值进行判断，投资人收集了表 5-3 所示 4 个可比公司的有关数据。请使用修正市净率的股价平均法计算 A 公司的每股价值。

表 5-3  4 个可比公司（有关数据）

| 可比公司名称 | 市净率 | 预期股东权益净利率/% |
|---|---|---|
| 甲 | 8 | 15 |
| 乙 | 6 | 13 |
| 丙 | 5 | 11 |
| 丁 | 9 | 17 |

**五、思考题**

学习了债券和股票的估值方法之后,你认为债券投资和股票投资分别有哪些优缺点?如果现在给你一笔充足的资金,如500万元,你将如何利用,是选择进行投资、储蓄、消费或其他?如果进行投资的话,你会选择何种产品呢?请结合自己的风险偏好和目标函数论证你的选择。

**六、案例分析题**

张阿姨58岁退休在家,月生活费为700元左右。张阿姨每月有1 800元左右退休金,存款5万元,国债5万元,之前单位办有医保。张阿姨首先考虑的是养老问题,希望在接下来的时间选择风险最小并且能保证收益的投资方式,同时还想留笔钱给子女。根据张阿姨的投资要求和年龄、风险承受能力等条件,可供投资的产品有了明确的范围和期限限制,投资品种以收益稳定、低风险的债券类产品为主,期限主要考虑3年以内的中短期产品。

投资国债是个很好的选择,产品风险有国家信用为担保,收益固定,但期限不够灵活。凭证式国债期限多为3年、5年,若提前支取,需支付相应的手续费。其他投资就可多选择一些期限在1年左右、更具灵活性的产品。以民生银行增利型产品为例,它的特点是主要投资于债券市场国债、企业债、央行票据、银行存款等,期限从7天、1个月、3个月、6个月到1年不等,收益率高于同期限的定期存款,比如1年期的产品,年收益率为3.25%(1年期定期存款利率为3.5%)。

对于留给子女的那部分财产,除了直接留下现金之外,也可参与以子女作为被保险人的分红型商业保险。现在以张阿姨为受益人,张阿姨享受分红收益,将来可变更受益人为子女,子女继续享有分红收益;如果疾病或意外导致身故,能获得相应的保险赔偿金。但要注意的是:分红收益是不确定的。

案例思考题:

张阿姨应该选择哪种理财方式才能将风险降低到最小并且保证收益?

# 第六章 资金成本及其运用

一、单项选择题

1. 某公司取得5年期长期借款200万元，年利率8%，每年付息一次，到期一次还本，筹资费用率为0.5%，企业所得税税率为25%。不考虑货币时间价值，该借款的资金成本率为（　　）。

　　A. 6.03%　　　　B. 7.5%　　　　C. 6.5%　　　　D. 8.5%

2. 债券内含报酬率的计算公式中不包含的因素是（　　）。

　　A. 债券面值　　B. 债券期限　　C. 市场利率　　D. 票面利率

3. 为了简化股票的发行手续，降低发行成本，股票发行应采取的发行方式是（　　）。

　　A. 溢价发行　　B. 平价发行　　C. 公开间接发行　　D. 不公开直接发行

4. 下列因素变动会使公司的负债资金成本提高的是（　　）。

　　A. 市场利率上升　　　　　　　B. 股票市场风险溢价上升

　　C. 所得税税率提高　　　　　　D. 增加债务的比重

5. 关于留存收益的资金成本，下列说法正确的是（　　）。

　　A. 它不存在成本问题

　　B. 其成本就是一种机会成本

　　C. 它的成本计算不考虑筹资费用

　　D. 它相当于股东投资于某种股票所要求的必要收益率

6. 下列关于资金成本的说法，正确的是（　　）。

　　A. 资金成本的本质就是企业为筹集与使用资金而实际付出的代价

　　B. 企业的资金成本受利率与税率的共同影响

　　C. 资金成本的计算主要以年度的相对比率为计量单位（加权）

　　D. 资金成本可以视为项目投资或使用资金的机会成本

7. 在不考虑筹款限制的前提下，下列筹资方式中个别资金成本最高的通常是（　　）。

　　A. 发行普通股　　B. 留存收益筹资　　C. 长期借款筹资　　D. 发行公司债券

8. 某企业经批准平价发行优先股股票，筹资费率与股息年率分别为5%与10%，所得税税率为25%，则优先股成本为（　　）。

　　A. 10.53%　　　　B. 5.26%　　　　C. 5.71%　　　　D. 5.49%

9. 某公司发行普通股股票总额600万元，筹资费用率5%，上年股利率为14%，预计股利每年增长5%，所得税税率25%，该公司年末留存50万元未分配利润用作发展之需，则该笔留存收益的成本为（　　）。

　　A. 14.74%　　　　B. 19.7%　　　　C. 19%　　　　D. 20.47%

10. 根据风险收益对等概念，在一般情况下，各筹资方式资金成本由小到大依次就是（　　）。

　　A. 银行借款、企业债券、普通股　　　　B. 普通股、银行借款、企业债券
　　C. 企业债券、银行存款、普通股　　　　D. 普通股、企业债券、银行借款

**二、多项选择题**

1. 在个别资金成本中需考虑所得税因素的是（　　）。

　　A. 留存收益资金成本　　　　　　　　B. 普通股资金成本
　　C. 债券成本　　　　　　　　　　　　D. 借款成本

2. 内含报酬率是指（　　）。

　　A. 投资报酬与总投资的比率
　　B. 能使未来现金流入量现值与未来现金流出量现值相等的折现率
　　C. 投资报酬现值与总投资现值的比率
　　D. 使投资方案净现值等于零的贴现率

3. 影响资金成本的因素有（　　）。

　　A. 利率　　　　B. 市场风险溢价　　　　C. 资金结构　　　　D. 税率

4. 税率是影响资金成本的一个外部因素，下列各种资金成本中，受税率影响的有（　　）。

　　A. 普通股成本　　　　B. 留存收益成本　　　　C. 债券成本　　　　D. 银行借款成本

5. 以下事项中，会导致公司加权平均资金成本降低的有（　　）。

　　A. 因总体经济环境变化，导致无风险报酬率降低
　　B. 公司固定成本占完全成本的比重降低
　　C. 公司股票上市交易，改善了股票的市场流动性
　　D. 发行公司债券，增加了长期负债占全部资金的比重

**三、判断题**

1. 其他条件不变时，优先股的发行价格越高，其资金成本率也越高。（　　）

2. 因为公司债务必须付息，而普通股不一定支付股利，所以普通股资金成本小于债务资金成本。（　　）

3. 资金成本是投资人对投入资金所要求的最低收益率，也可根据它判断投资项目是否可行。（  ）

4. 留存收益是企业利润形成的，所以留存收益没有资金成本。（  ）

5. 在进行项目投资时，若其收益率超过资金成本，则企业的价值就增加。
（  ）

### 四、计算题

1. 某企业以 5 200 元的价格，溢价发行面值为 5 000 元，期限为 5 年，票面利率为 5%的公司债券一批。每年付息一次，到期一次还本，发行费用率为 2%，所得税税率为 25%，则该批债券的资金成本率是多少？

2. 某公司上市流通的优先股价格为 50 元，每年的股利为 2.5 元，如果优先股发行费用为发行额的 4%，则优先股的资金成本率是多少？

3. 某公司普通股面值为 1 元，市价为 20 元，筹资费用率为 3%，上年发放现金股利，每股面值为 0.08 元，预期股利年增长率为 10%，则其资金成本率是多少？

4. 某公司普通股 $\beta$ 系数为 1.2，此时一年期国债利率为 5.7%，市场平均报酬率为 13%，则该普通股的资金成本率为多少？

5. 某公司本年年末长期资金账面总额为 20 000 万元，其中，银行长期贷款 5 000 万元，占 25%；长期债券为 3 000 万元，占 15%；普通股面值为 12 000 万元（共 1 200 万股，每股面值为 1 元，市价为 10 元），占 60%。个别资金成本分别为 7%、8%、14%，则该公司的平均资金成本率为多少？

6. 某企业目标资金结构为债务资金∶股权资金＝4∶6，现拟追加投资 100 万元。有关个别资金成本的资料如表 6-1 所示，据此计算追加投资的资金成本率。

表 6-1 有关个别资金成本的资料

| 资金来源 | 目标资金结构/% | 筹资规模/万元 | 个别资金成本/% |
|---|---|---|---|
| 债务资金 | 40 | ≤10 | 5 |
| | | 10—20 | 6 |
| | | 20—30 | 8 |
| | | >30 | 10 |
| 股权资金 | 60 | ≤15 | 12 |
| | | 15—60 | 14 |
| | | 60—90 | 17 |
| | | >90 | 20 |

7. 大明公司取得 5 年期长期借款 500 万元，年利率为 12%，每年付息一次，到期一次还本，筹资费用率为 0.4%，企业所得税税率为 30%。请计算该项长期借款的资金成本率。

8. 大明公司发行面额为 3 000 万元的 10 年期债券，票面利率为 10%，发行费用率为 4%，公司所得税税率为 30%。请计算该债券的资金成本率。

9. 大明公司发行面额为 3 000 万元的 10 年期债券，票面利率为 10%，发行费用率为 4%，发行价格为 3 600 万元，公司所得税税率为 30%。请计算该债券的资金成本率。

10. 大明公司发行面额为 3 000 万元的 10 年期债券，票面利率为 10%，发行费用率为 4%，发行价格为 1 800 万元，公司所得税税率为 30%。请计算该债券的资金成本率。

11. 大明公司新发行普通股，目前市价为 20 元，筹资费用率为股价的 10%，本年发放股利 2 元，估计年增长率为 5%，试计算新发行普通股的资金成本率。

12. 大明公司按面值发行 500 万元的优先股，筹资费用率为 10%，每年支付 10% 的股利，则优先股的资金成本率为多少？

13. 大明公司普通股目前市价为 20 元，估计年增长率为 5%，本年发放股利 2 元，则留存收益的资金成本率为多少？

14. 大明公司账面反映的长期资金共 4 000 万元，其中长期借款 1 200 万元，应付长期债券 400 万元，普通股面值为 2 000 万元，保留盈余 400 万元。其成本率分别为 7%、8%、10.56%、10%。请计算该公司的加权平均资金成本率。

15. 某企业从银行借入两年期借款 100 万元，年利率为 5%，每年付息一次，到期一次还本付息。假定筹资费用率为 0.2%，企业所得税税率为 25%，则其借款的资金成本率为多少？

16. 某企业拟发行一笔期限为 5 年的债券，债券面值为 1 000 万元，票面利率为 5%，每年支付一次利息，发行费率为发行价格的 3%，企业所得税税率为 25%，则该笔债券的资金成本率为多少？如果该例债券以溢价 100 万元的价格发行，则其资金成本率为多少？如果以折价 20 万的价格发行，则其资金成本率为多少？

17. 某企业按面值发行 100 万元的优先股，股息为 10%，发行费率为 4%，则该优先股的资金成本率为多少？

18. 某公司普通股每股发行价为 100 元，筹资费用率为 5%，预计下期每股股利为 12 元，以后每年的股利增长率为 2%，请计算该公司的普通股的资金成本率。

19. 某企业普通股的 β 值为 1.5，无风险利率为 5%，市场股票的平均收益率为 10%，请计算普通股的资金成本率。

20. 某企业普通股每股市价为 150 元，第一年年末的股利为 15 元，以后每年增长 5%，请计算留存收益的资金成本率。

21. 某企业账面反映的资金共 500 万元，其中借款 100 万元，应付长期债券 50 万元，普通股 250 万元，保留盈余 100 万元；其成本分别为 6.7%、9.17%、11.26%、11%，请计算该企业的综合资金成本率。

22. 东方公司目前有长期资金 500 万元，其中长期借款 100 万元，公司债券 120 万元，优先股 80 万元，普通股 200 万元。现在公司为满足投资需求，准备追加资金。经研究分析，公司目前的资金结构为最适合本公司的最优资金结构，因此决定追加筹资后仍维持原先的资金结构，即长期借款占 20%，公司债券占 24%，优先股占 16%，普通股占 40%。公司财务人员分析了资本市场状况和公司的筹资能力，认为随着资金额的增长，各种资金的成本率也会发生变动，具体数据如表 6-2 所示。试计算各筹资范围资金的加权平均资金成本。

表 6-2 东方公司目标资金结构构成及筹资能力分析

| 资金种类 | 目标资金结构 | 追加筹资额 | 个别资金成本 |
| --- | --- | --- | --- |
| 长期借款 | 20% | 50 000 元以内 | 4% |
| | | 50 000—200 000 元 | 5% |
| | | 200 000 元以上 | 6% |
| 公司债券 | 24% | 150 000 元以内 | 8% |
| | | 150 000—300 000 元 | 9% |
| | | 300 000 元以上 | 10% |
| 优先股 | 16% | 200 000 元以内 | 11% |
| | | 200 000 元以上 | 13% |
| 普通股 | 40% | 250 000 元以内 | 14% |
| | | 250 000—500 000 元 | 15% |
| | | 500 000 元以上 | 16% |

23. 大明公司拥有长期资金 500 万元，其中长期借款 75 万元，资金成本为 4%；长期债券为 125 万元，资金成本为 10%；普通股为 300 万元，资金成本为 12%；平均资金成本为 13.8%。由于扩大经营规模的需要，拟筹集新资金。经分析决定，筹集新资金后仍应保持目前的资金结构，即长期借款占 15%，长期债券占 25%，普通股占 60%，并测算出了随筹资额的增加各种资金成本的变化，见表 6-3。试计算各筹资突破点及相应各筹资范围资金的加权平均资金成本。

表 6-3 新筹资额与资金成本测算表

| 资金种类 | 目标资金结构 | 新筹资额 | 个别资金成本 |
| --- | --- | --- | --- |
| 长期借款 | 15% | 45 000 元以内 | 4% |
| | | 45 000—90 000 元 | 5% |
| | | 90 000 元以上 | 6% |
| 长期债券 | 25% | 200 000 元以内 | 10% |
| | | 200 000—400 000 元 | 11% |
| | | 400 000 元以上 | 12% |
| 普通股 | 60% | 300 000 元以内 | 12% |
| | | 300 000—600 000 元 | 13% |
| | | 600 000 元以上 | 14% |

24. 某投资者准备购买甲公司的股票并打算长期持有。甲公司股票当前的市场价格为32元/股，预计未来3年每年股利均为2元/股，随后股利年增长率为10%。甲公司股票的 $\beta$ 系数为2，当前无风险收益率为5%，市场平均收益率为10%。有关货币时间价值系数如下：

$$(P/F,10\%,3)=0.7513,(P/A,10\%,3)=2.4869$$
$$(P/F,15\%,3)=0.6575,(P/A,15\%,3)=2.2832$$

要求：

（1）采用资金资产定价模型计算甲公司股票的必要收益率。

（2）以（1）的计算结果作为投资者要求的收益率，采用股票估价模型计算甲公司股票的价值。

（3）根据（2）的计算结果，判断甲公司股票是否值得购买，并说明理由。

## 五、案例分析题

### 案例一

中宏公司经常性地向友利公司购买原材料，友利公司开出的付款条件是"2/10，N/30"。某天，中宏公司的财务经理王洋查阅公司关于此项业务的会计账目，惊讶地发现，会计人员对此项交易的处理方式是，一般在收到货物后15天支付款项。当王洋询问记账的会计人员为什么不取得现金折扣时，负债该项交易的会计不假思索地回答道："这一交易的资金成本仅为2%，而银行贷款成本却为12%，因此根本没有必要接受现金折扣。"

案例思考题：

1. 会计人员在财务概念上混淆了什么？
2. 丧失现金折扣的实际成本有多大？
3. 如果中宏公司无法获得银行贷款，而被迫使用商业信用资金（利用推迟付款商业信用筹资方式），为降低年利息成本，你应向财务经理王洋提出何种建议？

## 案例二

东方公司是由众多的酒店连锁店合并而成的股份有限公司,其资产负债表如表 6-4 所示。

表 6-4　东方公司资产负债表简表

单位:万元

| 资产 | | 负债及所有者权益 | |
|---|---|---|---|
| 现金 | 1 000 | 应付账款 | 1 000 |
| 应收账款 | 2 000 | 其他应付款 | 500 |
| 存货 | 1 000 | 短期借款 | 1 000 |
| 流动资产合计 | 4 000 | 流动负债合计 | 2 500 |
| 固定资产净值 | 6 000 | 长期债券 | 2 000 |
| — | — | 优先股 | 500 |
| — | — | 普通股 | 2 000 |
| — | — | 留存收益 | 3 000 |
| 资产总计 | 14 000 | 负债及所有者权益总额 | 12 500 |

其他数据如下:

(1) 短期负债由银行贷款构成,本期成本率为 10%,按季度支付利息。这些贷款主要用于补偿营业旺季在应收款和存货方面的资金不足,但在淡季不需要银行贷款。

(2) 期限为 20 年,并以 8% 的息票利率每半年付息一次的抵押债券构成公司的长期负债。债券投资者要求的收益率为 12%,若新发行债券,收益率仍为 12%,但有 5% 的发行成本。

(3) 该公司的永久性优先股票面额为 100 元,按季支付股利 2 元,投资者要求的收益率为 11%。若新发行优先股,仍产生同样的收益率,但公司需支付 5% 的发行成本。

(4) 公司流通在外的普通股为 400 股,每股市价为 20 元,每股发行价格在 17~23 元,最近一次发放的股利为 1 元,每股收益为 2 元;管理者期望将股本收益率提高到 30%。

(5) 由证券分析人员估算的资产组合风险系数在 1.3~1.7 范围内变动,政府长期公债收益率是 10%,由各种经纪服务机构估算的市场平均收益率在 14.5%~15.5%,所预测的期望增长率范围在 10%~15%,公司的历史增长率仍将与过去保持相同。

(6) 根据最近消息,东方公司的财务经理对某些热衷于退休基金投资的管理者进行了一次民意测验,测验结果表明即使该公司的股本收益率处于最低水平,投资者仍愿意购买东方公司的普通股票而不愿意购买收益率为12%的债券。所以最后的分析建议是：相对东方公司债务的股票风险报酬率范围应在4%~6%。

（7）东方公司的所得税率为25%；新发行的普通股票有10%的发行成本率。

（8）东方公司的主要投资银行认为预期通货膨胀将导致公司有关比率提高，但他们仍指出公司的债券利息率将下降，其资金成本率将下降到10%，政府长期公债的收益率将下降到8%。

案例思考题：

假设你是东方公司的财务经理，你会如何估算该公司的加权平均资金成本？注意，在每一给定条件下你所获得的资金成本数据应该适用于评价与公司的资产具有同等风险的项目。

在你的分析报告中应该包括以下内容：

（1）根据证券评估的基本公式，计算长期负债市场价值、优先股市场价值和普通股市场价值，并以此确定公司的资金结构。

（2）计算长期负债的税后成本和优先股成本率，并根据资金资产定价模型计算普通股成本，其中市场平均收益率和资产组合风险系数取中间值计算。

（3）根据分析人员预测的增长率取值范围计算股利年增长率，从而计算股利收益率。

（4）根据债券收益率加风险报酬率模型计算普通股资金成本率。

（5）计算新发行普通股资金成本率和加权平均资金成本率。

# 第七章 经营杠杆和财务杠杆

## 一、单项选择题

1. 已知某企业的财务杠杆系数是 3，未发行优先股。本期息税前利润为 450 万元，则本期实际利息费用为（　　）万元。
   A. 100　　　　　B. 250　　　　　C. 200　　　　　D. 300

2. 已知某企业的财务杠杆系数是 2，未发行优先股。本期息税前利润为 600 万元，则本期实际利息费用为（　　）万元。
   A. 100　　　　　B. 250　　　　　C. 300　　　　　D. 180

3. 若某一企业的经营处于保本状态时，下列表述中正确的是（　　）。
   A. 此时的经营销售利润率可能大于零
   B. 此时的经营杠杆系数趋近于无穷大
   C. 此时的边际贡献可能小于固定成本
   D. 此时的财务杠杆系数趋近于无穷大

4. 下列有关杠杆的表述错误的是（　　）。
   A. 经营杠杆系数、财务杠杆系数及复合杠杆系数恒大于 1
   B. 财务杠杆表明息税前利润变动对每股利润的影响
   C. 复合杠杆表明销量变动对每股利润的影响
   D. 经营杠杆表明销量的变动对息税前利润变动的影响

5. 下列说法不正确的是（　　）。
   A. 在其他因素不变的情况下，固定财务费用越小，财务杠杆系数也就越小，财务风险越小
   B. 在其他因素不变的情况下，固定成本越大，财务杠杆系数越大，财务风险越大
   C. 在其他因素不变的情况下，单位变动成本越大，财务杠杆系数越小，财务风险越小
   D. 当企业的财务杠杆系数等于 1 时，则企业的固定财务费用为 0，企业没有财务风险

6. 某企业某年的财务杠杆系数为 2.5，息税前利润（EBIT）的计划增长率为 10%，假定其他因素不变，则该年普通股每股收益（EPS）的增长率为（　　）。

A. 4%　　　　　B. 5%　　　　　C. 20%　　　　　D. 25%

7. 某公司的经营杠杆系数为 1.5，财务杠杆系数为 1.2，则该公司销售额每增长 1 倍，每股收益增加（　　）。

A. 1.2 倍　　　B. 1.8 倍　　　C. 0.3 倍　　　D. 2.7 倍

8. 已知经营杠杆为 2，固定成本为 10 万元，利息费用为 2 万元，则已获利息倍数为（　　）。

A. 2　　　　　B. 4　　　　　C. 5　　　　　D. 2.5

9. 已知经营杠杆为 2，固定成本为 4 万元，企业财务费用为 1 万元，固定资产资本化利息为 1 万元，则已获利息倍数为（　　）。

A. 2　　　　　B. 4　　　　　C. 3　　　　　D. 1

10. 某公司的经营杠杆系数为 1.5，财务杠杆系数为 1.2，则该公司销售额每增长 1 倍，每股收益增加（　　）。

A. 1.2 倍　　　B. 1.8 倍　　　C. 0.3 倍　　　D. 2.7 倍

## 二、多项选择题

1. 下列各项中，影响经营杠杆系数的因素有（　　）。

A. 产品边际贡献总额　　　　B. 所得税税率
C. 固定成本　　　　　　　　D. 财务费用

2. 降低企业经营风险，可能采取的措施有（　　）。

A. 增加销售量　　　　　　　B. 降低单位变动成本
C. 增加固定成本　　　　　　D. 提高单价

3. 关于财务杠杆系数的表述，正确的是（　　）。

A. 在其他条件不变的情况下，债务比率越高，财务杠杆系数越大
B. 财务杠杆系数越大，财务风险也就越大
C. 财务杠杆系数与资金结构无关
D. 财务杠杆系数可以反映息税前盈余随每股盈余的变动而变动的幅度

4. 某企业经营杠杆系数为 2，财务杠杆系数为 3，则下列说法正确的有（　　）。

A. 如果销售量增加 10%，息税前利润将增加 20%
B. 如果息税前利润增加 20%，每股利润将增加 60%
C. 如果销售量增加 10%，每股利润将增加 60%
D. 如果每股利润增加 30%，销售量增加 5%

5. 下列关于经营杠杆的说法中，正确的有（　　）。

A. 经营杠杆反映的是业务量的变化对每股收益的影响程度

B. 如果没有固定性经营成本，则不存在经营杠杆效应

C. 经营杠杆的大小是由固定性经营成本和息税前利润共同决定的

D. 如果经营杠杆系数为1，表示不存在经营杠杆效应

### 三、判断题

1. 某年年末A公司资产总额为6 000万元，负债总额为4 000万元，则其权益乘数为2。（　　）

2. 若某企业净经营资产利润率为10%，利息率为8%，所得税率为25%，净财务杠杆为1.5，则该企业的权益净利率为16%。（　　）

3. 某年年末A公司资产总额为9 000万元，负债总额为3 000万元，则其权益乘数为3。（　　）

4. 只要企业息税前利润率大于借入资金利息率，即使借入资金，企业也不存在财务风险。（　　）

5. 经营杠杆能够扩大市场和生产等不确定性因素对利润变动的影响。（　　）

### 四、计算题

1. 大明公司预计产销量为3 200万元，固定成本为400万元，变动成本率为40%，计算经营杠杆系数。

2. 大明公司全部资金为1 000万元，债务资金比率为40%，债务利率为10%，所得税率为25%。在息税前利润为120万元时，其财务杠杆系数为多少？

3. 大明公司的经营杠杆系数为1.26，财务杠杆系数为1.5，该公司的复合杠杆系数为多少？

4. 某企业只生产一种产品，固定成本1 000万元，单价100元，单位变动成本60元，计算当销售量分别为50万件、40万件和30万件时，经营杠杆系数分别是多少？

5. 某公司资金总额10 000万元，由4 000万元债务和6 000万元普通股构成，债务资金利率为10%，公司所得税税率为25%，本期息税前利润为2 000万元，计算财务杠杆系数。

6. 某企业生产经营一种产品，售价100元/件，单位变动成本60元/件，固定成本40万元，每年产销量2万件，债务利息10万元。计算该公司的总杠杆系数。

7. 某企业生产A产品，固定成本为60万元，变动成本率为40%，当企业的销售额分别为400万元、200万元时，经营杠杆系数分别为多少？

8. 假设某企业有20万元的债务，利率为8%，销售单价为50元，变动营业成本为每件25元，每年的固定营业成本为10万元，所得税税率为25%，确定销售量为8 000件时的经营杠杆系数、财务杠杆系数和复合杠杆系数。

# 第八章 资金结构决策

一、单项选择题

1. 某企业外部融资占销售增长比为 5%，上年销售额为 1 000 万元，今年预计销售增长率为 20%，则相应的应追加的外部资金为（　　）万元。
   A. 50   B. 10   C. 40   D. 30

2. 企业保持平衡增长时，其支持增长所需资金不会有（　　）。
   A. 银行贷款   B. 融资租赁   C. 增发股票   D. 企业利润留存

3. 下列各项中，不属于长期资金来源构成要素的是（　　）。
   A. 权益资金            B. 长期负债
   C. 临时性短期借款      D. 经营性流动负债

4. 相对于负债融资方式而言，采用发行普通股筹资方式筹措资金的优点是（　　）。
   A. 有利于降低资金成本      B. 有利于集中企业控制权
   C. 有利于降低财务风险      D. 有利于发挥财务杠杆作用

5. 假设某地区未来的经济状况分繁荣、正常和萧条三种情况，概率分别为 30%、40% 和 30%，三种情况下某项投资的预期收益率分别为 10%、12% 和 15%，则该项目预期收益率为（　　）。
   A. 11.3%   B. 12.9%   C. 13.1%   D. 12.3%

6. 企业按年利率 10% 向银行借款 50 万元，银行要求企业按贷款额的 15% 保持补偿性余额，则该企业借款的实际利率为（　　）。
   A. 11.76%   B. 12.82%   C. 10.53%   D. 9.76%

7. A 公司某年实现销售收入 5 000 万元，已经销售的产品中各种变动成本为 3 200 万元，可控固定成本为 500 万元，则该公司产品的边际贡献为（　　）。
   A. 1 800 万元   B. 4 500 万元   C. 2 700 万元   D. 1 300 万元

8. 宏达公司某月生产 A 产品 1 000 件，使用甲材料 4 800 千克，材料实际单价为 5.00 元；直接材料的单位产品标准成本：材料耗用量为 5 千克，材料标准单价为 4.50 元，则 A 产品使用甲材料的成本差异为（　　）。

A. 1 000 元　　　　B. 1 500 元　　　　C. 2 000 元　　　　D. 3 300 元

9. 资金结构理论中，（　　）认为利用债务可以降低企业的综合资金成本。
A. 净营业收益理论　　　　　　　B. 净收益理论
C. 传统折衷理论　　　　　　　　D. MM 理论

10. 某公司财务杠杆系数为 2，经营杠杆系数为 3，则公司的销售量每增加 1%，公司的每股利润增加（　　）。
A. 2%　　　　　　B. 3%　　　　　　C. 4%　　　　　　D. 6%

## 二、多项选择题

1. 相对权益资金的筹资方式而言，长期借款筹资的缺点主要有（　　）。
A. 财务风险较大　　　　　　　　B. 筹资成本较高
C. 筹资数额有限　　　　　　　　D. 筹资速度较慢

2. 评价顾客信用等级时应考虑的主要因素有（　　）。
A. 品质　　　　　B. 能力　　　　　C. 资金　　　　　D. 抵押

3. 确定企业资金结构时，（　　）
A. 如果企业的销售不稳定，则可较多地筹措负债资金
B. 为了保证原有股东的绝对控制权，一般应尽量避免普通股筹资
C. 若预期市场利率会上升，企业应尽量利用短期负债
D. 所得税税率越高，举债负债利益越明显

4. 对于 MM 理论的主要假设，以下表述正确的是（　　）。
A. 存在个人所得税
B. 所有现金流量都是固定年金，公司的增长率为 0
C. 投资者和经理具有获得将来投资机会的同样的信息
D. 企业和个人的全部债务都没有风险

5. 影响资金结构决策的外部因素有（　　）。
A. 金融市场行情　　　　　　　　B. 债权人对企业的态度
C. 产品销售的增长情况　　　　　D. 企业管理人员的态度

## 三、判断题

1. 从固定资金和流动资金的结构关系看，如果固定资金比重大，说明这类企业是劳动密集型企业或高新技术企业。（　　）

2. 从流动资金内部资金的结构关系看，如果债券资金比重较大，说明企业销售较好。（　　）

3. 净经营收益假设认为投资者将以一个固定不变的比率投资或评价企业的净收入。（　　）

4. 代理成本理论认为，均衡的企业资金结构是由股权代理成本和债务代理成

本之间的平衡关系决定的。 (　　)

5. 每股收益无差别点法考虑了资金结构对每股收益的影响，也考虑了改变资金结构引起的风险。 (　　)

**四、计算题**

1. 某公司目前资金结构为：总资金 10 000 万元，其中债务资金 4 000 万元（年利息 400 万元）；普通股资金 6 000 万元（普通股 600 万股）。现公司需要追加筹资 1 000 万元，有以下两种筹资方案：

甲方案：增发普通股 100 万股，每股发行价 10 元。

乙方案：向银行取得长期借款 1 000 万元，利息率 12%。

该公司应选择哪种方案？

2. 某公司需筹集 10 000 万元长期资金，债券和普通股的个别资金成本如表 8-1 所示。该公司应选择哪个方案？

表 8-1　个别资金成本与资金结构数据表

| 筹资方式 | 资金结构/万元 | | | 个别资金成本/% |
| --- | --- | --- | --- | --- |
| | 甲方案 | 乙方案 | 丙方案 | |
| 债券 | 5 000 | 4 000 | 3 000 | 10 |
| 普通股 | 5 000 | 6 000 | 7 000 | 15 |
| 合计 | 10 000 | 10 000 | 10 000 | — |

3. 某公司年息税前利润为 500 万元，没有债务资金，股票账面价值为 2 000 万元，所得税税率为 40%。该公司认为目前的资金结构不合理，准备采用发行债券购回部分股票的办法予以调整。目前的债务利率和权益资金成本情况如表 8-2 所示，根据表 8-2 分析该公司的市场价值。

表 8-2 目前的债务利率和权益资金成本情况

| 债券的市场价值/万元 | 债务利率/% | $\beta$ 值 | 无风险收益率/% | 平均风险股票必要收益率/% | 权益资金成本/% |
| --- | --- | --- | --- | --- | --- |
| 0 | — | 1.20 | 10 | 14 | 14.8 |
| 200 | 10 | 1.25 | 10 | 14 | 15 |
| 400 | 10 | 1.30 | 10 | 14 | 15.2 |
| 600 | 12 | 1.40 | 10 | 14 | 15.6 |
| 800 | 14 | 1.55 | 10 | 14 | 16.2 |
| 1 000 | 16 | 2.10 | 10 | 14 | 18.4 |

4. 正泰公司原来的资金结构如表 8-3 所示。普通股每股面值为 1 元，发行价格为 10 元，目前价格也为 10 元，今年期望股利为 1 元/股，预计以后每年增加股利 5%。正泰公司拟增资 400 万元以扩大生产规模，现有如下两个方案可供选择。

甲方案：增加发行 400 万元的债券，因负债增加，投资风险加大，债券利率增至 12% 才能发行。

乙方案：发行债券 200 万元，年利率为 10%；发行股票 20 万股，每股发行价为 10 元，预计普通股股利不变。

采用比较资金成本法判断甲、乙两个方案哪个最好。

表 8-3 公司资金结构

| 筹资方式 | 金额/万元 |
| --- | --- |
| 债券（年利率为 10%） | 800 |
| 普通股（每股面值为 1 元，发行价为 10 元，共 80 万股） | 800 |
| 合计 | 1 600 |

5. 天马公司原有资金 1 000 万元，其中长期债务 400 万元，年利率为 10%，发行在外的普通股为 10 万股，股本总额 600 万元。由于经营的需要，企业需增加筹资 60 万元，融资后，企业的年息税前利润会达到 150 万元，天马公司适用的所得税税率为 25%，现有两个方案可供选择。

方案 A：全部采用发行普通股的筹资方式，增发 10 万股，每股 60 元。

方案 B：全部采用长期债务的筹资方式，年利率为 10%。

采用每股收益分析法判断 A、B 两个方案哪个好。

6. 大明公司需筹集500万元长期资金，可以用贷款、发行债券、发行普通股三种方式筹集，其个别资金成本率已分别测定，有关资料如表8-4所示。那么，应该选择哪种方式筹集，才能优化企业的资金结构？

表8-4 大明公司资金成本与资金结构数据

| 筹资方式 | 资金结构/% | | | 个别资金成本率/% |
| --- | --- | --- | --- | --- |
| | A方案 | B方案 | C方案 | |
| 长期贷款 | 30 | 20 | 10 | 6 |
| 长期债券 | 20 | 30 | 30 | 8 |
| 普通股 | 50 | 50 | 60 | 12 |
| 合计 | 100 | 100 | 100 | — |

7. 大明公司目前拥有资金5 000万元，其中：长期借款1 000万元，年利率为8%；普通股为4 000万元，上年支付的每股股利为2元，预计股利增长率为5%，发行价格为20元，目前价格也为20元。该公司计划筹集资金1 000万元，企业所得税税率为30%，现有两种筹资方案可供选择。

方案1：增加长期借款1 000万元，借款利率上升为10%，假设公司其他条件不变。

方案2：增发普通股400 000股，普通股市价增加到每股25元，假设公司其他条件不变。

试问公司应选择哪个方案？

8. 大明公司原有资金为1 400万元，其中：债务资金为400万元，每年负担利息为48万元；普通股资金为1 000万元（发行普通股1 000万元，每股面值为1元）。由于扩大业务，需追加筹资600万元，其筹资方式有以下两种：

（1）全部发行普通股：增发60万股，每股面值为1元。

（2）全部筹借长期债务：债务利率仍为12%，利息为72万元。公司的变动成本率为60%，固定成本为360万元，所得税税率为30%。

试计算每股收益无差别点的销售额。

9. 大明公司年息税前利润为500万元，资金全部由普通股资金组成，股票账面价值为2 000万元，所得税税率为40%。该公司认为目前的资金结构不够合理，准备用发行债券购回部分股票的办法予以调整。经调查，不同债务水平对公司债务资金成本和权益资金成本的影响如表8-5所示，试确定该公司最佳的资金结构。

表8-5 不同债务水平对公司债务资金成本和权益资金成本的影响

| 债券市场价值 $B$/万元 | 税前债务资金成本 $K_b$/% | 股票的 $\beta$ 值 | 无风险报酬率 $R_f$/% | 平均风险股票必要报酬率 $R_m$/% | 权益资金成本 $K_s$/% |
|---|---|---|---|---|---|
| 0 | — | 1.2 | 10 | 14 | 14.8 |
| 200 | 10 | 1.25 | 10 | 14 | 15 |
| 400 | 10 | 1.3 | 10 | 14 | 15.2 |
| 600 | 13 | 1.4 | 10 | 14 | 15.6 |
| 800 | 14 | 1.55 | 10 | 14 | 16.2 |
| 1 000 | 16 | 2.1 | 10 | 14 | 18.4 |

10. A 公司有长期借款 200 万元，年利率为 5%，每年付息一次，到期一次还本；债券面额为 500 万元，发行收入为 600 万元，发行费率为 4%，票面利率为 8%，目前市场价值仍为 600 万元；普通股面额为 500 万元，目前市价为 800 万元，去年已发放的股利率为 10%，以后每年增长 6%，筹资费率为 5%；留存收益账面价值为 250 万元，假设留存收益的市场价值与账面价值之比和普通股一致。公司所得税税率为 25%。

试求 A 公司的综合资金成本（采用市场价值权数）。

11. B 公司无优先股。2018 年营业收入为 1 500 万元，息税前利润为 450 万元，利息费用为 200 万元。2019 年营业收入为 1 800 万元，变动经营成本占营业收入的 50%，固定经营成本为 300 万元。预计 2020 年每股利润将增长 22.5%，息税前利润增长 15%。公司所得税税率为 25%。

试分别计算 B 公司 2019 年和 2020 年的经营杠杆系数、财务杠杆系数和综合杠杆系数。

12. C 公司目前长期资本市场价值为 1 000 万元，其中债券为 400 万元，年利率为 12%，普通股面值为 600 万元（60 万股，每股市价为 10 元）。现拟追加筹资 300 万元，有两种筹资方案：一是增发 30 万股普通股，每股发行价格为 10 元；二是平价发行 300 万元长期债券，年利率为 14%。公司所得税税率为 25%。

（1）试计算两种筹资方式的每股利润无差别点。

（2）如果预计息税前利润为 150 万元，那么应当选择哪种筹资方案？若预计息税前利润为 200 万元呢？

13. 甲公司生产和销售 A 产品，有关资料如下：

**资料一**：2020 年产销量为 45 000 件，单价为 240 元/件，单位变动成本为 200 元/件，固定成本总额为 1 200 000 元。

**资料二**：2020 年公司负债为 4 000 000 元，平均利息率为 5%；发行在外的普通股为 800 000 股。公司适用的企业所得税税率为 25%。

**资料三**：公司拟在 2021 年年初对生产线进行更新，更新后，原有产销量与单价保持不变，单位变动成本将降低到 150 元/件，年固定成本总额将增加到 1 800 000 元。

**资料四**：生产线更新需要融资 6 000 000 元，公司考虑如下两种融资方案：一是向银行借款 6 000 000 元，新增借款利息率为 6%；二是增发普通股 200 000 股，每股发行价为 30 元。

要求：

（1）根据资料一，计算 2020 年下列指标：① 息税前利润；② 盈亏平衡点销售额。

（2）根据资料一和资料二，以 2020 年为基期，计算：① 经营杠杆系数；② 财务杠杆系数；③ 总杠杆系数。

（3）根据资料一和资料二，计算 2020 年每股收益。

（4）根据资料一、资料二和资料三，计算生产线更新后的下列指标：① 盈亏平衡点销售量；② 安全边际率；③ 息税前利润。

（5）根据资料一至资料四，计算每股收益无差别点的息税前利润，并据此判断应选择哪种融资方案。

### 五、思考题

在企业的资金结构决策过程中，杠杆的运用至关重要。请你谈谈你对企业"杠杆"的作用的理解，当你分别作为企业的投资者、债权人、经营者时，又会如何选择企业的杠杆呢？

### 六、实训题

已有一些研究发现，与西方上市公司相反，我国上市公司普遍偏好股权融资行为，表现在融资首选配股或增发；如果不能如愿，则改为具有延迟股权融资特性的可转换债券，设置宽松的转换条款，促使投资者转换，从而获得股权资金；不得已才是债务，而且首选短期贷款，长期贷款位居最后，这种偏好表现在资金结构上就是企业采用了较低的财务杠杆。例如，燕京啤酒公司自上市以来，一直保持低负债率，而选择连续发行股票；五粮液公司首选使用留存收益而尽量减少银行借款等。

讨论与思考：

试分析燕京啤酒公司和五粮液公司为什么选择保守的财务行为？公司采取这样的财务保守行为带来的利弊？基于此你认为不同公司在确定公司最优资金结构时该如何考虑？

### 七、案例分析题

#### 案例一

顺洁公司是一家成立于 2017 年年初的洗涤用品公司，公司注册资金为 100 万元，由甲、乙、丙、丁四位股东各出资 25 万元。在公司经营中，甲主管销售，乙主管财务，丙主管生产和技术，丁主管人事和日常事务。经过三年经营，到 2019 年年末，公司留存收益为 60 万元，权益金额增加到 160 万元。由于产品打开了销路，市场前景看好，于是公司决定扩大经营规模。扩大经营规模需要投入资金，于是四人召开会议，讨论增加资金事宜。

甲首先汇报了销售预测情况。如果扩大经营规模，来年洗涤用品的销售收入将达到 50 万元，以后每年还将以 10% 的速度增长。

丙提出，扩大经营规模需要增加一条生产线。增加生产线后，变动经营成本占销售收入的比例不变，仍然为 50%，每年的固定经营成本将由 7 万元增加到 10 万元。

丁提出，增加生产线后，需要增加生产和销售人员。

四人根据上述情况，进行了简单的资金测算，测算出公司大约需要增加资金 40 万元。

甲建议四人各增资 10 万元，出资比例保持不变。丙和丁提出出资有困难，建议吸纳新股东，新股东出资 40 万元，权益总额变为 200 万元，五人各占 1/5 的权益份额。乙提出可以考虑向银行借款，他曾与开户行协商过，借款利率大约为 6%。甲和丙认为借款有风险，而且需要向银行支付利息，会损失一部分收益。

案例思考题：

假设你是乙，你决定说服甲、丙和丁通过向银行借款来增加资金。

1. 解释负债经营的概念，说明"用他人的钱为自己赚钱"的道理。
2. 提出财务杠杆原理，解释财务杠杆利益与财务杠杆风险。
3. 如果公司采纳了借款方案，利用 2020 年的相关预测数据测算公司 2021 年的财务杠杆系数。
4. 假设公司所得税税率为 25%，试利用 2020 年和 2021 年两年的预测数据测算 2021 年的财务杠杆系数。测算结果与第 3 步中的测算结果是否相同？
5. 解释资金结构的概念。说明合理的资金结构的重要性。
6. 根据对公司扩大经营规模后 2020 年相关数据的预测，测算吸收新股东和向银行借款两种筹资方式下，平均每个股东所能获得的净利润，以此判断哪种筹资方式更优。
7. 假设以每个股东的出资总额作为 1 股，试计算引入新股东和借款筹资两种筹资方式下的每股利润无差别点，并进一步解释预测该种情况下两种筹资方式的优劣。

## 案例二

海天公司的注册资金为1 000万元，该公司自建立以来其资金全部由普通股资金组成，股票账面价值为1 000万元，2012年公司息税前盈余为300万元，所得税率为25%，无风险报酬率为8%，平均风险股票必要报酬率为15%，股票$\beta$系数为1。其权益资金成本率用资金资产定价模型确定为15%，公司当前总价值为1 500万元。

公司的经营业绩一般，与同行业比较，盈利能力较低。为了在竞争中不被淘汰，公司一致认为必须提高企业价值，但在具体的措施上，大家产生了分歧。

财务总监认为，公司当前的资金结构不合理，必须加以改变。他认为，当负债比率较低时，权益资金成本的上升会被债务的低成本抵消，但当负债比率达到一定程度时，权益资金成本的上升就不会再被债务的低成本抵消，这样加权平均资金成本便会上升，因此公司在加权平均资金成本最低时存在着最佳资金结构，这时的企业价值最大。财务总监据此认为，公司必须改善目前的资金结构，可通过发行债券购回部分股票，寻找加权平均资金成本最低的最佳资金结构。

但董事长不同意这个决议。他认为，目前公司的资金结构没有什么不妥之处，并且觉得无论公司有无负债，其加权平均资金成本都是固定不变的，因此公司的总价值也是固定不变的。因为公司利用财务杠杆时，即使债务资金成本不变，但由于负债的增加会加大权益的风险，使权益资金成本上升，这样加权平均资金成本不会因为负债比率的提高而降低，而是维持不变。

案例思考题：

1. 何谓最佳资金结构？公司确定最佳资金结构的意义何在？

2. 如果你是该公司的财务总监，你会如何说服董事长改变现有的资金结构（假定公司期望的息税前盈余为300万元固定不变，企业的净利全部用于发放股利，股利增长率为零，其无风险报酬率与平均风险股票必要报酬率不变，并假设债券的市场价值与票面价值相等）？

### 案例三

韩国第二大企业集团大宇集团（以下简称"大宇"）于1999年11月1日向新闻界正式宣布，该集团董事长金宇中及14名下属公司的总经理决定辞职，以表示"对大宇的债务危机负责，并为推行结构调整创造条件"。韩国媒体认为，这意味着"大宇集团解体进程已经完成""大宇集团已经消失"。

大宇集团于1967年开始奠基立厂，其创办人金宇中当时是一名纺织品推销员。经过30年的发展，通过政府的政策支持、银行的信贷支持和在海内外的大力购并，大宇成为直逼韩国最大企业——现代集团的庞大商业帝国。1998年年底，总资产高达640亿美元，营业额占韩国GDP的5%；业务涉及贸易、汽车、电子、通信设备、重型机械、化纤、造船等众多行业；国内所属企业曾多达41家，海外公司数量为600家，鼎盛时期，海外雇员多达几十万，大宇成为国际知名品牌。大宇是"章鱼足式"扩张模式的积极推行者，认为企业规模越大，就越能立于不败之地，即所谓的"大马不死"。据报道，1993年，金宇中提出"世界化经营"战略时，大宇在海外的企业只有15家，而到1998年年底，已增至600多家，"等于每3天增加一个企业"。更让韩国人为大宇着迷的是：在韩国陷入金融危机的1997年，大宇不仅没有被危机困倒，反而在国内的集团排名中由第4位上升到第2位，金宇中本人也被美国《幸福》杂志评为亚洲风云人物。1997年年底，韩国发生金融危机后，其他企业集团都开始收缩，但大宇仍然我行我素，结果债务越背越重。尤其是1998年年初，韩国政府提出"五大企业集团进行自律结构调整"方针后，其他集团把结构调整的重点放在改善财务结构方面，努力减轻债务负担。大宇却认为，只要提高开工率、增加销售额和出口，就能躲过这场危机。因此，它继续大量发行债券，进行"借贷式经营"。1998年，大宇发行的公司债券达7万亿韩元（约58.33亿美元）。1998年第4季度，大宇的债务危机已初露端倪，在各方援助下才避过债务灾难。此后，在严峻的债务压力下，大梦方醒的大宇虽作出了种种努力，但为时已晚。1999年7月中旬，大宇向韩国政府发出求救信号；7月27日，大宇因"延迟重组"，被韩国4家债权银行接管；8月11日，大宇在压力下屈服，割价出售两家财务出现问题的公司；8月16日，大宇与债权人达成协议，在1999年年底前，将出售盈利最佳的大宇证券公司，以及大宇电器、大宇造船、大宇建筑公司等，大宇的汽车项目资产免遭处理。"8月16日协议"的达成，表明大宇已处于破产清算前夕，遭遇"存"或"亡"的险境。由于在此后的几个月中，经营依然不善，资产负债率仍然居高，大宇最终不得不走向本文开头所述的那一幕。

大宇集团为什么会倒下？在其轰然坍塌的背后，存在的问题固然是多方面的，但不可否认，有财务杠杆的消极作用在作怪。大宇集团在政府政策和银行信贷的支持下，走上了一条"举债经营"之路。试图通过大规模举债，达到大规模扩张的目的，最后实现"市场占有率至上"的目标。1997年亚洲金融危机爆发后，大宇集团已经出现经营上的困难，其销售额和利润均不能达到预期目的，而与此同时，债权金融机构又开始收回短期贷款，政府也无力再给它更多支持。

正由于经营上的不善，加上资金周转的困难，韩国政府于1999年7月26日下令债权银行接手，对大宇集团进行结构调整，以加快这个负债累累的集团的解散速度。由此可见，大宇集团的举债经营所产生的财务杠杆效应是消极的，不仅难以提高企业的盈利能力，反而因巨大的偿付压力使企业陷于难以自拔的财务困境。从根本上说，大宇集团的解散，是其财务杠杆消极作用影响的结果。

案例思考题：

1. 大宇在其发展的数十年中，都是在"举债经营"，分析财务杠杆带给该公司的利与弊。

2. 从资金结构原理的角度，分析大宇提出的所谓"大马不死"神话破灭的原因。

3. 大宇公司的发展和破产带给我们怎样的思考和启示？

# 第九章 筹资管理概论

## 一、单项选择题

1. 某公司敏感性资产和敏感性负债占销售额的比重分别为50%和10%，并保持稳定不变。2022年销售额为1 000万元，预计2023年销售额增长20%，销售净利率为10%，利润留存率为30%。不考虑其他因素，则根据销售百分比法，2023年公司的外部融资需求量为（　　）万元。

   A. 80　　　　　B. 64　　　　　C. 44　　　　　D. 74

2. 企业为了优化资金结构而筹集资金，这种筹资的动机是（　　）。

   A. 创立性筹资动机　　　　　B. 支付性筹资动机
   C. 扩张性筹资动机　　　　　D. 调整性筹资动机

3. 下列筹资方式中，既可以筹集长期资金，也可以融通短期资金的是（　　）。

   A. 发行股票　　　　　　　　B. 利用商业信用
   C. 吸收直接投资　　　　　　D. 向金融机构借款

4. 根据资金需要量预测的销售百分比法，下列负债项目中，通常会随销售额变动而呈正比例变动的是（　　）。

   A. 应付票据　　B. 长期负债　　C. 短期借款　　D. 短期融资券

5. 企业的全部资金按照属性不同可以分为（　　）。

   A. 权益资金与债务资金　　　B. 直接筹资与间接筹资
   C. 长期资金与短期资金　　　D. 内部筹资与外部筹资

6. 下列项目中不属于敏感资产的是（　　）。

   A. 货币资金　　B. 应收账款　　C. 融资租赁　　D. 存货

7. 下列项目中属于敏感负债的是（　　）。

   A. 货币资金　　B. 应收账款　　C. 应付账款　　D. 存货

8. 用资金习性法预测筹资需要量的假设前提是（　　）。

   A. 筹资规模与营业业务量间的对应关系
   B. 筹资规模与投资间的时间关系

C. 筹资规模与筹资方式间的对应关系

D. 长短期资金间的比例关系

9. 在销售百分比法中，与留存收益的增加数计算无关的因素是（　　）。

A. 预计销售额　　　　　　　　B. 预计销售增加额

C. 预计销售净利率　　　　　　D. 股利支付率

10. 下列不属于负债特征的是（　　）。

A. 具有确定的偿还期限

B. 金额确定或可估计

C. 过去交易或者现在交易所形成的债务

D. 没有确定的偿还期限

## 二、多项选择题

1. 下列各项中，属于直接筹资方式的有（　　）。

A. 发行公司债券　　B. 银行借款　　C. 融资租赁　　D. 发行股票

2. 与普通股筹资相比，下列各项中属于银行借款筹资优点的有（　　）。

A. 公司的财务风险较低　　　　B. 可以发挥财务杠杆作用

C. 资金成本较低　　　　　　　D. 筹资弹性较大

3. 下列各项中，属于筹资决策必须考虑的因素有（　　）。

A. 取得资金的渠道　　　　　　B. 取得资金的方式

C. 取得资金的总规模　　　　　D. 取得资金的成本与风险

4. 负债偿还的方式包括（　　）。

A. 现金　　　B. 无须偿还　　　C. 非现金资产　　　D. 举新债

5. 下列属于债务融资优势的是（　　）。

A. 利息抵税效应　　　　　　　B. 提高财务信息透明度

C. 降低银行企业间的信息不对称　D. 提高知名度

## 三、判断题

1. 根据资金筹集的及时性原则，企业应尽早地筹集生产所需的资金，以免影响生产经营的正常进行。　　　　　　　　　　　　　　　　　　　　（　　）

2. 直接筹资是企业直接从社会取得资金的一种筹资方式，一般只能用来筹集股权资金。　　　　　　　　　　　　　　　　　　　　　　　　（　　）

3. 股利支付率越高，外部融资需求越小；销售净利率越大，外部融资需求越小。
　　　　　　　　　　　　　　　　　　　　　　　　　　　　　　　（　　）

4. 筹资渠道解决的是资金来源问题，筹资方式解决的是通过什么方式取得资金的问题，它们之间不存在对应关系。　　　　　　　　　　　　　（　　）

5. 企业借助银行筹集的资金属于直接资金。　　　　　　　　　　　（　　）

### 四、计算题

1. 某公司 2022 年 12 月的简要资产负债表如表 9-1 所示。假定公司 2022 年销售额为 100 000 万元，销售净利率为 15%，利润留存率为 40%。2023 年销售额预计增长 30%，销售利润和利润留存率与上年保持一致。公司有足够的生产能力，无须追加固定资产投资。试预计该公司 2023 年需外部筹资的资金量。

表 9-1　某公司简要资产负债表
2022 年 12 月 31 日

单位：万元

| 资产 | 2022 年年末 | 负债和所有者权益 | 2022 年年末 |
| --- | --- | --- | --- |
| 货币资金 | 5 000 | 短期借款 | 10 000 |
| 应收账款 | 15 000 | 应付账款 | 15 000 |
| 存货 | 30 000 | 应付债券 | 25 000 |
| 固定资产 | 30 000 | 股本 | 20 000 |
| — | — | 留存收益 | 10 000 |
| 合计 | 80 000 | 合计 | 80 000 |

2. A 公司 2022 年年末敏感资产为：货币资金 150 万元，应收账款 280 万元，应收票据 50 万元，存货 320 万元；非敏感资产为：长期股权投资 110 万元，固定资产净额 1 200 万元，无形资产及其他资产合计 190 万元；敏感负债为：应付账款 170 万元，应交税费 60 万元；非敏感负债为：长期借款 90 万元，应付债券 600 万元；股东权益项目为：股份资金 800 万元，资本公积 200 万元，留存收益 380 万元。该公司 2022 年营业收入为 4 000 万元，净利润为 200 万元。2023 年公司预计营业收入为 5 000 万元，营业净利率不变。为扩大生产规模，公司将增加固定资产 500 万元。公司的股利支付率为 20%。

要求：试根据预计的营业收入来确定公司 2023 年的外部融资需求。

### 五、实训题

正常的负债是企业保持股东利益最大化的措施之一。我国上市公司的年度财务报表显示,过半上市公司负债率低。但同时又有资料表明,虽然这些上市公司历年来的负债比例都低于正常水平,但它们却又喜欢频频申请配股。人们不禁要问:他们有那么多的募股资金闲置不用,为什么又要向股东配股"收钱"呢?应如何解释我国上市公司的这种低负债现象呢?以下是几种常见的说法。

(1) 股东的钱为零成本,可以不还本付息。

(2) 没有资金结构政策的意识。

(3) 配股和增发新股被视为"经济效益高"或"经营、财务、管理状况良好"的嘉奖。

(4) 不懂得使用合适的融资工具,使得配股成为"唯一的"融资工具。

(5) 实行稳健的财务政策,对高负债怀有"恐惧症"。

(6) 募股和配股的投资计划形同虚设,无法落实,造成资金闲置。

(7) 利用募股和配股资金,转还银行贷款。

(8) 主业发展受限,一时难以寻找到高效益的投资项目。

(9) 上市公司的收益率低于银行的贷款利息率(6个月利率为5.58%,1年利率为5.85%)。

讨论与思考:

1. 你认为我国上市公司负债比例偏低的主要原因是什么?

2. 上市公司不差钱还喜欢频频申请配股的原因是否因公司而异?试选择两家不同的公司进行比较分析。

## 六、案例分析题

### 案例一

万科企业股份有限公司（以下简称"万科"）成立于1984年5月，以大众住宅开发为核心业务，业务覆盖上海、深圳、广州、北京、天津等20多个城市，已经成为中国最大的房地产上市公司之一。经过多年努力，万科逐渐确立了其在房地产行业的竞争优势。2011年1月4日，万科A股发布的2010年12月份销售业绩简报称，2010年1—12月，万科累计实现销售面积897.7万平方米，销售金额1 081.6亿元，与2009年相比增加七成，成为首个年销售额达千亿元的房地产企业。

万科的筹资方向包括国内和国际筹资，多元化的筹资方式为万科经济业务的开展源源不断地提供资金。1991年1月29日，万科A股正式在深圳证券交易所挂牌交易。1993年5月，万科成功发行4 500万股B股，募集资金45 135万港元。

2002年6月13日，万科向社会公开发行1 500万张可转换公司债券（万科转债）用于深圳四季花城二区等5个项目。可转换公司债券每张面值100元，票面利率1.5%，发行总额15亿元，发行费用总额24 861 580.85元，募集资金于2002年6月20日全部到位。该可转换公司债券在2002年12月13日至2007年6月12日期间可以转换为公司流通A股，初始转股价格为每股人民币12.1元。截至2004年4月30日，15亿元可转换公司债券全部顺利转股。2004年9月万科再次向社会公开发行可转换公司债券（万科转2），募集资金19.9亿元。

2003年开始，国内房地产市场一直处于高速增长状态。国家推出的鼓励土地市场拍卖政策加大了房地产企业的资金压力。万科也面临巨大的资金缺口，要抓住市场机遇，进一步扩大市场份额，就需要充足的资金保障。这时公司通过发行可转换公司债券募集的19.9亿元资金有效地解决了资金短缺问题。

这期间，由于公司积极开拓了非银行的多元化融资渠道，其非银行类借款占公司总借款的比重也由2003年的35%提高到61%。另外，多家银行为万科提供的授信额度也非常宽裕。2005—2010年，房地产行业处于高速增长时期，万科的长期借款也明显呈逐年增加态势。2008年9月18日，万科发行了总额为59亿元的公司债券，分为有担保和无担保两个品种。其中，有担保品种为5年期固定利率债券，发行规模为30亿元；无担保品种为5年期固定利率债券，附发行人上调票面利率选择权及投资者回售选择权，发行规模为29亿元。

2007年7月22日，万科公开增发股票，每股发行价格为31.53元，共募集资金99.37亿元。2009年8月27日，万科计划启动万科A股历史上最大规模的增发方案，公开增发不超过招股意向书公告日公司总股本8%的A股，扣除发行费用后的募集资金净额不超过112亿元。

该计划同年9月15日在万科股东会上高票通过，这也是万科历史上增发方案投票通过率最高的一次。但这个增发方案一出台就受到多方质疑,一方面是此前的增发导致部分投资者尚未解套,另一方面万科并不缺钱。公告显示,2009年中期万科的财务非常稳健,持有货币资金268.8亿元,资产负债率为66.4%,公司的净负债率(净负债率是指企业的有息负债减去货币资金后对所有者权益的比例)也由2008年的37.1%下降至10.7%。

2009年年底国家出台的一系列政策使得房地产企业的上市融资及IPO(首次公开募股)遭遇较高的门槛,政策关卡收紧,万科、招商、世茂等多家房地产企业在2010年陆续搁置融资计划。

此后,万科通过多种方式募集资金,一直保持着较快的发展速度。根据2014年年度报告,公司资产负债率为77.2%。有息负债中,银行借款占比39.94%,应付债券占比为16.83%,其他借款占比为43.23%。

当时间进入2015年,一幕股权之争的大戏拉开了帷幕。"宝能系"陆续增持万科A股股票,在当年8月份合计持股超过万科原第一大股东华润。随后华润虽然也进行了增持,但与"宝能系"的持股比例非常接近,并很快放弃了努力。截至2015年年底,"宝能系"已增持万科股票至24.26%,为万科第一大股东。

为了应对"宝能系",万科准备通过定向增发的方式引入新股东深圳地铁,但遭到了原股东的反对。此后恒大、安邦等均入股万科。

据2016年年报显示,公司主要股东情况为:"宝能系"持股25.40%,华润持股15.31%,恒大持股14.07%。2017年1月、6月,华润和恒大分别将全部股份转让给深圳地铁,深圳地铁成为万科第一大股东。万科的股权之争告一段落。"宝能系"自2018年起陆续减持万科股票,据2019年年报显示,持股比例已经降至5%以下。

案例思考题:

1. 万科成功运用了哪些筹资方式?这些筹资方式集得的资金分别属于什么性质的资金?

2. 结合万科的股权之争分析股权性资金的筹集可能给公司带来什么影响。

**案例二**

六顺电气有限责任公司是一家中等规模的家用电器制造企业，虽然在行业竞争中具有一定优势，但是生产能力不足。目前，宏观经济处于发展阶段的繁荣时期，家电消费需求数量和购买能力呈现上升趋势。公司为抓住机遇，发挥优势，做大做强，增加利润和企业价值，增强可持续发展实力，正在研究重大经营与财务策略，现准备采取下列措施：

（1）加大固定资产投资力度并实行融资租赁方式，扩充厂房设备。

（2）实行赊购与现购相结合的方式，迅速增加原材料和产品库存。

（3）开发营销计划，加大广告推销投入，扩大产品的市场占有率，适当提高销售价格，增加销售收入。

（4）增聘扩充生产经营所需的技术工人和营销人员。

案例思考题：

1. 试分析公司目前的基本状况和所处的经济环境及其对公司的影响。
2. 你认为公司准备采取的经营与财务策略是否可行？
3. 如果你是该公司的财务主管，从筹资的角度你将采取哪些举措？

## 案例三

M公司于2015年实行杠杆收购后，负债比率一直居高不下。直至2020年年底，公司的负债比率仍然很高，有近15亿元的债务将于2023年到期。为此，需要采用适当的筹资方式追加筹资，降低负债比率。

2021年年初，公司董事长和总经理在研究公司的筹资方式的选择问题。董事长和总经理两人都是主要的持股人，也都是财务专家。他们考虑了包括增发普通股等筹资方式，并开始向投资银行咨询。

起初投资银行认为，可按每股20元的价格增发普通股。但经分析得知，这是不切实际的，因为投资者对公司有关机票打折策略和现役服役机老龄化等问题顾虑重重，如此高价位发行，成功概率不大。最后投资银行建议，公司可按每股13元的价格增发普通股2 000万股，以提升股权资金比重，降低负债比率，改善财务状况。该公司2020年年底和2021年年初增发普通股后，如果接受银行的咨询建议，筹资方式组合如表9-2所示。

**表9-2　M公司长期筹资方式情况表**

| 长期筹资方式 | 2020年年末实际数 | | 2021年年初估计数 | |
|---|---|---|---|---|
| | 金额/亿元 | 百分比/% | 金额/亿元 | 百分比/% |
| 长期债券 | 49.66 | 70.90 | 48.63 | 68.10 |
| 融资租赁 | 2.45 | 3.50 | 2.45 | 3.40 |
| 优先股 | 6.51 | 9.30 | 6.51 | 9.10 |
| 普通股 | 11.43 | 16.30 | 13.86 | 19.40 |
| 总计 | 70.05 | 100.00 | 71.45 | 100.00 |

**案例思考题：**

假如你是该公司的财务总监，请思考以下问题：

1. 请你分析股票筹资方式的优缺点。
2. 你如何评价投资银行对公司的咨询？
3. 你将对公司提出怎样的筹资方式建议？

## 案例四

跃进汽车制造公司现在急需1亿元的资金用于轿车技术改造项目。为此，总经理赵广斌于2004年5月10日召开由生产副总经理张望、财务副总经理王朝、销售副总经理林立、某信托投资公司金融专家周民、某经济研究中心经济学家武教授、某大学财务学者郑教授组成的专家研讨会，讨论该公司筹资问题。以下是他们的发言摘录：

总经理赵广斌认为："公司轿车技术改造项目经专家、学者的反复论证已被国家于2003年正式批准立项。这个项目的投资额预计为4亿元，生产能力为4万辆。项目改造完成后，公司两个系列产品的各项性能可达到国际同类产品的先进水平。现在项目正在积极实施中，但目前资金不足，需要在2004年7月前筹措1亿元资金，请大家谈谈如何筹措这笔资金。

生产副总经理张望认为："目前筹集的1亿元资金，主要是用于投资少、效益高的技术改进项目。这些项目在两年内均能完成建设并正式投产，到时将大大提高公司的生产能力和产品质量，估计这笔投资在改造投产后三年内可完全收回。所以应发行五年期的债券筹集资金。"

财务副总经理王朝认为："目前公司全部资金总额为10亿元，其中自有资金4亿元，借入资金6亿元，自有资金比率为40%。负债比率为60%，这种负债比率在我国处于中等水平，与世界发达国家如美国、英国等相比，负债比率已经比较高了，如果再利用债券筹集1亿元资金，负债比率将达到64%。所以，不能利用债券筹资，只能靠发行普通股或优先股筹集资金。"

但金融专家周民却认为："目前我国资本市场还不够完善，投资者对股票投资还没有充分的认识，再加之2004年股市的'扩容速度过快'。因此，要发行1亿元普通股是很困难的，发行优先股还可以考虑，根据目前的利率水平和生产情况，发行时年股息不能低于16.5%，否则也无法发行。"

经济研究中心的武教授认为："我国已经加入世界贸易组织，汽车行业可能会受到冲击，销售量会受到影响。在进行筹资和投资时应考虑这一因素，盲目上马的后果将是不够理想的。"

公司销售副总经理林立分析了公司的现状和国内国际形势，认为入世不会产生大的影响，将来一段时期内销售量不成问题。

财务副总经理王朝认为："公司属于股份制试点企业，目前所得税税率为33%，税后资金利润率为16%，由于采用了先进设备，若这项技术改造项目上马，投产后预计税后资金利润率将达到18%。"所以，他建议这一技术改造项目尽快付诸实施。

郑教授听了大家的发言后指出："以16.59%的股息率发行优先股不可行，因为发行优先股所花费的筹资费用较多，把筹资费用加上以后，预计利用优先股筹集的资金成本将达到19%，这已高出公司税后资金利润率1个百分点，所以不可行。但若发行债券，由于利息可以在税前支付，实际成本大约在9%。"他还认为，目前我国正处于通货膨胀时期，利息率比较高，这时不宜发行较长时期的负担较高的利息或股息。所以，郑教授认为，应首先向银行筹措1亿元的技术改造贷款，期限为一年，一年以后，再以较低的股息率发行优先股股票来替换技术改造贷款。

财务副总经理王朝听了郑教授的分析后也认为，按16.5%的股息率发行优先股，的确会给公司带来沉重的财务负担。但他不同意郑教授后面的建议，他认为，在目前条件下向银行筹措1亿元技术改造贷款几乎不可能实现；另外，通货膨胀在近年内不会消除，政府要消除通货膨胀，使利息率有所下降，至少需要两年的时间。金融学家周民也同意王朝的看法，他认为一年后利息率可能还要上升，两年后利息率才会保持稳定或有所下降。

案例思考题：
1. 归纳说明这次筹资研讨会上提出了哪几种筹资方案。
2. 对会议提出的几种筹资方案进行评价。

# 第十章 长期筹资

一、单项选择题

1. 对于股份制企业来讲，发行股票筹资（　　）。
   A. 能减少企业财务风险　　　　　　　B. 会增加企业财务风险
   C. 只能用于购建固定资产　　　　　　D. 是增加企业总资产的唯一途径

2. 某企业向租赁公司租入设备一套，价值为100万元，租期为3年，租赁综合费率为10%，则平均每年年末支付的租金为（　　）万元。
   A. 30.21　　　　B. 33.33　　　　C. 42.33　　　　D. 40.21

3. 公司债券发行中约定有提前赎回条款的，下列表述恰当的是（　　）。
   A. 当预测利率下降时，可提前赎回债券
   B. 提前赎回条款增加了公司还款的压力
   C. 当公司资金紧张时，可提前赎回债券
   D. 提前赎回条款降低了公司筹资的弹性

4. 某企业向租赁公司租入一套价值为200万元的设备，租期为10年。租赁期满时预计残值为10万元，归租赁公司所有，年利率为7%，年租赁手续费率为2%。租金在每年年初支付一次，对于年租金的计算，正确的表达式为（　　）。
   A. [200-10×(P/F,9%,10)]/[(P/A,9%,10)×(1+9%)]
   B. [200-10×(P/F,7%,10)]/(P/A,7%,10)
   C. [200-10×(P/F,7%,10)]/[(P/A,7%,10)×(1+7%)]
   D. [200-10×(P/F,9%,10)]/(P/A,9%,10)

5. 与发行股票筹资相比，吸收直接投资的优点是（　　）。
   A. 筹资费用较低　　　　　　　　　　B. 资金成本较低
   C. 易于进行产权交易　　　　　　　　D. 有利于最高公司声誉

6. 与配股相比，定向增发的优势是（　　）。
   A. 有利于社会公众参与
   B. 有利于保持原有的股权结构
   C. 有利于促进股权的流通转让

D. 有利于引入战略投资者和机构投资者

7. 下列不属于吸收直接投资的优点的是（    ）。
   A. 有利于增强企业信誉　　　　　　B. 有利于尽快形成生产能力
   C. 资金成本较低　　　　　　　　　D. 有利于降低财务风险

8. 下列权利中，不属于普通股股东权利的是（    ）。
   A. 公司管理权　　　　　　　　　　B. 剩余财产优先要求权
   C. 优先认股权　　　　　　　　　　D. 监督决策权

9. 某公司发行期限为5年的可转换债券，面值100元，规定每份债券可转换4股该公司的普通股股票，可转换债券的转换价格为（    ）。
   A. 40元　　　　B. 25元　　　　C. 20元　　　　D. 50元

10. 不属于长期借款特征的有（    ）。
    A. 借款期限超过一年　　　　　　B. 借款数额通常较大
    C. 通常用于长期资产的购建　　　D. 借款利率较低

## 二、多项选择题

1. 企业筹措长期资金的筹资方式有（    ）。
   A. 利用商业信用　　　　　　　　　B. 吸收直接投资
   C. 发行公司债券　　　　　　　　　D. 融资租赁

2. 优先股的"优先权"主要表现在（    ）。
   A. 优先分配股利　　　　　　　　　B. 优先分配剩余资产
   C. 管理权优先　　　　　　　　　　D. 决策权优先

3. 债券筹资方式的优点有（    ）。
   A. 资金成本低　　　　　　　　　　B. 没有固定的利息负担
   C. 能获得财务杠杆利益　　　　　　D. 保障所有者对企业的控制权

4. 与发行股票筹资相比，融资租赁筹资的特点有（    ）。
   A. 财务风险较小　　　　　　　　　B. 筹资限制条件较少
   C. 资金成本负担较低　　　　　　　D. 形成生产能力较快

5. 下列可转换债券条款中，有利于保护债券发行者利益的有（    ）。
   A. 回售条款　　　　　　　　　　　B. 赎回条款
   C. 转换比率条款　　　　　　　　　D. 强制性转换条款

## 三、判断题

1. 发行股票筹资的成本比借款筹资的成本低。　　　　　　　　　　　　（    ）
2. 当公司增发普通股票时，原有股东有权优先认购。　　　　　　　　　（    ）
3. 发行普通股所筹集的资金在公司存续期期间不需要偿还，所以也不需要成本。
   　　　　　　　　　　　　　　　　　　　　　　　　　　　　　　（    ）

4. 债券利息和优先股股利都作为财务费用在所得税前支付。（  ）
5. 尽管融资租赁比借款购置设备更迅速、更灵活，但租金也比借款利息高得多。
（  ）

**四、计算题**

1. 大明公司于20×2年1月1日从租赁公司租入一套设备，设备价值60万元，租期为5年，预计租赁期满时的残值为1.2万元，残值归租赁公司，年利率按10%计算，租赁手续费率为设备价值的1%，租金每年末支付一次。请计算租赁该套设备每次应支付的租金。

2. 大明公司于20×2年1月1日从租赁公司租入一套设备，价值60万元，租期为5年，预计租赁期满时的残值为1.2万元，假定设备残值归属承租企业，租费率为12%。则承租企业每年年末支付的租金为多少？

3. 某企业于20×2年1月1日从租赁公司租入一套设备，价值为60万元，租期为6年，租赁期满时预计残值为5万元，归租赁公司。年利率为10%，租赁手续费率为设备价值的2%。
（1）若租金每年年末支付一次，则该套设备每次支付租金多少？
（2）若不考虑租赁手续费率，贴现率即为年利率，则该套设备每次支付租金多少？

4. 东方公司于20×3年1月1日从租赁公司租入一套设备，价值为50万元，租期为5年，到期后设备归企业所有，双方商定采用18%的折现率。
（1）试计算该企业每年年末应支付的等额租金。

（2）假如采用先付等额租金方式，则每年年初支付的租金额为多少？

5. H公司发行了年利率为2%的400 000元的可转换债券，利息每年支付一次，债券将在5年后到期。每一张可转换债券可以在规定的期限转换成4股该公司普通股股票。债券的票面价值是100元，假设债券的市价为108元，H公司的普通股市价为30元，计算该可转换债券的转换价格。

### 五、实训题

华为技术有限公司（以下简称"华为"）成立于1988年，发展至今，公司拥有18万员工，业务遍及170多个国家和地区。一直以来，华为坚持围绕客户需求持续创新，加大基础研究投入，从一家年销售额只有几十万元的交换机经销商发展成为一家年收入达7 212亿元人民币的通信巨人，并且拥有36家联合创新中心和14所研究院（室）。但和大多数依靠上市实现跨越式发展的公司不同，华为实现这一目标并未依靠资本市场的助力。

讨论与思考：

谈谈华为"不上市"的原因（可从多角度进行分析，如资金结构、公司制度、企业文化、发展战略等），并总结股票上市的意义及会给公司带来哪些不利之处。

## 六、案例分析题

### 案例一

迅达航空公司于 2000 年实行杠杆式收购后，负债比率一直居高不下。截至 2005 年底，公司的负债比率仍然很高，有近 15 亿元的债务将于 2008 年到期。为此，需要采用适当的筹资方式追加筹资，降低负债比率。

2006 年初，公司董事长和总经理研究公司的筹资方式的选择问题。董事长和总经理两人都是主要持股人，也都是财务专家。他们考虑了包括增发普通股等筹资方式，并开始向投资银行咨询。

起初，投资银行认为，可按每股 20 元的价格增发普通股。但经分析，这是不切实际的，因为投资者对公司有关机票打折策略和现役服役机龄老化等问题顾虑重重，如此高价位发行，成功的概率不大。最后，投资银行建议，公司可按每股 13 元的价格增发普通股 2 000 万股，以提升股权资金比重，降低负债比率，改善财务状况。

迅达航空公司于 2005 年底和 2006 年初增发普通股后（如果接受投资银行的建议），筹资方式组合如表 10-1 所示。

表 10-1 迅达航空公司长期筹资情况

| 长期筹资方式 | 2005 年底实际数 | | 2006 年初估计数 | |
| --- | --- | --- | --- | --- |
| | 金额/亿元 | 百分比/% | 金额/亿元 | 百分比/% |
| 长期债券 | 49.66 | 70.9 | 48.63 | 68.1 |
| 融资租赁 | 2.45 | 3.5 | 2.45 | 3.4 |
| 优先股 | 6.51 | 9.3 | 6.51 | 9.1 |
| 普通股 | 11.43 | 16.3 | 13.86 | 19.4 |
| 总计 | 70.05 | 100 | 71.45 | 100 |

案例思考题：

假如你是该航空公司的财务总监（CFO）：

1. 请你分析股票筹资方式的优缺点。
2. 你如何评价投资银行对公司的咨询建议？
3. 你将对公司提出怎样的筹资方式建议？

## 案例二

截至2012年年末，新湖中宝股份有限公司（股票代码600208，简称"新湖中宝"）的总资产规模达464.60亿元，其中负债总额为325.50亿元（其中，短期借款35.88亿元，长期借款128.62亿元，预收货款42.82亿元），股东权益总额为125.73亿元，股本数量达62.59亿股。公司主营地产、金融及其他投资。

新湖中宝的前身为中宝戴梦得投资股份有限公司，浙江新湖集团于2006年借壳上市成功后更名。回顾新湖中宝的筹资之路，公司于1999年发行新股6 500万股，筹集资金31 330万元；2006年，公司以3.21元/股的价格，向浙江新湖集团定向发行12亿股股票，新湖集团以其拥有的14家房地产子公司的股权作为支付对价，公司筹集资金38.52亿元；2007年，公司以16.06元/股的价格向7名符合相关规定的机构投资者非公开发行A股股票9 962万股，筹集资金总额159 989.72万元；2008年7月，发行无担保固定利率公司债券14亿元；2009年，公司完成吸收合并新湖创业事项，增加股本56 255万元。

可以看到，正是由于其多元化的筹资方式和筹资渠道，支撑了新湖中宝经营规模的不断壮大。

案例思考题：

1. 新湖中宝运用了哪些筹资方式？为什么要运用这些筹资方式？
2. 筹资应遵循哪些原则？如何预测筹资需要量？
3. 股票筹资有哪些具体方式？应具备哪些条件？什么是可转换债券？
4. 债券筹资有哪些种类？应具备哪些条件？
5. 各种筹资方式有何利弊？

# 第十一章 短期筹资

一、单项选择题

1. 某企业按"2/10，n/45"的信用条件购进商品一批，若该企业放弃现金折扣优惠，而在信用期满时付款，则放弃现金折扣的机会成本为（  ）。
   A. 20.99%    B. 28.82%    C. 25.31%    D. 16.33%

2. 短期借款期限一般不超过（  ）。
   A. 6个月    B. 3个月    C. 1年    D. 3年

3. 短期借款协议中补偿性余额一般为借款额度或者实际借款额的（  ）。
   A. 20%~30%    B. 10%~20%    C. 30%~40%    D. 40%~50%

4. 下列不是短期借款的缺点的是（  ）。
   A. 偿债压力大           B. 财务风险高
   C. 利息成本具有不确定性  D. 融资期限长

5. 下列不属于商业信用项目的有（  ）。
   A. 应付账款    B. 应付票据    C. 预收账款    D. 应付债券

6. 按现金折扣（2/10，1/20，n/30）标准，第11天付款应享受的比例为（  ）。
   A. 2%    B. 1%    C. 10%    D. 0%

7. 如果现金折扣条件为"2/10，1/20，n/30"，某公司选择在第11天到20天付款，则该公司放弃的现金折扣为（  ）。
   A. 36.36%    B. 36.73%    C. 38.79%    D. 39.18%

8. 商业信用的主要表现形式不包括（  ）。
   A. 信用借款    B. 应付账款    C. 应付票据    D. 预收账款

9. 某企业按照利率10%向银行借款200万元，银行要求维持贷款限额20%的补偿性余额，则企业可以实际使用的借款额为（  ）万元。
   A. 180    B. 20    C. 160    D. 40

10. 企业筹集自有资金的方式主要有（  ）。
    A. 商业信用    B. 吸收直接投资    C. 融资租赁    D. 发行债券

## 二、多项选择题

1. 企业筹集负债资金的方式包括（　　）。
   A. 商业信用　　　B. 金融机构借款　　　C. 融资租赁　　　D. 发行股票
2. 下列不属于企业间接筹资方式的是（　　）。
   A. 发行股票　　　B. 发行债券　　　C. 融资租赁　　　D. 商业信用
3. 下列不属于债务融资筹集方式的有（　　）。
   A. 银行借款　　　B. 发行股票　　　C. 发行优先股　　　D. 发行认股权证
4. 下列属于担保贷款的是（　　）。
   A. 质押贷款　　　B. 信用贷款　　　C. 保证贷款　　　D. 抵押贷款
5. 从企业筹资的角度来说，商业信用的形式主要有（　　）。
   A. 应付账款　　　B. 应收账款　　　C. 应付票据　　　D. 预收货款

## 三、判断题

1. 利用商业信用筹资与能否享受现金折扣无关。（　　）
2. 由于商业信用筹资无须支付利息，所以不属于债务筹资。（　　）
3. 在融资租赁方式下，租赁期满，设备必须低价转让给承租人。（　　）
4. 我国有关法律规定，股票发行价格不得低于票面价值，即不能采用折价发行。（　　）
5. 周转信贷协定、补偿性余额等条款，仅适用于短期借款，不适用于长期借款。（　　）

## 四、计算题

1. 某企业按"1/10，n/30"的条件购进一批商品，总价款为100万元。
   （1）若该企业在折扣期内付款（选择第10天付款），付款额是多少？
   （2）若企业放弃现金折扣，在信用期内付款，则其放弃现金折扣的机会成本为多少？
   （3）如果短期借款资金成本率是10%，则该企业是否应向银行借款享受此项折扣？
   （4）如果延至第40天付款，放弃现金折扣的机会成本为多少？

2. 甲公司拟以"2/10，n/30"的信用条件向供应商采购一批零件，其价格总额为100 000元。假设银行短期借款利率为10%，每年按360天计算，计算甲公司放弃现金折扣的成本（保留至0.01%），并选择付款日期。

3. 某公司拟采购一批零件，供应商规定付款条件：10天之内付款，付98万；20天之内付款，付99万；30天之内付款，付100万。要求：

（1）假设银行短期贷款利率为15%，计算放弃现金折扣的成本（比率），并确定对该公司最有利的付款日期和价格。

（2）若目前的短期投资收益率为40%，确定对该公司最有利的付款日期和价格。

**五、实训题**

东方公司向人本公司购买原材料，人本公司开出的付款条件为"2/10，n/30"。东方公司的财务经理周静查阅公司记录时发现，会计人员对此项交易的处理方式是在收到货物后的第15天支付款项。周静询问公司的会计为什么不争取现金折扣时，负责该项交易的会计不假思索地回答道："这一交易的资金成本仅为2%，而银行贷款的成本却为12%"。

讨论与思考：

（1）会计人员错在哪里？他在观念上混淆了什么？丧失现金折扣的实际成本到底有多大？

（2）如果东方公司无法获得银行贷款，而被迫使用商业信用资金（使用推迟付款商业信用筹资方式），为降低年利息成本，你应向财务经理周静提出何种建议？

# 第十二章 项目投资决策

## 一、单项选择题

1. 项目投资决议计划中，完整的项目计算期是指（　　）。
   A. 建设期
   B. 出产经营期
   C. 建设期+达产期
   D. 建设期+运营期

2. 某项目投资需要的固定资产投资额为100万元，无形资产投资额为10万元，活动资金投资额为5万元，建设期资本化利息为2万元，则该项目的原始投资为（　　）万元。
   A. 117　　　　B. 115　　　　C. 110　　　　D. 100

3. 若某投资项目的建设期为零，则直接利用年金现值系数计算该项目内部收益率指标所要求的前提条件是（　　）。
   A. 投产后净现金流量为普通年金形式
   B. 投产后净现金流量为递延年金形式
   C. 投产后各年的净现金流量不相等
   D. 在建设起点没有发生任何投资

4. 某投资项目需在开始时一次性投资50 000元，其中固定资产投资45 000元，营运资金垫支5 000元，没有建设期。各年营业现金净流量分别为10 000元、12 000元、16 000元、20 000元、21 600元、14 500元，则该项目的静态投资回收期是（　　）年。
   A. 3.35　　　　B. 3.40　　　　C. 3.60　　　　D. 4.00

5. 某投资方案的年营业收入为50 000元，年总成本为30 000元（其中包括年折旧额10 000元），所得税税率为25%，该方案的年营业现金流量为（　　）元。
   A. 35 000　　　B. 32 500　　　C. 25 000　　　D. 22 500

6. 最直接符合股东财富最大化目标的投资评价方法是（　　）。
   A. 会计收益率法
   B. 投资回收期法
   C. 内含报酬率法
   D. 净现值法

7. 当贴现率与内含报酬率相等时，（　　）。

A. 净现值大于 0　　　　　　　　　B. 净现值等于 0

C. 净现值小于 0　　　　　　　　　D. 净现值不能确定

8. 某企业拥有一块土地，其原始成本为 500 万元，账面价值为 380 万元。现准备在这块土地上建造工厂厂房，但如果现在将这块土地出售，可获得收入 460 万元，则建造厂房的机会成本是（　　）万元。

A. 500　　　　B. 120　　　　C. 380　　　　D. 460

9. 下列各项不属于折现分析方法的是（　　）。

A. 现值指数法　　　　　　　　　B. 会计收益率法

C. 内含报酬率法　　　　　　　　D. 净现值法

10. 如果一个项目投资可行，则以下不正确的是（　　）。

A. 净现值大于零　　　　　　　　B. 现值指数大于 1

C. 内含报酬率大于资金成本率　　D. 现值指数小于 1

## 二、多项选择题

1. 项目投资相对于其他投资而言，具有的特点包括（　　）。

A. 投资金额大　　B. 影响时间长　　C. 变现能力强　　D. 投资风险小

2. 下列指标中，属于动态评价指标的有（　　）。

A. 获利指数　　B. 净现值率　　C. 内部收益率　　D. 投资收益率

3. 净现值指标的优点有（　　）。

A. 考虑了资金时间价值

B. 能够利用项目计算期的全部净现金流量

C. 考虑了投资风险

D. 可从动态的角度反映投资项目的实际投资收益率水平

4. 投资收益率的特点有（　　）。

A. 计算公式最为简单

B. 没有考虑资金时间价值因素

C. 不能正确反映建设期长短及投资方式不同和回收额的有无对项目的影响

D. 分子、分母计算口径的可比性较差，无法直接利用净现金流量信息

5. 按照企业投资的分类，下列各项中，属于发展性投资的有（　　）。

A. 开发新产品投资　　　　　　　B. 更新替换旧设备的投资

C. 企业间兼并收购的投资　　　　D. 大幅度扩大生产规模的投资

## 三、判断题

1. 评价投资项目的财务可行性时，如果静态投资回收期或投资收益率的评价结论与净现值指标的评价结论发生矛盾，应当以净现值指标的结论为准。（　　）

2. 在利用净现值法和现值指数法进行投资方案比较时，所用贴现率的大小会对比较结果产生影响。（　　）

3. 投资决策中现金流量所指的现金不仅包括各种货币资金，还包括项目需要投入的企业现有非货币资源的变现价值。（　　）

4. 静态投资回收期与动态投资回收期均未考虑回收期以后的现金流量。（　　）

5. 某企业计划投资10万元一个新项目，预计投资后每年可获净利1.5万元，年折旧率为10%，则静态投资回收期为5年。（　　）

### 四、计算题

1. 大明公司集固定资产项目需要投入价款1 000万元。该固定资产可使用10年，按直线法折旧，期满有净残值100万元。项目需垫支的营运资金为200万元。投入使用后，该项目经营期第1—7年每年产品销售收入为800万元，第8—10年每年产品销售收入为700万元，同时，1—10年每年的付现成本为450万元。如该企业的所得税税率为25%，试计算该项目净现金流量。

2. 假设大明公司目前存在A、B两个投资方案，两方案的净收益及现金流量如表12-1所示。

表12-1　A、B方案净收益及现金流量

| 年次 | A方案 | | B方案 | |
|---|---|---|---|---|
| | 净收益/万元 | 现金流量/万元 | 净收益/万元 | 现金流量/万元 |
| 0 | — | 10 000 | — | 10 000 |
| 1 | 1 700 | 4 500 | 1 900 | 1 000 |
| 2 | 1 700 | 4 500 | 3 000 | 6 000 |
| 3 | 500 | 4 500 | 3 000 | 6 000 |
| 合计 | 3 900 | 3 500 | 4 100 | 3 000 |

试计算两方案的投资回收期、平均投资利润率、净现值、现值指数及内部收益率。

3. 假设大明公司打算变卖一套尚可使用 5 年的旧设备，另购置一套新型设备来替换它。旧设备的折余价值为 90 000 元，其变价净收入为 80 000 元，到第 5 年末，新型设备与继续使用旧设备的预计净残值相等。新型设备的替换将在当年内完成。新型设备的投资额为 180 000 元，使用期限为 5 年，使用新型设备可使企业每年增加营业收入 51 000 元，增加付现成本 20 000 元。设备采用直线法计提折旧，适用的所得税税率为 25%，资金成本率为 10%。试为该企业做出是继续使用旧设备，还是更换新型设备的决策。

4. 某企业拟新建一条生产线，需要在建设起点一次投入固定资产 200 万元，在建设期末投入无形资产 25 万元。建设期为 1 年，建设期资金化利息为 10 万元，全部计入固定资产原值。流动资金投资合计为 20 万元。计算项目总投资。

5. 某公司打算投资一个项目，预计该项目需固定资产投资 1 000 万元（不需要安装，该资金均为自有资金）。估计每年固定成本为（不含折旧）20 万元，变动成本是每件 60 元。固定资产折旧采用直线法，折旧年限为 10 年，估计净残值为 10 万元。另需垫支营运资金 30 万元。销售部门估计各年销售量均为 5 万件，该公司可以接受 130 元/件的价格，所得税税率为 25%，假设贴现率为 10%。

（1）该项目各年的净现金流量为多少？
（2）该方案的净现值是多少？是否投资该项目？
（3）该方案的现值指数是多少？是否投资该项目？

6. 某投资项目的现金净流量如下：$NCF_0 = -100$ 万元，$NCF_{1-10} = 20$ 万元，则该项目的内含报酬率为多少？

7. A 方案内含报酬率的测试如表 12-2 所示，则该项目的内含报酬率为多少？

表 12-2　A 方案内含报酬率的测试

| 年次 | 现金净流量/元 | 贴现率＝18% | | 贴现率＝16% | |
| --- | --- | --- | --- | --- | --- |
| | | 贴现系数 | 现值/元 | 贴现系数 | 现值/元 |
| 0 | -20 000 | 1 | -20 000 | 1 | -20 000 |
| 1 | 11 800 | 0.847 | 9 995 | 0.862 | 10 172 |
| 2 | 13 240 | 0.718 | 9 506 | 0.743 | 9 837 |
| 净现值 | — | — | -499 | — | 9 |

8. A 企业投资 20 万元购入一台设备，无其他投资，投资期为 0，预计使用年限为 20 年，无残值。设备投产后，预计每年可获得净利 4 万元，则该投资的静态投资回收期为多少年？

9. 某项目各年净现金流量和累计净现金流量如表 12-3 和表 12-4 所示，则该项目的静态投资回收期为多少年？

表 12-3 某项目各年净现金流量

单位：万元

| 年次 | 1 | 2 | 3 | 4 | 5 | 6 | 7—20 | 21 |
|---|---|---|---|---|---|---|---|---|
| 净现金流量 | −400 | −600 | −500 | 900 | 400 | 600 | 600 | 400 |

表 12-4 某项目各年累计净现金流量

单位：万元

| 年份 | 1 | 2 | 3 | 4 | 5 | 6 | 7 | 8—20 | 21 |
|---|---|---|---|---|---|---|---|---|---|
| 净现金流量 | −400 | −600 | −500 | 900 | 400 | 600 | 600 | 600 | 400 |
| 累计净现金流量 | −400 | −1 000 | −1 500 | −600 | −200 | 400 | 1 000 | — | — |

10. 某公司拟进行一项投资，有 A、B 两个方案可供选择，预期投资报酬率均为 10%。有关资料如表 12-5 所示。

表 12-5 A、B 两个方案各年净现金流量有关资料

| 年次 | A 方案各年净现金流量/万元 | B 方案各年净现金流量/万元 |
|---|---|---|
| 0 | 100 000 | 100 000 |
| 1 | 20 000 | 40 000 |
| 2 | 25 000 | 35 000 |
| 3 | 30 000 | 30 000 |
| 4 | 35 000 | 25 000 |
| 5 | 40 000 | 20 000 |

计算 A、B 两个方案的净现值并选出最佳方案。

11. 通用公司拟构建一条生产线，预计使用寿命为20年。
（1）若在建设起点投资并投产，则此项目计算期是多少年？
（2）若建设期为2年，则此项目计算期是多少年？

12. B企业拟新建一条生产线项目，建设期为2年，运营期为20年。全部建设投资分别安排在建设起点、建设期第二年年初和建设期末，分三次投入，投资额分别为100万元、300万元和68万元；全部流动资金投资安排在建设期末和投产后第一年年末，分两次投入，投资额分别为15万元和5万元。根据项目筹资方案的安排，建设期资本化借款利息为22万元。请问此项目总投资额为多少？

13. 某企业拟购建一项固定资产，需投资100万元，按直线法折旧，使用寿命为10年。预计投产后每年可以获得营业净利润10万元，假定不考虑所得税因素。
情形①：建设起点投入资金100万元，当年完工并投产，固定资产无残值。
情形②：建设期为1年，其余条件同情形①。
情形③：期满有净残值10万元，其余条件同情形①。
情形④：建设期为1年，建设期年初、年末各投入50万元资金，期满无残值。
要求：分别计算各种情形下的净现金流量。

14. 某公司准备购建一项固定资产,需在建设起点一次性投入全部资金 510 万元,建设期为 1 年。固定资产的预计使用寿命为 10 年,期末有 10 万元净残值,按直线法折旧。预计投产后每年可使企业新增销售收入 130 万元,每年付现成本为 40 万元。公司所得税税率为 25%。要求:根据所给资料计算项目的现金净流量。

15. 东方公司准备购入一台设备以扩充其生产能力。现有甲、乙两个方案可供选择。甲方案需要投资 10 000 万元,使用寿命为 5 年,采用直线法计提折旧,5 年后设备无残值,5 年中每年现金销售收入为 10 000 万元,每年的付现成本为 6 000 万元。乙方案需要投资 13 000 万元,使用寿命为 5 年,采用直线法计提折旧,5 年后设备有残值 3 000 万元,5 年中每年的现金销售收入为 11 000 万元,付现成本为 6 000 万元,以后随着设备陈旧逐年增加修理维护费 500 万元,另需要垫支劳动资金 2 000 万元。假设公司所得税税率为 25%,试计算两个方案的净现金流量,并计算东方公司甲、乙方案的投资报酬率。

16. 某企业有甲、乙两个投资方案,无建设期,甲方案初始投资额为 100 万元,每年产生的净现金流量为 40 万元,使用 10 年;乙方案的设备使用年限也是 5 年,净现金流量数据如表 12-6 所示。

表 12-6　乙方案的现金净流量

| 年次 | 0 | 1 | 2 | 3 | 4 | 5 |
|---|---|---|---|---|---|---|
| 现金净流量/万元 | -100 | 30 | 45 | 35 | 20 | 20 |
| 累计现金净流量/万元 | — | -70 | -25 | 10 | 30 | 50 |

要求:
(1) 分别计算甲、乙方案的投资回收期。
(2) 若甲、乙方案的建设期均为两年,试分别计算包括建设期的投资回收期。

17. 东方公司准备投资一项新项目，投资额为 240 000 元，建设期为零，使用寿命为 4 年，每年现金净流量如表 12-7 所示。若企业的必要报酬率为 8%，试计算该项目投资的净现值。

表 12-7　投资项目现金净流量

| 年次 | 0 | 1 | 2 | 3 | 4 |
|---|---|---|---|---|---|
| 现金净流量/万元 | −240 000 | 20 000 | 60 000 | 100 000 | 140 000 |

18. 东方公司拟建设一条新的生产线，需投资 500 000 元，在建设起点一次投入，按直线法计提折旧，使用寿命为 10 年，期末无残值。该项目建设期为两年，预计投产后每年可获利 50 000 元。假定该项目要求的必要报酬率为 10%。要求：计算该项目的净现值、净现值率和现值指数。

19. 东方公司拟投资一条新生产线，建设期为零，在项目投资初期一次性投入 200 000 元，无残值，新生产线在经营期 5 年内每年的现金净流量为 47 500 元。

要求：计算该项目的内含报酬率。

20. 东方公司准备投资一个新项目，一次性投资 150 000 元，项目计算期内各年现金净流量如表 12-8 所示。

表 12-8 东方公司项目现金净流量表

| 年次 | 0 | 1 | 2 | 3 | 4 | 5 |
|---|---|---|---|---|---|---|
| 现金净流量/元 | −150 000 | 38 000 | 35 600 | 33 200 | 32 800 | 78 400 |

要求：计算该项目的内含报酬率。

21. 华纳公司以现有资金 2 000 000 元投资生产线，有甲、乙、丙、丁四个互斥方案可供选择，项目计算期为 10 年，必要报酬率为 10%，经计算，相关指标如表 12-9 所示。

表 12-9 华纳公司项目投资相关指标

| 方案 | 净现值/元 | 内含报酬率/% |
|---|---|---|
| 甲 | 120 000 | 14.42 |
| 乙 | 87 550 | 11.03 |
| 丙 | −20 240 | 5.83 |
| 丁 | 162 800 | 18.41 |

要求：判断哪个方案最优。

22. 东方公司拟进行一生产线投资，方案 A 的原始投资现值为 150 万元，项目计算期第 1—10 年的净现金流量为 29.29 万元；方案 B 的原始投资额为 100 万元，项目计算期第 1—10 年的净现金流量为 20.18 万元。假定基准折现率为 10%。

要求：
（1）使用净现值率进行决策。
（2）使用差额净现值进行决策。
（3）使用差额内含报酬率进行决策。

23. 华纳公司计划建设一条新的生产线替代原有的尚可使用 5 年的旧生产线。新生产线的投资额为 180 000 元；旧生产线的变价净收入为 80 000 元；第 5 年年末新生产线与继续使用旧生产线的预计净残值相等。新旧生产线的替换将在年内完成（更新固定资产的建设期为零）。使用新生产线可使企业在第 1 年增加营业收入 50 000 元，增加经营成本 25 000 元；第 2—5 年内每年增加营业收入 60 000 元，增加经营成本 30 000 元。生产线采用直线法计提折旧。适用的企业所得税税率为 25%。

要求：
（1）根据上述资料，计算该项目差额净现金流量。
（2）计算该项目的差额内部收益率。
（3）行业基准折现率分别为 10% 和 12%，判断是否应更新生产线。

24. 某企业有一台原始价值 80 000 元、已使用 5 年并预期还可使用 5 年的设备，目前已计提折旧 40 000 元，期满无残值，现在出售，可得价款 20 000 元，使用该设备每年可获得收入 100 000 元，每年付现成本 60 000 元；如果用一台新的设备代替旧设备，购置成本 120 000 元，使用寿命 5 年，期满残值 20 000 元，使用该设备每年可获收入 160 000 元，每年付现成本 80 000 元。资金成本 6%，所得税税率为 33%，新旧设备均使用直线法计提折旧。问该企业应继续使用旧设备还是更换新设备？

25. 某公司有 A、B 两个投资方案，无风险利率为 6%，两个方案的风险价值系数均为 10%。各年的现金净流量如表 12-10 所示。

表 12-10　A、B 两个投资方案现金净流量及概率

| 年次 | A 方案 | | B 方案 | |
| --- | --- | --- | --- | --- |
| | 概率 | 年现金净流量/万元 | 概率 | 年现金净流量/万元 |
| 0 | 1.00 | 5 000 | 1.00 | 2 000 |
| 1 | 0.25 | 3 000 | | |
| | 0.5 | 2 000 | | |
| | 0.25 | 1 000 | | |
| 2 | 0.2 | 4 000 | | |
| | 0.6 | 3 000 | | |
| | 0.2 | 2 000 | | |
| 3 | 0.3 | 2 500 | 0.1 | 3 000 |
| | 0.4 | 2 000 | 0.8 | 4 000 |
| | 0.3 | 1 500 | 0.1 | 5 000 |

请用肯定当量法和风险调整贴现率法计算两个方案的净现值。

26. A 公司面临一个投资机会。该项目投资期为 2 年，初始投资资金为 240 万元，第 1 年投入 140 万元，第 2 年投入 100 万元，第 3 年开始投入使用，使用寿命为 4 年，按直线法计提折旧。在项目投入使用时需垫支营运资金 40 万元，项目结束时收回。该项目每年带来营业收入 220 万元，支付付现成本 110 万元。企业所得税税率为 25%，资金成本为 10%。

要求：试计算该投资项目的净现值、获利指数和内部报酬率，并判断该项目是否可行。

27. B 公司现有甲、乙两个互斥投资方案，初始投资额均为 48 万元，项目寿命均为 8 年。甲方案每年净现金流量均为 16 万元；乙方案各年净现金流量分别为 5 万元、10 万元、15 万元、20 万元、25 万元、30 万元、40 万元、50 万元。

要求：试计算两个方案的投资回收期和平均报酬率，并判断二者的决策结果是否一致；在此基础上分析投资回收期和平均报酬率的优缺点。

28. C 公司的资金成本为 10%。现有丙、丁两个互斥投资方案，其现金流量见表 12-11。

表 12-11　C 公司丙、丁项目的现金流量表

| 年次 | 0 | 1 | 2 | 3 | 4 | 5 | 6 |
|---|---|---|---|---|---|---|---|
| 丙方案现金流量/万元 | −500 | 200 | 200 | 150 | 150 | 100 | 50 |
| 丁方案现金流量/万元 | −500 | 100 | 100 | 150 | 200 | 200 | 250 |

要求：试计算丙、丁两方案的净现值和内部报酬率并解释二者的差异，从而帮助 C 公司做出投资决策。

29. A公司有一旧设备，正考虑用市场上的一种新设备对其进行替换。两种设备的年生产能力相同，均采用直线法计提折旧。公司所得税税率为25%，资金成本为10%。其他资料见表12-12。

表 12-12　A公司新旧设备对比表

| 项目 | 旧设备 | 新设备 |
| --- | --- | --- |
| 原价/元 | 80 000 | 100 000 |
| 净残值/元 | 4 000 | 10 000 |
| 使用年限/年 | 8 | 5 |
| 已使用年限/年 | 3 | 0 |
| 尚可使用年限/年 | 5 | 5 |
| 每年付现成本/元 | 9 000 | 6 000 |
| 目前变价收入/元 | 30 000 | — |

要求：判断公司是否应更新设备。

30. B公司拥有一稀有矿藏，这种矿产品的价格在不断上涨。据预测，4年后价格将上涨30%。因此，公司需要研究现在开采还是4年后开采的问题。无论现在开采还是4年后开采，初始投资均相同，建设期均为1年，从第2年开始投产，投产后5年矿产全部开采完毕。有关资料见表12-13。

表12-13  B公司矿藏开采投资与回收情况

| 投资与回收 | 收入与成本 |
| --- | --- |
| 固定资产投资80万元 | 年产销量2 000吨 |
| 营运资金垫支10万元 | 现在投资开采每吨售价0.1万元 |
| 固定资产残值0万元 | 4年后投资开采每吨售价0.13万元 |
| 资金成本20% | 年付现成本60万元 |
| — | 所得税税率25% |

要求：请帮助该公司做出投资时机决策。

31. C公司要在两个项目中选择一个进行投资：甲项目需要160 000元的初始投资，每年产生80 000元的现金净流量，项目的使用寿命为3年，3年后必须更新且无残值；乙项目需要210 000元的初始投资，每年产生64 000元的现金净流量，项目的使用寿命为6年，6年后必须更新且无残值。公司的资金成本为16%。

要求：判断公司应该选择哪个项目。

32. D公司准备进行一项投资，其各年的现金流量和分析人员确定的约当系数见表 12-14。公司的资金成本为 10%。

表 12-14　D 公司的现金流量和约当系数

| 年次 | 0 | 1 | 2 | 3 | 4 |
|---|---|---|---|---|---|
| 净现金流量/千元 | −20 000 | 6 000 | 7 000 | 8 000 | 9 000 |
| 约当系数 | 1.0 | 0.95 | 0.9 | 0.8 | 0.8 |

要求：分析该项目是否可行。

33. 某公司投资一新项目，现有甲、乙两个方案可供选择：甲方案需投资 66 000 元，使用寿命为 4 年，期满无残值，采用直线法计提折旧，项目投产后每年增加营业收入 45 000 元，每年增加付现成本 20 000 元；乙方案需投资 90 000 元（含垫付的营运资金 15 000 元），使用寿命 4 年，期满有残值 5 000 元，采用直线法计提折旧，投产后每年增加营业收入 45 000 元，付现成本第 1 年为 15 000 元，以后项目维护费逐年增加 1 000 元，营运资金在项目终结时收回。该公司所得税率 25%，资金成本 8%。要求：

(1) 计算各方案的年现金流量。
(2) 计算各方案的净现值。
(3) 计算各方案的现值指数（保留至 0.01）。
(4) 计算各方案的内含报酬率（保留至 0.01）。
(5) 判断哪一方案更好。

34. 某公司投资 106 000 元购入一台设备，该设备预计净残值 6 000 元，可使用 4 年，折旧按直线法计算（会计政策与税法一致）。设备投产后营业收入的增加额，第 1 年、第 2 年各为 50 000 元，第 3 年、第 4 年各为 60 000 元；付现成本的增加额，第 1 年、第 2 年各为 20 000 元，第 3 年、第 4 年各为 29 000 元。该公司目前年税后利润为 30 000 元，适用的所得税率为 25%，要求的最低报酬率为 7%。

要求：

(1) 假设公司经营无其他变化，预测未来 4 年各年的税后利润。

(2) 计算该投资方案的净现值，并判断方案的可行性。

35. 某公司拟投资一新产品，需购置一专用设备，预计价款 600 000 元，垫支营运资金 80 128 元。该设备预计使用 5 年，采用直线法计提折旧，预计残值 60 000 元（折旧政策与有关税法规定一致），最终残值 49 829.33 元。该新产品预计每件售价 25 元，每件变动成本 15 元，每年增加固定付现成本 200 000 元。该公司所得税率为 25%，最低的投资报酬率为 9%。要求：计算净现值为零的销售量水平（计算结果保留整数）。

**五、实训题**

1. 李明是某高校财务管理专业毕业的学生,毕业后他应聘到健民葡萄酒厂,职位是会计助理,主要负责筹资和投资工作。健民葡萄酒厂是生产葡萄酒的中型企业,该厂生产的葡萄酒酒香纯正,价格合理,长期以来供不应求。为扩大生产能力,健民葡萄酒厂准备新建一条生产线。总会计师王利要求李明搜集建设新生产线的有关资料,并对投资项目进行财务评价,以供厂领导决策时考虑。

李明经过10天的调查研究后,得到以下相关资料:

(1) 投资新的生产线需一次性投资10万元,建设期一年,预计可使用10年,报废时无残值;按税法要求该生产线的折旧年限为8年,使用直线法计提折旧,残值率为10%。

(2) 购置该设备所需的资金可以通过银行贷款获得,贷款期限为4年,每年年末支付利息100万元,第4年年末用税后利润偿付本金。

(3) 该生产线投入使用后预计可使工厂第1—5年的销售收入每年增长1 000万元,第6—10年的销售收入每年增长800万元,耗用的人工及材料等成本为收入的60%。

(4) 生产线建设期满后工厂还需垫支200万元流动资金。

(5) 所得税率为25%,银行贷款的资金成本率为4%。

讨论与思考:

(1) 根据现有财务知识,分析新生产线投资时应考虑哪些主要因素。

(2) 评价项目是否可行时通常有哪些指标和方法?

2. 顺华快餐是北京一家专门派送外卖的餐饮连锁店，发展10年来，已在市辖区开设20家连锁店，外卖派送的范围覆盖了大半个北京城。从建立第一家快餐店至今，顺华就一直采取电话订餐的方式，由接线员记录送餐地址和电话，然后交由各分店制作和派送。然而，随着业务规模进一步扩大，人工成本和管理费用一路飙升。张总经理决定在入驻外卖平台的同时投资建设一套网上订餐系统，顾客可以在网上预留地址和电话，之后便可以在网上订餐，同时，电话订餐时会随来电显示顾客的地址，节省接线员记录地址的时间。订单生成后，系统会自动决定由哪家连锁店负责制作和派送，并设计最佳路线，指导送餐人员快速准确地将食物送达。这套系统需要一次性投资50 000元，每年的维护和升级费用为2 000元，投入这套系统每月可以节省人工成本4 800元，管理费用2 500元。此外，在试用的第一个月里，通过顾客反馈调查，送餐时间由原来的平均半小时缩短到20分钟，几乎杜绝了由于地址记录错误引起的投诉事件。

讨论与思考：

张总经理判断投资这套网上订餐系统是否合算，需要考虑哪些方面？

## 六、案例分析题

### 案例一

大华公司正在评估一栋以225万元购置的三层楼的用途。这栋楼可租给现在的承租方,每年的租金是12万元,该承租方已经明确表示打算继续租赁至少15年。或者,大华公司可将其改建为生产车间和仓库供自己使用。生产工程师认为作为厂房,它可容纳两种新产品的生产线。公司两种新产品的收入和成本数据见表12-15。

表12-15 大华公司两种新产品的收入和成本数据

| 项目 | 产品A | 产品B |
| --- | --- | --- |
| 楼房改造的初始现金支出/元 | 360 000 | 540 000 |
| 购入设备的初始现金支出/元 | 1 440 000 | 1 620 000 |
| 税前年现金收入(连续15年)/元 | 1 050 000 | 1 275 000 |
| 税前年现金支出(连续15年)/元 | 600 000 | 750 000 |

该栋楼用于A、B产品的生产线都只能使用15年,15年后这栋楼的空间将容纳不下那时的产品生产线,进而影响生产。因此,大华公司计划15年后将这栋楼再租给类似现在这样的承租方,为了重新出租,大华公司必须将这栋楼的布局恢复成当前的样子。如果现在决定在楼里安放产品A的生产线,到时候需要花费恢复布置费用37 500元;如果是产品B,则需要281 250元。这些现金支出将在发生当年于税前扣除。

大华公司将对该栋楼计提折旧,不管最终采用哪种用途,该楼的寿命期都为30年,无残值。楼房改造设施和购入的机器设备的使用年限均为15年,且都采用直线法折旧。公司的所得税税率为25%,对于这种投资的要求回报率为12%。出于简化考虑,假设所有的现金流入都在年底发生,改造楼房和购入机器设备的初始支出发生在当前(第0年),恢复布置费用发生在第15年年末。大华公司还有其他正在运行的盈利项目,能保证公司的正常盈利。

案例思考题:
根据以上信息,对于这栋楼的未来用途你将给出何种建议?

### 案例二

对于一个经营良好的公司来说，必须时常关注市场上出现的新的机会。美多印刷公司的管理者正在考虑一个设备更新方案，他们打算购买新型高效的激光印刷机来代替现在使用的设备。现在使用的设备的账面净值为220万元，如果不替换，还可以使用10年。购买激光印刷机的成本是130万元，预计使用年限也为10年。使用激光印刷机能够降低公司的营运成本，增加公司的营业收入，从而增加每年的现金流量。苏同是美多印刷公司的会计主管，他编制了表12-16，给出了使用激光印刷机对每年收益和现金流量影响的期望值。

表12-16 预计每年差量现金流量

单位：元

| | | |
|---|---|---|
| 增加的收入 | 140 000 | |
| 加：节约的成本（扣除折旧因素） | +110 000 | 250 000 |
| 　　年折旧费用减少额 | | |
| 　　现有设备的折旧额 | 220 000 | |
| 减：激光印刷机的折旧额 | −130 000 | 90 000 |
| 缴纳所得税前预计收益增加额 | | 340 000 |
| 减：年缴纳所得税增加额（25%） | | 85 000 |
| 年净收益预计增加额 | | 255 000 |
| 年净现金流量预计增加额<br>[（250 000−85 000）或（255 000−90 000）] | | 165 000 |

唐刚是美多印刷公司的独立董事，他提出了自己的看法：虽然这些预计数字看上去不错，但是如果要使用新的激光印刷机就要卖掉现有设备，所以我们要考虑公司为此蒙受的损失；而且，既然新的激光印刷机已经上市，那么我们的旧设备肯定也卖不上好价钱。

为此，苏同又给出以下资料，来说明出售现有设备可能发生的损失：

① 现有设备的账面价值为2 200 000元；
② 预计市场价格（扣除清理费用后的净值）为200 000元；
③ 缴纳所得税前预计出售损失为2 000 000元；
④ 作为损失抵减本年度所得税（25%）为500 000元；
⑤ 出售现有设备的净损失（考虑节税后）为1 500 000元。

唐刚看后不禁感叹："天哪，我们的损失竟然跟激光印刷机的成本差不多。如果说激光印刷机的成本是130万元，我们还可以接受，加上这150万元的损失，就是280万元，这是无论如何也不能接受的！"

案例思考题：

1. 对美多印刷公司来说，使用激光印刷机的成本是否如唐刚所说的 280 万元？请做出解释。

2. 计算出售现有设备、购买激光印刷机这一方案的净现值。假设公司的资金成本为 15%。在计算时，有关现金流量的发生时间假设如下：

（a）年初用现金购买激光印刷机；

（b）年初出售现有设备并得到现金收入；

（c）出售现有设备带来的所得税利益在年末实现；

（d）以后 10 年的净现金流量视为在年末收到。

3. 美多印刷公司应该如何决策？

## 案例三

在香港人眼里，李嘉诚常常被看作"超人"。当年李嘉诚做塑胶花生意，在"长江"成为世界上最大的塑胶花生产基地，李嘉诚本人被冠以"塑胶花大王"美誉的时候，他急流勇退，转做塑胶玩具。两年后，当别的塑胶花企业产品严重滞销的时候，李嘉诚的塑胶玩具生意却在国际市场大显身手。

20世纪60年代，香港遭遇严重的房地产危机，房地产价格一落千丈。在别人都不看好香港房地产的时候，李嘉诚独具慧眼，觉得香港商业地产潜力无限，并实行"人弃我取"的策略，用低价大量收购地皮和旧楼。不出3年，香港经济复苏，大批当年离港商家纷纷回流，房产价格随即暴涨，李嘉诚趁机将廉价收购来的房产高价抛售，并转购具有发展潜力的楼宇及地皮。这也让李嘉诚更加看好房地产行业，随后房地产投资成了李嘉诚的主业。之前李嘉诚的塑胶花生意只是小打小闹，只有这时候的房地产生意才让他真正做大了起来，随着李嘉诚在国内外各个地方大力投资房地产，李嘉诚的商业帝国也开始一步步走强。

总结李嘉诚的投资特点，就是审时度势、知进知退、逆向行动，这是他做投资最厉害的地方。在别人都不看好的时候，他能独具慧眼，每次押宝都能让其赚得盆满钵满。李嘉诚的投资主要走逢低吸纳、见顶抛售路线。在香港的房地产有危机时，他低价买进、高价卖出，2008年以来，他又不断收购海外资产，也是因为金融危机导致资产价格走低。在李嘉诚的投资选择上，投资环境和政治环境是其在投资时考量的两个重要因素。

案例思考题：

李嘉诚的投资选择，对你有什么启发？

## 案例四

某食品厂多年以来以生产方便食品为主，企业及产品在当地享有盛誉，由于原料价格上涨幅度大，且生产方便食品的企业越来越多，竞争变得越来越激烈，2022年，企业出现较大的亏损，面临经营困境。该如何走出企业发展的低谷？企业决策者经过充分调查分析，决定兴建一个年加工山楂50万千克的山楂加工厂，企业主要做了以下内部条件分析。

（1）原料充足

2022年当地山楂总产量120万千克，如果没有特别自然灾害或人为因素影响，山楂产量将逐年增长。

（2）技术基础

山楂加工工艺简单，容易掌握，可以利用本企业现有相关技术和设备。此外，当地现有的三个小型山楂加工厂，由于年加工能力有限（总加工能力在10万千克左右），经营管理不善，资金周转十分困难，经双方协商后，这三家小型山楂工厂已经同意被本厂兼并，本厂可利用这三个山楂加工厂原有的一些技术、设备及技术工人。

（3）交通条件

产山楂的各乡镇都通公路，产品外销可利用经过当地的铁路运输，因而运输条件具备。

（4）资金条件

预计兴建50万千克的山楂加工厂需总投资65万元，可申请银行贷款35万元，企业可自筹30万元。资金条件能满足建厂和生产的需要。

（5）加工产品的选择

以山楂为原料可以加工的产品有果脯、果酱、罐头、山楂汁等，这些产品目前市场需求量大，市场前景乐观。

（6）经济效益预算

按当前的产品生产成本和预计产品销售情况，估计企业每年可盈利60万元左右，投资回收期为半年。

案例思考题：

1. 你认为该企业兴建山楂加工厂决策是否合理？并说明理由。
2. 如果你认为合理，你觉得他们还需要做些什么？

## 案例五

张先生有一份固定的工作，为了能使自己的40万元储蓄存款获得更大的收益，张先生准备做一项投资。经过一段时间的市场调研后，张先生认为图书市场是值得关注的市场，于是他准备开一家书店。

开书店主要有两种方式，即图书加盟店形式和完全自营书店形式。根据有关数据统计显示，加入连锁体系开办企业的成功率高达90%，而完全自营办企业的成功率则要低得多，且需要投入大量的时间和精力。基于这些考虑，张先生准备选择图书加盟店形式。经过反复分析和权衡，张先生对席殊书屋这种连锁书店经营方式产生了兴趣，最吸引他的是席殊书屋关于退货和退出机制的承诺，即如果加盟店的库存量超过正常标准，或出现图书滞销，加盟店可以将图书退回总部；如果不想开书店了，可以把书退回总部，总部将会按照发货价格实行收购，这意味着为投资者避免了经营上的一项重要风险。

经过认真分析后，张先生根据自己的资金实力和所处的城市环境，决定开一家中型连锁书店。随后张先生发现有两处位置可以开设书店：一处是大型生活区的临街门面，约60平方米，每平方米租金为50元（每月初支付），租赁时间可一次签3年，另外要收取押金1 000元。另一处在本市最繁华的一家商场内，商场经理同意划出100平方米的位置做图书销售场，每月按书屋当月销售额的16%收取费用，销售款由商场统一收取，每月结算一次，划款时间为销售的下月月底之前通过转账支付，合同每年一签（如果签订合同当年的销售收入达不到80万元，则书屋应补足实际营业额与80万元差额部分的扣点比率，否则予以退场）。

假设张先生签订合同当年的实际营业收入为50万元，按16%的扣点数计算，张先生在各月已经交给商场合计8万元的租金，但由于张先生的书店并没有达到80万元的营业收入要求，所以张先生仍然需要向商场补交4.8万元的租金。另外，由于合同是一年一签，如果业绩不好，则商场可能不会与张先生续签合同，这将导致原先支出的装修和购置设备等投资款不能收回，这些都是张先生在选择方案时需要考虑的因素。

案例思考题：
1. 张先生在考虑投资时主要考虑了哪些因素？
2. 张先生是否应该投资该书店项目？

# 第十三章 流动资产投资管理

一、单项选择题

1. 现金是立即可以投入流通使用的货币资金，它具体包括（    ）。
   A. 产成品资金              B. 库存现金、银行存款
   C. 应收应付款项            D. 在产品资金

2. 下列各项中，不属于应收账款成本构成要素的是（    ）。
   A. 机会成本    B. 管理成本    C. 坏账成本    D. 短缺成本

3. 在下列各项中，属于应收账款机会成本的是（    ）。
   A. 坏账损失              B. 收账费用
   C. 信用调查费用          D. 占用资金应计利息

4. 企业在确定客户的信用标准前，首先必须评定客户的（    ）。
   A. 信用品质    B. 信用期限    C. 现金折扣    D. 收账政策

5. 影响存货管理基本经济批量模型的成本因素是（    ）。
   A. 购买成本              B. 采购人员工资
   C. 订货成本              D. 缺货成本

6. 对存货进行 ABC 类划分的最基本标准是（    ）。
   A. 重量标准              B. 数量标准
   C. 金额标准              D. 数量和金额标准

7. ABC 公司每年出售某种商品存货的数量为 2 000 件，该存货的单位储存成本为 4 元/年，订货成本为 25 元/次。按照经济订货批量模型，该公司每年订货的次数约为（    ）次。
   A. 13          B. 158         C. 25          D. 80

8. 某公司预计 2020 年第一、二季度销售产品分别为 180 件、210 件，单价分别为 3 元、5.5 元，各季度销售收现率为 75%，其余部分下一季度收回，则该公司 2020 年第二季度现金收入为（    ）元。
   A. 1 100.26    B. 1 201.32    C. 1 001.25    D. 989.24

9. 某企业每年消耗某材料 5 000 吨，该材料单位成本为 20 元，单位储存成本为 2 元，一次订货成本为 50 元，则每年最优订货次数为（　　）次。

A. 10　　　　　B. 30　　　　　C. 20　　　　　D. 15

10. 下列项目中属于持有现金机会成本的是（　　）。

A. 现金的再投资收益　　　　B. 现金管理人员工资

C. 现金被盗损失　　　　　　D. 现金管理措施费用

## 二、多项选择题

1. 与其他资产相比，流动资产具有（　　）等特点。

A. 耗用时间短　　　　　　　B. 流动性强

C. 资金占用量大　　　　　　D. 变现快

2. 构成企业信用政策的主要内容有（　　）。

A. 信用标准　　　　　　　　B. 信用条件

C. 信用期限　　　　　　　　D. 收账政策

3. 应收账款也要付出一定的成本，主要包括（　　）。

A. 持有成本　　　　　　　　B. 转换成本

C. 机会成本　　　　　　　　D. 坏账成本

4. 存货的取得成本，是指企业为取得某种存货而支出的成本，其构成是（　　）。

A. 购置成本　　　　　　　　B. 机会成本

C. 订货成本　　　　　　　　D. 转换成本

5. 下列各项中，不属于应收账款机会成本的是（　　）。

A. 收账费用　　　　　　　　B. 坏账损失

C. 对客户信用进行调查的费用　　D. 应收账款占用资金的应计利息

## 三、判断题

1. 一般情况下，现金持有额越大，机会成本越高。（　　）

2. 企业存货的取得成本是由订货成本和缺货成本构成的。（　　）

3. 信用标准是指企业接受客户赊销要求的时候，客户必须具备的最高财务能力。（　　）

4. 只要花费必要的收账费用，积极做好收账工作，坏账损失是完全可以避免的。（　　）

5. 一般说来，在其他条件不变的情况下，延长信用期限，也就等于延长了应收账款的平均收账期。（　　）

四、计算题

1. 大明公司有 A、B、C、D 四种现金持有量备选方案，见表 13-1，该公司的资金收益率为 6%，试帮助大明公司确定最佳现金持有方案。

表 13-1　现金持有量备选方案表

单位：元

| 项目 | 方案 | | | |
|---|---|---|---|---|
| | A | B | C | D |
| 现金持有量 | 80 000 | 120 000 | 200 000 | 300 000 |
| 管理成本 | 50 000 | 50 000 | 50 000 | 50 000 |
| 短缺成本 | 30 000 | 20 000 | 10 000 | 5 000 |

2. 大明公司根据现金收支计划，预计全年（按 360 天计算）现金需要量为 360 000 元，现金与有价证券的转换成本为每次 500 元，有价证券年利率为 10%，则该公司在最佳现金持有量下的总成本为多少？

3. 大明公司原来的信用标准是只对预计坏账 4% 以下的客户提供商业信用。公司的销售利润率为 25%，变动成本率为 75%，应收账款的资金成本率为 12%。该公司为了扩大销售，拟修改原来的信用标准，降低信用标准，有关资料如表 13-2 所示。假设一年为 360 天，试计算两种信用标准对利润的影响。

表 13-2　两种不同信用标准下的有关资料

| 项目 | 原方案 | 新方案 |
| --- | --- | --- |
| 信用标准（预计坏账损失率）/% | 4 | 7 |
| 销售收入/元 | 50 000 | 90 000 |
| 应收账款的平均收账期/天 | 30 | 45 |
| 平均坏账损失率/% | 3 | 6 |

4. 大明公司为在扩大销售的同时尽快回收应收账款，拟采取现金折扣策略，现有 A、B 两种方案可供选，见表 13-3。公司原有的销售额为 600 000 元，销售利润率为 20%，应收账款平均收现期为 40 天，变动成本为 70%，应收账款的资金成本率为 12%，坏账损失率为 4%。试在 A、B 两方案中选择可行方案。

表 13-3　两种不同信用条件下的有关资料

| A 方案 | B 方案 |
| --- | --- |
| 信用条件 1/20，$n/40$ | 信用条件 2/10，$n/55$ |
| 增加的销售收入 150 000 元 | 增加的销售收入 210 000 元 |
| 应收账款平均收现期 30 天 | 应收账款平均收现期 27 天 |
| 应收账款的坏账损失率 3.2% | 应收账款的坏账损失率 3% |
| 增加的管理成本 500 元 | 增加的管理成本 800 元 |
| 折扣销售占总销售额比重 45% | 折扣销售占总销售额比重 60% |

5. 已知大明公司的最低资金成本率为12%，其他数据见表13-4。大明公司现在采用信用期限为25天的政策，是否应将信用期限放宽至50天，且没有折扣？

表 13-4　信用期改变导致的经营变化

| 项目 | 25 天信用期 | 50 天信用期 |
| --- | --- | --- |
| 销售金额/元 | 450 000 | 600 000 |
| 变动成本率 | 75% | 75% |
| 可能发生的收账费用/元 | 3 200 | 4 000 |
| 可能发生的坏账损失/元 | 6 000 | 8 800 |
| 销售利润率 | 20% | 20% |

6. 大明公司预计年耗用甲材料 60 000 千克，单位采购成本为 2 元，单位储存成本为 9 元，平均每次订货成本为 300 元。

（1）请根据上述资料，计算大明公司甲材料的经济订货批量和每年最佳订货次数。

（2）假定供应商规定，一次订购甲材料 2 400 千克可给予 2% 的数量折扣，求甲材料最佳经济订货批量。

7. 大明公司的甲零件年需用量为 16 000 件，每日送货量为 80 件，每日消耗量为 40 件，每次订货成本为 500 元，单位储存成本为 50 元。

（1）试计算甲零件的经济进货批量及其总成本。

（2）沿用上题计算结果，假设公司的订货提前期为 8 天，试计算再订货点。

8. 某企业预计全年需用现金 1 440 万元，预计的存货周转期 100 天，应收账款周转期为 50 天，应付账款周转期为 60 天，试计算该企业的最佳现金持有量。

9. 某企业现有 A、B、C、D 四种现金持有方案，有关成本资料如表 13-5 所示。试计算该企业的最佳现金持有量。

表 13-5　现金持有量备选方案表

| 项目 | A | B | C | D |
| --- | --- | --- | --- | --- |
| 现金持有量/元 | 100 000 | 200 000 | 300 000 | 400 000 |
| 机会成本率/% | 10 | 10 | 10 | 10 |
| 短缺成本/元 | 48 000 | 25 000 | 10 000 | 5 000 |

10. 某企业明年需要 8 400 万元现金，持有现金的机会成本率为 7%，将有价证券转换为现金的成本为 150 元/次，计算该企业最佳现金持有量和相关的最低总成本。

11. 某企业每次转换有价证券的固定成本为 100 元，有价证券的年利率为 9%，日现金净流量的标准差为 900 元，现金余额下限为 2 000 元。若一年以 360 天计算，计算该企业的现金最佳持有量和最大持有量。

12. 某企业的资金成本率为 10%，上年销售收入为 4 000 万元，总成本为 3 000 万元，其中固定成本为 600 万元。本年该企业有两种信用政策可供选用：

甲方案给予客户 60 天信用期限，预计销售收入为 5 000 万元，信用成本为 140 万元。预计不会增加固定成本，不会改变变动成本率。

乙方案的信用条件为（2/10，1/20，n/60），预计销售收入为 5 400 万元，将有 40% 的货款于第 10 天收到，10% 的货款于第 20 天收到；由于考虑到可能会有部分客户拖欠付款，因此预计平均收现期为 60 天；预计收账费用为 25 万元，坏账损失为 50 万元；预计将会增加 20 万元固定成本；预计变动成本率比上年提高 2 个百分点。

问该企业应选择哪种方案？

13. 假设某企业应收账款现行的收账政策和拟改变的收账政策如表 13-6 所示，假设资金利润率为 10%，试分析该企业应采用哪种收账政策？

表 13-6 收账政策备选方案表

| 项目 | 现行的收账政策 | 拟改变的收账政策 |
| --- | --- | --- |
| 年收账费用/万元 | 90 | 150 |
| 平均收账期/天 | 60 | 30 |
| 坏账损失占赊销额/% | 3 | 2 |
| 赊销额/万元 | 7 200 | 7 200 |
| 变动成本率/% | 60 | 60 |

14. 某企业生产中全年需要某种材料 2 000 千克,每千克买价为 20 元,每次订货变动成本为 50 元,单位储存变动成本为存货单价的 25%。该材料的供货方提出,若该材料每次购买数量在 1 000 千克或 1 000 千克以上,将享受 5%的数量折扣。确定该企业是否应该接受供货方提出的数量折扣条件。

15. 假设某公司每年需外购零件 3 600 千克,该零件单价为 10 元,单位储存变动成本为 20 元,一次订货成本为 25 元,单位缺货成本为 100 元,企业目前建立的保险储备量是 30 千克。在交货期内的需要量及概率如表 13-7 所示。

(1) 计算按企业目前的保险储备标准,存货水平为多少时应补充订货?

(2) 企业目前的保险储备标准是否恰当?按合理保险储备标准,企业的再订货点为多少?

表 13-7 某公司在交货期内的需要量及概率

| 需要量/千克 | 概率 |
| --- | --- |
| 50 | 0.10 |
| 60 | 0.20 |
| 70 | 0.40 |
| 80 | 0.20 |
| 90 | 0.10 |

16. 某公司预计全年货币资金需要量为 300 000 元，每天资金支出量不变，现金与有价证券的转换成本为每次 600 元，有价证券利率为 10%。试计算企业最佳现金持有量、全年现金转换成本、全年现金持有机会成本及最佳现金持有量下的全年有价证券交易次数和有价证券交易间隔。

17. 某企业有四种现金持有方案，各方案有关成本资料如表 13-8 所示，四个方案的管理成本均为 1 000 元。计算该企业的最佳现金持有量。

表 13-8 企业现金持有方案

| 项目 | A | B | C | D |
| --- | --- | --- | --- | --- |
| 现金持有量/元 | 30 000 | 40 000 | 50 000 | 60 000 |
| 机会成本率/% | 8 | 8 | 8 | 8 |
| 短缺成本/元 | 3 000 | 1 000 | 500 | 0 |

18. 假定某公司有价证券的年利率为 9%，每次固定转换成本为 50 元，公司认为任何时候其银行活期存款及现金余额均不能低于 1 000 元，又根据以往经验测算出现金余额波动的标准差为 800 元。请计算最优现金返回线（$R$）和现金控制上限（$H$）。

19. 某企业预测的 2022 年度赊销额为 3 000 万元，其信用条件是 $n/30$，变动成本率为 65%，资金成本率（或有价证券利息率）为 10%。假设企业收账政策不变，固定成本总额不变。该企业准备了以下三个信用条件的备选方案。

甲：维持 $n/30$ 的信用条件

乙：将信用条件放宽到 $n/60$

丙：将信用条件放宽到 $n/90$

（1）为各种备选方案估计的年赊销额、坏账损失占年赊销额的比例和收账费用等有关数据如表 13-9 所示，该企业应选择何种方案？

（2）如果企业为了加速应收账款的回收，决定在乙方案的基础上将赊销条件改为"2/10，1/20，$n/60$"（丁方案），估计有 60% 的客户（按赊销额计算）会利用 2% 的折扣，15% 的客户将利用 1% 的折扣；若坏账损失率降为 2%，收账费用降为 30 万元，该企业又应选择何种方案？

表 13-9　某企业信用条件备选方案表

| 项目 | 信用条件 | | |
|---|---|---|---|
| | 方案甲 | 方案乙 | 方案丙 |
| | $n/30$ | $n/60$ | $n/90$ |
| 年赊销额/万元 | 3 000 | 3 300 | 3 600 |
| 应收账款平均收账天数/天 | 30 | 60 | 90 |
| 应收账款平均余额/万元 | 250（3 000÷360×30） | 550（3 300÷360×60） | 900（3 600÷360×90） |
| 维持赊销业务所需资金/万元 | 162.5（250×65%） | 357.5（550×65%） | 585（900×65%） |
| 坏账损失占年赊销额的比例 | 2% | 3% | 5% |
| 坏账损失/万元 | 60（3 000×2%） | 99（3 300×3%） | 180（3 600×5%） |
| 收账费用/万元 | 20 | 40 | 60 |

20. 某企业每次生产需要耗用 A 材料 45 000 件，单位材料年存储成本为 18 元，平均每次进货费用为 200 元，A 材料全年平均单位成本为 200 元，假定不存在数量折扣，不会出现陆续到货和缺货的现象。试计算：

（1）A 材料的经济进货批量。

（2）A 材料年度最佳进货批数。

（3）A 材料的相关进货成本。

（4）A 材料的相关存储成本。

（5）A 材料经济进货批量平均占用资金。

21. 某公司预计全年需要现金 600 万元，现金与有价证券的转换成本为每次 2 000 元，有价证券的利息率为 15%。

（1）计算该公司的最佳现金持有量。倘若公司全年需要某种零件 120 万个，每次订货成本为 4 000 元，每件年储存成本为 6 元。要求：计算最优经济订货批量。假设该公司按"2/15，$n/30$"的条件购入货物 5 万元，公司在第 25 天支付了货款。

（2）计算公司放弃现金折扣的成本。

22. A公司是一个商业企业。由于目前的信用条件过于严厉，不利于扩大销售，该公司正在研究修改现行的信用条件。现推出甲、乙、丙三个信用条件的备选方案及有关数据资料见表13-10。

表13-10　甲、乙、丙三个信用条件的备选方案及有关数据资料

| 项目 | 甲方案（n/60） | 乙方案（n/90） | 丙方案（2/30，n/90） |
| --- | --- | --- | --- |
| 年赊销额/万元 | 1 440 | 1 530 | 1 620 |
| 固定成本/万元 | 32 | 35 | 40 |
| 坏账损失率 | 2.5% | 3% | 2.7% |
| 收账费用/万元 | 20 | 25 | 24 |

A公司的变动成本率为80%，占用在应收账款上的资金成本率为10%，坏账损失率为坏账损失与年赊销额的比率。考虑到有一部分客户会拖延付款，因此预计在甲方案中，应收账款平均收账天数为90天；在乙方案中，应收账款平均收账天数为120天；在丙方案中，估计有40%的客户会享受现金折扣，有40%的客户在信用期内付款，另外的20%客户延期60天付款。假定各个客户购货量相等。

(1) 计算丙方案的下列指标：① 应收账款平均收账天数；② 应收账款机会成本；③ 现金折扣。

(2) 计算三个方案信用成本前的收益和信用成本后的收益，选择一个最优的方案（一年按360天计算）。

### 五、实训题

现实生活中，很多企业的销售都是以提供信用的方式进行的，也就是说，赊销是普遍存在的。根据有关部门的统计，我国应收账款占用资金居高不下，很多企业应收账款占流动资金的比重达50%以上，远远高于发达国家20%的水平。企业之间相互拖欠货款现象严重，造成许多企业应收账款长期挂账，难以回收，已成为制约企业资金流动性及可持续发展的一个重要问题。

讨论与思考：

针对这一现象，结合本章所学知识，谈谈你认为企业对外提供信用有哪些利弊？提供信用的成本是什么？企业拒绝提供信用的成本又有哪些？要规避上述情况的发生，对企业应收账款的管理通常要从哪些方面来进行？

### 六、案例分析题

#### 案例一

苏宁电器集团有限公司（以下简称"苏宁"）于 1990 年在江苏南京创立，2004 年在深圳证券交易所上市（股票代码：002024），是中国 3C（家电、电脑、通信）家电连锁零售企业的领先者。

公司从 2004 年开始进入快速扩张阶段，快速扩张战略需要大量的资金支持。公司的净营运资金在 2004—2007 年呈现出缓慢增长的趋势，而 2007—2010 年有了大幅上升，从 15 亿元左右上升到约 99.4 亿元。苏宁电器对营运资金的把握和管理能有效地支持其完成扩张和发展的战略目标。2004—2010 年的财务数据显示，苏宁的流动负债中，应付账款和应付票据是债务的主体，应付账款、应付票据和预收账款三者占流动负债的比例平均达到 90%。零售业企业中普遍存在通过占用供应商资金（应付账款一般可延期 3—4 个月，应付票据可延期 6 个月支付）满足自身短期资金需求的情况。

2013 年 2 月，苏宁发布公告称，基于线上线下多渠道融合、全品类经营、开放平台服务的业务形态，将上市公司名称变更为苏宁云商。在随后的几年发展中，苏宁逐渐形成了苏宁易购、苏宁金融、苏宁置业、苏宁文创、苏宁体育、苏宁投资六大产业板块。2018 年 1 月，苏宁再次更名，新名称为苏宁易购，并将原有的物流、IT 体系升级为物流、科技集团，至此，苏宁的六大产业板块新增了苏宁物流、苏宁科技，形成八大产业板块集聚的生态圈。苏宁拥有专业的自营商品供应链管理能力，以及全场景融合的消费生态及强大的商品组货能力，打造集中心仓、城市仓、门店仓、前置仓为一体的全国仓储网络布局，通过数字技术串联，为商品的快速流通提供支撑。苏宁还加大了预付供应商货款的力度，用于加大对供应商的支持，公司 2018 年应付账款周转天数为 28.56 天，远低于行业平均水平。2019 年第四季度，公司强化了商品供应链管理，优化了账期管理及支付方式，积极推动供应链金融业务，运营资金效率有所提升，实现经营性现金流净额 20.99 亿元。2019 年公司实现营业收入 2 692.29 亿元，同比增长 9.91%。

案例思考题：

1. 苏宁为什么从利用供应商资金转变为支持供应商？

2. 在营运资金管理中，零售业连锁企业有哪些方法可以提高自身营运资金的使用效率？

## 案例二

1953年，日本丰田公司的副总裁大野耐一创造了一种高质量、低库存的生产方式——即时生产（Just In Time，JIT）。JIT技术是存货管理的第一次革命，其基本思想是"只在需要的时候，按需要的量，生产所需的产品"，也就是追求一种无库存或库存量达到最小的生产系统。在日本，JIT又称为"看板"管理，在每一个运送零部件的集装箱里面都有一个标牌，生产企业打开集装箱，就将标牌给供应商，供应商接到标牌之后，就开始准备下一批零部件。理想的情况是，下一批零部件送到时，生产企业正好用完上一批零部件。通过精确地协调生产和供应，日本的制造企业大大地降低了原材料的库存，提高了企业的运作效率，也增加了企业的利润。事实上，JIT技术成为日本汽车工业竞争优势的一个重要来源，而丰田公司也成为全球在JIT技术上最为领先的公司之一。

存货管理的第二次革命的动力来自数控和传感技术、精密机床及计算机等技术在工厂里的广泛应用，这些技术使得工厂的整理准备时间从早先的数小时缩短到几分钟。在计算机的帮助下，机器很快从一种预设的工模具状态切换到另一种工模具状态，而无须走到遥远的工具室或经人工处理之后再进行试车和调整，整备工作的加快使待机时间结构性发生了关键的变化，困扰着传统工厂的在制品库存和间接成本也随之减少。而丰田公司在20世纪70年代率先进行了这方面的开拓。作为丰田的引擎供应商，洋马柴油机公司（Yanmar Diesel）效仿丰田进行了作业程序的改革，在不到5年的时间里，差不多将机型数量增加了4倍，但在制品的存货数量却减少了一半之多，产品制造的总体劳动生产率也提高了100%以上。

20世纪90年代信息技术和互联网技术兴起之后，存货管理发生了第三次革命。通过信息技术（如ERP、MRPII等）在企业中的运用，可以使企业的生产计划与市场销售的信息充分共享，计划、采购、生产和销售等各部门之间也可以更好地协同。而通过互联网技术可以使生产预测较以前更准确可靠。戴尔公司是这次革命的成功实践者，它充分运用信息技术和互联网技术展开网上直销，根据顾客的要求定制产品。一开始，在互联网还局限于少数科研和军事用途的时候，戴尔公司只能通过电话这样的网络来进行直销，但是互联网逐渐普及之后，戴尔根据顾客在网上的订单来组织生产，提供完全个性化的产品和服务。戴尔提出了"摒弃库存、不断聆听顾客意见、绝不进行间接销售"三项黄金律。戴尔公司完全消灭了成品库存，其零件库存量是以小时计算的，当它的销售额达到123亿美元时，库存额仅2.33亿美元，现金周转期则是负8天。

案例思考题：

存货管理的三次变革带给你什么启示？

## 案例三

浙江万向前潮有限公司（以下简称"万向前潮"）是由浙江万向集团控股的一家生产性企业，主要生产汽车配件。自1996年开始就不再向银行借一分钱，而且其原材料在制品和成品的库存量接近于零。对许多企业而言，实现"零库存"和"零贷款"有些不可思议，万向前潮是怎么做到的呢？

从1994年下半年开始，公司借鉴国内外先进的管理模式，并结合自身的特点推行一种精益生产方式，即从生产经营各个环节上节约支出，降低成本，以谋求最大的经济效益。在实施过程中，公司以市场为导向，以财务为核心，推行"三转"式的目标管理模式，即"销售围绕市场转，生产围绕销售转，部门围绕生产转"，调动一切因素向市场看齐。在周工作例会和月度工作会议中，各部门的目标均以财务数字的形式分解落实，会后由监控机构督促执行，以财务分析进行考核。在生产环节中，公司采用倒转顺序法"组织生产，先由销售部门根据需要向总装部要货，再由总装部向其他制造部门索要所需配件，后一环节定量向前一个环节要货，前一个环节以核定的成本向后一个环节结算。这样生产出来的产品都严格根据市场需要配置，不至于积压在仓库里而大量占用资金。1996年，公司又依据精益生产方式的要求，推出了"取货制"管理，把各工作的送货、流水线完全控制在"按需所取"的范围，实现了成本的有效控制，把在制品、半成品的数量压到了最低水平。

生产环节的成本控制住了，还需要控制住销售环节的成本，提高产品的市场销售率。早在1994年万向前潮就将销售部改为市场管理部，根据市场精细分割的原则，在全国设立了五大销售区块，每个区块下辖2—5个省区，针对不同地域的市场状况及销售实情制定相应的竞争策略，并在一些重点配套用户地域设立了4个直销仓库、31个特约经销部，直接交易，钱货两清，既缩短了交货时间，又减少了拖欠款，提高了市场覆盖率。

精益生产方式的运用，减少了流动资金的占用，仅1995年一年就节约了流动资金5 500万元。公司把这些资金投入技术改造，增强了企业发展后劲。

案例思考题：
1. 何谓营运资金管理？
2. 万向前潮的营运资金管理模式对我们有何启示？

## 案例四

海尔集团是世界白色家电第一品牌，是中国最具价值的品牌之一。海尔在全球拥有7万多名员工，2011年营业额1 509亿元，已发展成为大规模的跨国企业集团。

海尔集团在首席执行官张瑞敏的领导下，先后实施品牌战略、多元化战略、国际化战略和全球化品牌战略。2010年，海尔品牌价值高达855亿元，自2002年至2011年，海尔品牌价值连续10年蝉联中国最有价值品牌榜首。2011年11月15日，世界权威市场调查机构欧睿国际发布的全球家用电器市场调查结果显示，海尔在大型家电市场的品牌占有率提升为7.8%，第三次蝉联全球第一。在管理创新方面，海尔探索实施的"日事日毕，日清日高"的"OEC"管理模式、"市场链"管理及"人单合一"管理模式引起国际管理界的高度关注。海尔集团颠覆了传统的营运资金管理理念，打造了全新的、具有海尔特色的营运资金管理系统。模式创新已带来初步成效，在流动资金零贷款的基础上，海尔现金周转天数达到负10天。

案例思考题：

1. 海尔商业模式的转型与组织流程再造对营运资金管理有何影响？
2. 海尔的营运资金管理体系的创新之处何在？
3. 海尔的营运资金管理对传统营运资金管理有何颠覆？有无持续改进的必要及改进路径何在？

### 案例五

根据贵州茅台2016年年度报告，公司2016年12月31日的货币资金余额达到668.55亿元，比2015年增长81.67%。从2016年10月开始，我国高端白酒市场出现复苏迹象，贵州茅台的预收账款随着价格提高出现大幅增长。2017年3月底4月初，飞天茅台价格一度突破1 300元。虽然大量预收账款表现为负债，但从高端白酒行业的销售情况可知，这些负债的风险很小。与此同时，公司2016年12月31日应收账款为零，只有8.18亿元应收票据。公司的流动比率为2.44，速动比率为1.88，显示较好的流动性。

从存货周转情况来看，公司的存货有206.22亿元，存货周转一次需要5—6年，而同期五粮液存货周转一次只需要一年多。从数字来看似乎五粮液的存货管理更好，效率更高，但对于生产传统白酒尤其是高档白酒的企业来说，存货周转速度快未必是一件好事，由于窖藏时间缩短，可能会造成口感不佳，进而影响未来的销售。

案例思考题：

请分析贵州茅台从最初市值低于五粮液，发展到市值已达五粮液3倍的原因。

# 第十四章 利润管理和股利政策

## 一、单项选择题

1. 在确定公司利润分配政策时应考虑的因素中，不属于股东因素的有（　　）。
   A. 规避风险　　　　　　　　　　B. 稳定股利收入
   C. 防止公司控制权旁落　　　　　D. 公司未来的投资机会

2. 上市公司按照剩余股利政策发放股利的好处是（　　）。
   A. 有利于公司合理安排资金结构
   B. 有利于投资者安排收入与支出
   C. 有利于公司稳定股票的市场价格
   D. 有利于公司树立良好的形象

3. 公司采用固定股利政策发放股利的好处主要表现为能（　　）。
   A. 降低资金成本　　　　　　　　B. 维持股价稳定
   C. 提高支付能力　　　　　　　　D. 实现资金保全

4. 下列股利分配政策中，能保持股利与利润之间一定的比例关系，并体现风险投资与风险收益对等原则的是（　　）。
   A. 剩余股利政策　　　　　　　　B. 固定股利政策
   C. 固定股利比例政策　　　　　　D. 低正常股利加额外股利政策

5. 股票股利与股票分割的区别在于（　　）。
   A. 股东的持股比例是否变化
   B. 所有者权益总额是否变化
   C. 所有者权益结构是否变化
   D. 股东所持股票的市场价值总额是否变化

6. 下列各项中，属于固定股利支付率政策优点的是（　　）。
   A. 股利分配有较大灵活性　　　　B. 有利于稳定公司的股价
   C. 股利与公司盈余紧密配合　　　D. 有利于树立公司的良好形象

7. 要获得收取股利的权利，投资者购买股票的最迟日期是（　　）。
   A. 除息日　　　　B. 股权登记日　　　C. 股利宣告日　　　D. 股利发放日
8. 下列关于企业发放的股票股利的说法，错误的是（　　）。
   A. 实际上是企业盈利的资本化　　　　B. 会使企业财产价值增加
   C. 可使股票价格不至于过高　　　　　D. 能达到节约企业现金的目的
9. 容易造成股利支付额与本期净利相脱节的股利分配政策是（　　）。
   A. 剩余股利政策　　　　　　　　　　B. 固定股利政策
   C. 固定股利支付率政策　　　　　　　D. 低正常股利加额外股利政策
10. 主要依靠股利维持生活的股东最不赞成的公司股利政策是（　　）。
    A. 剩余股利政策　　　　　　　　　　B. 固定或持续增长的股利政策
    C. 固定股利支付率政策　　　　　　　D. 低股利加额外股利政策

## 二、多项选择题

1. 影响利润分配的其他因素主要包括（　　）。
   A. 控制权　　　　　　　　　　　　　B. 超额累积利润约束
   C. 债务合同限制　　　　　　　　　　D. 通货膨胀限制
2. 固定股利支付率政策的优点包括（　　）。
   A. 使股利与企业盈余紧密结合　　　　B. 体现投资风险与收益的对等
   C. 有利于稳定股票价格　　　　　　　D. 缺乏财务弹性
3. 上市公司发放股票股利可能导致的结果有（　　）。
   A. 公司股东权益内部结构发生变化
   B. 公司股东权益总额发生变化
   C. 公司每股利润下降
   D. 公司股份总额发生变化
4. 下列关于股票股利的说法中，正确的是（　　）。
   A. 发放股票股利便于今后配股融通更多的资金和刺激股价
   B. 发放股票股利不会引起所有者权益总额的变化
   C. 发放股票股利会引起所有者权益内部结构的变化
   D. 发放股票股利没有改变股东的持股比例，但是改变了股东所持股票的市场价值总额
5. 下列关于股票回购的表述中，正确的有（　　）。
   A. 股票回购会影响公司的每股收益
   B. 股票回购会影响股东权益内部的结构
   C. 股票回购会向市场传递出股价被高估的信号
   D. 股票回购会提高资产负债率

### 三、判断题

1. 资金保全约束要求企业发放的股利或投资分红不得来源于原始投资（或股本），而只能来源于企业的当期利润或留存收益。（  ）

2. 法定公积金按照本年实现净利润的 10% 提取，法定公积金达到注册资金的 30% 时可不再提取。（  ）

3. 采用剩余股利分配政策的优点是有利于保持理想的资金结构，降低企业的综合资金成本。（  ）

4. 在信息不对称的情况下，股票回购可能会产生一种有利于公司的信号传递作用，当经理认为本公司普通股价值被低估时，他们往往会采取股票回购的方式向市场表达股票价值被低估的信息。（  ）

5. 只有在除息日之前，股权登记日收盘时在册的股东，才能分享最近一次分派的股利。（  ）

### 四、计算题

1. 某公司 20×1 年的税后利润为 600 万元，20×2 年年初公司讨论决定股利分配的数额。预计 20×2 年需要增加投资资金 800 万元。公司的目标资金结构是权益资金占 60%，债务资金占 40%，今年继续保持这一比例。按法律规定，公司每年至少要提取 10% 的公积金。公司采用剩余股利政策，筹资的优先顺序是留存利润、借款和增发股份。计算该公司 20×1 年应分配的股利数额。

2. 大明公司普通股股数为 1 000 万股，2021 年度税后利润为 180 万元，尚有 5 年前未弥补的亏损 50 万元，法定公积金和任息盈余公积金提取比例分别为 10%、5%，公司决定分配现金股利 0.08 元/股。请计算大明公司 2021 年税后利润分配情况。

3. 大明公司流通在外的普通股股数为 1 000 万股，该公司预计未来 5 年净利润如表 14-1 所示。若公司采用每年每股 0.05 元加上年终额外股利，额外股利为净收益超过 1 000 000 元部分的 40%，则该公司每年应发放的股利为多少？

表 14-1 大明公司预计未来 5 年净利润

| 年份 | 年度净利润总额/元 |
|---|---|
| 20×4 | 1 000 000 |
| 20×5 | 1 800 000 |
| 20×6 | 2 500 000 |
| 20×7 | 3 200 000 |
| 20×8 | 3 300 000 |

4. 大明公司年终利润分配前的股东权益项目资料如表 14-2 所示，公司股票的每股现行市价为 36 元。

表 14-2 公司年终利润分配前的股东权益项目资料

| 项目 | 数额 |
|---|---|
| 股本-普通股（每股面值 4 元，300 万股）/万元 | 1 200 |
| 资本公积/万元 | 350 |
| 未分配利润/万元 | 1 450 |
| 所有者权益合计/万元 | 3 000 |

（1）计划按每 10 股送 1 股的方案发放股票股利，并按发放股票股利后的股数派发每股现金股利 0.1 元，股票股利的金额按现行市价计算。试计算完成这一分配方案后的股东权益各项目数额。

（2）如若按 1 股换 2 股的比例进行股票分割，试计算股东权益各项目数额、普通股股数。

5. 大明公司20×1年提取公积金后的税后净利为165万元，20×2年的投资计划所需资金为150万元。公司的目标资金结构中自有资金占60%，借入资金占40%。

（1）按照目标资金结构的要求，大明公司投资方案所需的自有资金数额为多少？

（2）按照剩余股利政策的要求，大明公司20×2年能向投资者发放股利数额为多少？

6. 大明公司执行的是稳定增长股利政策，20×1年税后净利润为165万元。

（1）若公司当年现金股利分配额为50万元，公司固定股利增长率为10%，则20×1年公司分配股利额为多少？

（2）倘若大明公司长期以来采用固定股利支付率政策进行股利分配，确定的股利支付率为30%。如果仍然继续执行固定股利支付率政策，则公司本年度将要支付的股利为多少？

7. 某企业20×1年实现销售收入2 480万元，全年固定成本为570万元（含利息），变动成本率为55%，所得税税率为25%；年初有已超过5年的尚未弥补的亏损40万元；该企业按10%提取法定盈余公积，按5%提取任意盈余公积，向投资者分配的利润为可供投资者分配利润的40%；不存在纳税调整事项。该企业应如何进行利润分配？

8. 以上海证券交易所为例，某股份公司董事会在股东大会召开后，在公布最后分红方案的公告中称："20×2 年 3 月 10 日 M 公司在某地召开的股东大会上，通过了董事会关于每股普通股分派股息 0.4 元的 20×1 年度股息分配方案。股权登记日是 20×2 年 4 月 17 日，除息日是 20×2 年 4 月 18 日，股利支付日为 20×2 年 4 月 24 日，特此公告。"问股利宣告日、股权登记日、除息日和股利发放日分别是哪天？

9. 某公司本年实现的净利润为 200 万元，年初未分配利润为 600 万元，年末公司讨论决定股利分配的数额。上年实现净利润 180 万元，分配的股利为 108 万元。计算回答下列互不关联的问题：

（1）预计明年需要增加投资资金 300 万元。公司的目标资金结构为权益资金占 55%，债务资金占 45%。公司采用剩余股利政策，权益资金优先使用留存收益，公司本年应发放多少股利？

（2）公司采用固定股利政策，公司本年应发放多少股利？

（3）公司采用固定股利支付率政策，公司本年应发放多少股利？

（4）公司采用正常股利加额外股利政策，规定每股正常股利为 0.1 元，按净利润超过最低股利部分的 30% 发放额外股利，该公司普通股股数为 500 万股，公司本年应发放多少股利？

10. 甲公司在2022年发放股票股利前,其资产负债表上的股东权益情况如表14-3所示。

表14-3 甲公司股东权益情况表(发放股票股利前)

| 项目 | 数额 |
| --- | --- |
| 股本(面值1元,发行在外2 000万股)/万元 | 2 000 |
| 资本公积/万元 | 3 000 |
| 盈余公积/万元 | 2 000 |
| 未分配利润/万元 | 3 000 |
| 股东权益合计/万元 | 10 000 |

(1) 假设该公司宣布发放10%的股票股利,即现有股东每持有10股,即可获赠1股普通股。若该股票当时市价为5元,那么随着股票股利的发放,需从未分配利润项目划转出的资金是多少?

(2) 假设一位股东派发股票股利之前持有公司的普通股10万股,那么他所拥有的股权比例是多少?

11. 某公司2021年年终利润分配前的股东权益项目资料如表14-4所示。

表14-4 某公司2021年年终利润分配前的股东权益项目资料

| 项目 | 数额 |
| --- | --- |
| 股本–普通股(面值1元,400万股)/万元 | 400 |
| 资本公积/万元 | 120 |
| 未分配利润/万元 | 1 150 |
| 股东权益合计/万元 | 1 670 |

公司股票的每股现行市价为20元。若按1股换2股的比例进行股票分割,计算股东权益普通股股数、各项目数额。

12. A 公司的股票现价为 50 元/股，预期一年后该公司不支付股利，其股票价格将变为 57.50 元/股；B 公司在一年后支付每股 5 元的现金股利，支付股利后其价格将变为 52.50 元/股。假设股利的所得税税率为 25%，资金利得的所得税税率为零，假设 A、B 公司处于完善的市场环境中，各股票税后投资报酬率相同。

要求：

（1）计算一年后 A 公司股票的税前和税后投资报酬率。

（2）计算 B 公司股票的现行价格和一年后的税前投资报酬率。

13. 假设某公司 20×1 年的税后净利润为 1 200 万元，分配的现金股利额为 420 万元。20×2 年的税后净利润为 900 万元。预计 20×3 年该公司的投资计划需要资金 500 万元。该公司的目标资金结构为股权资金占 60%，债权资金占 40%。

（1）如果采用剩余股利政策，计算该公司 20×2 年应分配的现金股利额。

（2）如果采用固定股利政策，计算该公司 20×2 年应分配的现金股利额。

（3）如果采用固定股利支付率的股利政策，计算该公司 20×2 年应分配的现金股利额。

（4）如果采用低正常股利加额外股利的政策，该公司 20×1 年的现金股利为正常股利额，应如何确定 20×2 年的现金股利额？

14. 某公司现有税后利润 150 万元，可用于发放股利，也可作为留存利润进行再投资。假设该公司的最佳资金结构为 30% 的负债和 70% 的权益资金。根据公司加权平均的边际资金成本和投资机会计划决定的最佳资金支出为 120 万元。该公司拟采用剩余股利政策。

（1）试计算该公司的股利支付额和股利支付率。

（2）如果公司的最佳资金支出为 210 万元，则该公司应如何筹资？股利支付额和股利支付率各是多少？

15. 某公司 20×1 年净利润为 600 万元，发放股利 270 万元。过去 10 年该公司始终按 45% 的比例从净利润中支付股利。预计 20×2 年税后利润的增长率为 5%，20×2 年拟投资 500 万元。

（1）如果该公司采用固定股利支付率政策，计算 20×2 年发放的股利额。

（2）如果采用正常股利加额外股利政策，若税后利润的增长率达到或超过 5%，该公司决定在固定股利的基础上，将新增利润的 1% 作为固定股利的额外股利。计算 20×2 年发放的股利额。

16. 某公司宣告每 10 送 2.5 的股票股利，其股权登记日为 4 月 1 日。股权登记日该公司股票收盘价为每股 25 元，假设你拥有 160 股该公司股票。

（1）在发放股票股利后，计算你共拥有多少股票。

（2）如其他条件不变，计算你预计在 4 月 2 日每股除权价。

（3）如其他条件不变，则在发放股票股利前后，即按股票除权前后价格计算，计算你所拥有的股票总市值。

### 五、思考题

1. 为什么在完全资本市场条件下，股利政策与股价无关？

2. 结合我国上市公司的实际情况，分析公司在确定股利分配政策时是否存在代理问题。如果存在，主要表现在哪些方面？

3. 你认为公司的股利政策是否必须保持稳定？如何评价股利政策是否合理？

4. 结合我国资本市场的实际情况,分析我国上市公司股利分配政策的主要特点,并分析股利分配与股票价格之间是否存在相关性。

5. 股份公司在选择采用股票股利进行股利分配时,应考虑哪些因素?这种股利分配形式对公司会产生怎样的影响?对股东有何影响?

### 六、实训题

1. 2008年10月9日,中国证券监督管理委员会(以下可简称"中国证监会")发布的《关于修改上市公司现金分红若干规定的决定》将《上市公司证券发行管理办法》第八条第(五)项"最近三年以现金或股票方式累计分配的利润不少于最近三年实现的年均可分配利润的20%"修改为"最近三年以现金方式累计分配的利润不少于最近三年实现的年均可分配利润的30%"。该项内容的修改提高了公司发行股票的现金分红标准,其目的在于鼓励上市公司现金分红。

讨论与思考:

中国证监会为什么要做出鼓励现金分红的规定?现金分红的多少对公司和股东有什么影响?

2. 中国证监会 2005 年发布的《上市公司回购社会公众股份管理办法（试行）》规定，上市公司回购股份可以采取证券交易所集中竞价交易方式或要约回购方式进行。

讨论与思考：

请分析这两种方式对回购公司和股票价格有何不同影响。

3. 民间流传着上市公司推出高送转即意味着股价大涨的神话，但实际并非每次如此，也会出现股价大跌的情况。

讨论与思考：

同样都是分红，同样都是高送转，为什么会如此不同呢？

## 七、案例分析题

### 案例一

用友软件股份有限公司（以下简称"用友软件公司"）于 1988 年成立，经过多年的发展成为中国软件业最具代表性的企业之一。用友软件公司的企业管理/ERP 软件、集团企业和行业解决方案、人力资源管理软件、客户关系管理软件、小型企业管理软件及在线服务培训教育等产品业务线，全面覆盖众多行业领域。用友软件公司拥有中国和亚太地区实力最强的企业管理软件研发体系，规模最大的支持、实施、培训服务网络，以及完备的产业生态系统。用友软件公司以用信息技术推动商业和社会进步为使命，目标是成为世界级管理软件与电子商务服务提供商。

2001 年 4 月 23 日，用友软件公司以发行价 36.68 元、市盈率 64.35 倍在上海证券交易所上网定价发行 2 500 万 A 股。2001 年 5 月 18 日上市，上市当日开盘价

76元，已比发行价36.68元高出2倍有余，当日最高更是创下了100元的辉煌价格，并以92元报收，创出当时中国股市新股上市首日最高收盘价。凭借上市，用友募集资金高达8亿元，净资产比2000年年底的8 384万元增加了10倍。

2002年4月28日，用友软件公司再次吸引了人们的眼球——股东大会审议通过2001年度分配方案为每10股派现6元（含税）。刚刚上市一年即大比例分红，一时间市场上众说纷纭，董事长王文京更是由于其大股东的地位成为旋涡中心。用友软件公司的前三大股东分别为北京用友科技有限公司（持股55%）、北京用友企业管理研究所有限公司（持股15%）、上海用友科技咨询有限公司（持股15%）。这三家公司中，王文京是北京用友科技有限公司的第一大股东，持有该公司73.6%的股份，同时王文京还是另两家公司的法定代表人。按照此股权结构推算，他可以从这次股利派现中分得3 000余万元。同时，公司2001年的流动比率和速动比率都高于6，资产负债率为13%，公司的主营业务利润率在90%以上，净利润的绝对值也达到了7 040.06万元，公司2001年度现金及现金等价物的净增加额为67 300.56万元，经营活动产生的现金流量净额达10 329.34万元。

公司2002年以来的股利发放情况见表14-5。

表14-5 用友公司股利发放

| 年度 | 现金股利发放（含税） | 每股收益/元 |
| --- | --- | --- |
| 2002 | 10股派6元 | 0.92 |
| 2003 | 10股派3.75元 | 0.62 |
| 2004 | 10股派3.2元 | 0.53 |
| 2005 | 10股派6.6元 | 0.57 |
| 2006 | 10股派6.8元 | 0.83 |
| 2007 | 10股派10元 | 1.60 |
| 2008 | 10股派3元 | 0.85 |
| 2009 | 10股派6元 | 0.97 |
| 2010 | 10股派2.2元 | 0.41 |
| 2011 | 10股派4元 | 0.66 |
| 2012 | 10股派2元 | 0.39 |
| 2013 | 10股派3元 | 0.57 |
| 2014 | 10股派3元 | 0.47 |
| 2015 | 10股派1.5元 | 0.23 |
| 2016 | 10股派1.3元 | 0.14 |

在2015年1月31日用友软件公司举办的2015企业互联网大会上，用友软件

公司正式更名为"用友网络科技股份有限公司"。公司准备全面进军企业互联网，在保持软件主业的同时，大力发展互联网服务和互联网金融。根据2016年年度报告，该公司的股权结构见图14-1。

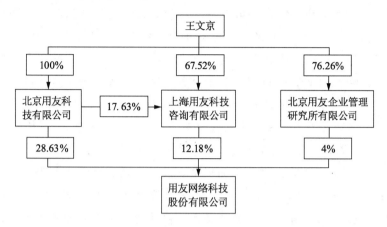

图14-1 用友网络科技股份有限公司2016年股权结构图

案例思考题：

1. 可供企业选择的股利支付方式主要有哪几种？各自的优缺点是什么？
2. 2001年以来，用友软件公司的现金股利发放趋势发生变化的原因有哪些？

## 案例二

克莱斯勒公司的主席罗伯特·J.伊顿正在为一件事发愁。金融商科可·克高林（克莱斯勒公司最大的个人股东，控制了公司9%的股票）公开要求克莱斯勒公司董事会采取具体措施以提高公司正在下滑的股价。克高林认为，董事会应提高股利支付率，授权实施股票回购计划并宣布分割股票。他指出，虽然在过去12个月中，公司曾两次提高其股利支付率，但是福特公司已经将其股利支付率提高了12.5%，并且按2∶1的比例进行了股票分割。即使克莱斯勒公司是汽车行业的低成本制造商，并且即将报告其账面收益，它的股票价格也仅为其每年净收益的5倍，而福特公司的股票为其每年净收益的7倍；它的股利收入约为2.2%，而福特公司为3.6%。年初以来，克莱斯勒公司的股价已下跌了近20%。

克莱斯勒公司目前有66亿美元的现金及其等价物，利润也相当可观。但是公司总裁伊顿——一位长期在汽车行业"服役"的老兵，认为公司持有的现金至少应达到75亿美元，甚至最好是100亿美元，以执行其雄心勃勃的汽车产品开发计划，并有效应对下一轮的经济萧条。过去克莱斯勒公司曾好几次陷入灾难性的财务危机。

《华尔街时报》写道：克高林的建议提出了一个基本问题，即"在繁荣阶段，像克莱斯勒这样的公司应以高额股利或股票回购形式支付多少利润给股东？"

克莱斯勒公司的几个团体股东支持克高林的建议。其中一个认为："有必要通过股票回购向华尔街证明克莱斯勒的力量。"另一个认为："克莱斯勒的股利支付率应该加倍，因为'克莱斯勒是当今主要股票中被低估得最厉害的一只股票'，而且"低股利政策是导致股价被低估的原因'。"同时，在克高林的信件被公诸媒体的当日，克莱斯勒的股票就上涨了3.125美元，即6.8%，从45.875美元跃升至49美元。第二天，它继续爬升了0.875美元，即1.8%。

克莱斯勒公司收到克高林的信后，重新评价了其现金状况。公司决策者认为，公司正在通往实现既定目标的轨道上，这一既定目标是：年末建立75亿美元的现金公积，充分满足退休金计划的需要。

于是，在克高林提出其要求的17天之后，克莱斯勒公司宣布：① 将股利支付率从每季的25美分提高到每季40美分；② 实施10亿美元的股票回购计划。公司还放宽了其股东权利计划，以允许克高林提高他所占的权益份额。由于股利率增长了60%，所以克莱斯勒公司的年现金支付将从3.6亿美元增加到6亿美元。伊顿指出：我们完全有信心在运营期内保持这一股利水平。

伊顿指出，克莱斯勒公司一直在考虑增加其股利和制订股票回购计划，董事会认为，目前正是采取上述行动的时候，股票市场的投资者也赞同这种做法。在宣告上述行动后不久，克莱斯勒公司的股票价格从47.75美元提高到了48.75美元。

案例思考题：

1. 影响股利政策的因素有哪些？
2. 试对该公司的股利分配政策进行评价。

# 第十五章 财务分析概论

## 一、单项选择题

1. 下列指标中，可用于衡量企业短期偿债能力的是（　　）。
   A. 利息保障倍数　　　　　　　　B. 或有负债比率
   C. 带息负债比率　　　　　　　　D. 流动比率

2. 以下各项表示流动比率的是（　　）。
   A. 资产比负债　　　　　　　　　B. 流动资产比流动负债
   C. 固定资产比流动负债　　　　　D. 资产比营运资金

3. 可以作为证券市场对企业评价的指示器的是（　　）。
   A. 市盈率　　　　　　　　　　　B. 每股收益
   C. 已付利息倍数　　　　　　　　D. 流动比率

4. 下列属于盈利能力比率指标的是（　　）。
   A. 已获利息倍数　　　　　　　　B. 权益净利率
   C. 产权比率　　　　　　　　　　D. 资产负债率

5. 甲公司无优先股，20×3年每股盈余为4元，每股发放股利2元，保留盈余在过去一年增加了500万元。20×3年年底每股账面价值为30元，负债总额为5 000万元，则该公司20×3年年底资产总额为（　　）万元。
   A. 10 000　　　　　　　　　　　B. 11 000
   C. 11 500　　　　　　　　　　　D. 12 500

6. 已知某公司某年年末有流动资产100万元，负债总额为500万元，长期负债为300万元，则流动比率为（　　）。
   A. 0.2　　　　B. 0.33　　　　C. 0.5　　　　D. 0.125

7. 关于资产负债率其正确的说法是（　　）。
   A. 从债权人角度看，负债比率越大越好
   B. 从债权人角度看，负债比率越小越好
   C. 从股东的角度看，负债比率越大越好
   D. 从股东的角度看，当资金利润率大于债务利息率时，负债比率越小越好

8. 下列属于偿债能力比率指标的有（　　）。
   A. 营业周期　　　　　　　　　　B. 权益净利率
   C. 产权比率　　　　　　　　　　D. 资产净利率
9. 影响速动比率可信性的最主要因素是（　　）。
   A. 存货的变现能力　　　　　　　B. 短期证券的变现能力
   C. 产品的变现能力　　　　　　　D. 应收账款的变现能力
10. 能够评价企业长期偿债能力的指标不包括（　　）。
    A. 资产负债率　　　　　　　　　B. 利息保障倍数
    C. 速动比率　　　　　　　　　　D. 产权比率

### 二、多项选择题

1. 以下对流动比率的表述中，正确的是（　　）。
   A. 从企业的角度看，流动比率越高越好
   B. 不同企业的流动比率有统一的衡量标准
   C. 一般情况下流动比率越高，反映企业短期偿债能力越强
   D. 流动比率高，并不意味着企业就一定具有短期偿债能力
2. 提高应收账款周转率有助于（　　）。
   A. 加快资金周转　　　　　　　　B. 提高生产能力
   C. 增强短期偿债能力　　　　　　D. 减少坏账损失
3. 下列管理方法中，可以减少现金周转期的有（　　）。
   A. 加快制造与销售产品　　　　　B. 提前偿还短期融资券
   C. 加大应收账款催收力度　　　　D. 利用商业信用延期付款
4. 下列各项中，影响应收账款周转率指标的有（　　）。
   A. 应收票据　　　　　　　　　　B. 应收账款
   C. 预付账款　　　　　　　　　　D. 销售折扣与折让
5. 下列说法正确的有（　　）。
   A. 进行财务管理时应考虑风险　　B. 资产负债率越大，财务风险越大
   C. 速动比率能反映盈利能力　　　D. 投资中，净现值法考虑了风险

### 三、判断题

1. 资产负债率与产权比率的乘积等于1。　　　　　　　　　　　　　　　（　　）
2. 在资产负债率、产权比率和权益乘数三个指标中，已知其中一个指标值，就可以推算出另外两个指标值。　　　　　　　　　　　　　　　　　　　　（　　）
3. 流动比率可以反映企业的资产管理能力。　　　　　　　　　　　　　（　　）
4. 权益净利率＝总资产净利率×销售净利率×权益乘数。　　　　　　　（　　）
5. 财务杠杆系数＋经营杠杆系数＝1。　　　　　　　　　　　　　　　　（　　）

## 四、计算题

1. 丁公司 20×3 年 12 月 31 日的资产负债表显示：资产总额年初数和年末数分别为 4 800 万元和 5 000 万元，负债总额年初数和年末数分别为 2 400 万元和 2 500 万元。丁公司 20×3 年度收入为 7 350 万元，净利润为 294 万元。

要求：

（1）根据年初、年末平均值，计算权益乘数。
（2）计算总资产周转率。
（3）计算销售净利率。
（4）根据要求（1）（2）（3）的计算结果，计算总资产净利率和净资产收益率。

2. 甲公司是一家饮料生产商，公司相关资料如下：

资料一：甲公司 20×3 年相关财务数据如表 15-1 所示。假设甲公司成本性态不变，现有债务利息水平表。

表 15-1 甲公司 20×3 年相关财务数据

| 资产负债表项目（20×3 年 12 月 31 日） | 金额/万元 |
| --- | --- |
| 流动资产 | 40 000 |
| 非流动资产 | 60 000 |
| 流动负债 | 30 000 |
| 长期负债 | 30 000 |
| 所有者权益 | 40 000 |
| 收入成本类项目（20×3 年度） | 金额/万元 |
| 营业收入 | 80 000 |
| 固定成本 | 25 000 |
| 变动成本 | 30 000 |
| 财务费用（利息费用） | 2 000 |

资料二：甲公司计划 20×4 年推出一款新型饮料，年初需要购置一条新生产线，并立即投入使用。该生产线购置价格为 50 000 万元，可使用 8 年，预计净残值为 2 000 万元，采用直线法计提折旧。该生产线投入使用时需要垫支营运资金 5 500 万元，在项目终结时收回。该生产线投资后甲公司每年可增加营业收入 22 000 万

元，增加付现成本 10 000 万元。会计上，对于新生产线折旧年限，折旧方法及净残值等的处理与税法保持一致。假设甲公司要求的最低报酬率为10%。

资料三：为了满足购置新生产线的资金需求，甲公司设计了两个筹资方案，第一个方案是以借款方式筹集资金 50 000 万元，年利率为8%；第二个方案是发行普通股 10 000 万股，每股发行价 5 元，甲公司 20×4 年年初普通股股数为 30 000 万股。

资料四：假设甲公司不存在其他事项，甲公司适用的所得税税率为25%。相关货币时间价值系数如表 15-2 所示。

表 15-2 货币时间价值系数表

| 期数（$n$） | 1 | 2 | 7 | 8 |
|---|---|---|---|---|
| $(P/F,10\%,n)$ | 0.909 1 | 0.826 4 | 0.513 2 | 0.466 5 |
| $(P/A,10\%,n)$ | 0.909 1 | 1.735 5 | 4.868 4 | 5.334 9 |

要求：

（1）根据资料一，计算甲公司的下列指标：① 营运资金；② 产权比率；③ 边际贡献率；④ 保本销售额。

（2）根据资料一，以 20×3 年为基期计算经营杠杆系数。

（3）根据资料二和资料四，计算新生产线项目的下列指标：

① 原始投资额；② 第 1—7 年现金净流量（$NCF_{1-7}$）；③ 第 8 年现金净流量（$NCF_8$）；④ 净现值（$NPV$）。

（4）根据要求（3）的计算结果，判断是否应该购置该生产线，并说明理由。

（5）根据资料一、资料三和资料四，计算两个筹资方案的每股收益无差别点（$EBIT$）。

（6）假设甲公司采用第一个方案进行筹资，根据资料一、资料二和资料三，计算新生产线投产后甲公司的息税前利润和财务杠杆系数。

## 五、思考题

1. 如果你是银行的信贷部门经理,在给企业发放贷款时,应当考虑哪些因素?

2. 企业资产负债率的高低对债权人和企业股东会产生什么影响?

3. 企业的应收账款周转率偏低可能是由什么原因造成的?会给企业带来什么影响?

4. 为什么说企业的营运能力可以反映其经营管理水平?企业应当如何提高营运能力?

5. 你认为在评价股份有限公司的盈利能力时,哪个财务指标应当作为核心指标?为什么?

6. 你认为在评价企业的发展趋势时，应当注意哪些问题？

7. 为什么说股东权益报酬率是杜邦分析的核心？

8. 在应用杜邦分析法进行企业财务状况的综合分析时，应当如何分析各项因素对企业股东权益报酬率的影响程度？

9. 假如你是一家股份公司的董事，你的律师提醒你应当关注有关法律诉讼的风险，并要持续监控公司财务安全，你应当如何利用财务分析帮助你行使董事的职责？

10. 假如你是一个环保组织的成员，你应当如何利用财务分析来了解某企业对环境保护所承担的责任？

## 六、实训题

1. 假设你是一名财务咨询师，为一家商品流通企业做财务咨询，你的任务是通过合理的存货规划使存货成本降低。在考察前期的销售情况和存货管理情况后，你提出了加强存货管理的建议。预计现有的存货周转率将从目前的 20 次提高到 25 次，节省下来的资金用于偿还银行短期借款，银行短期借款的利息率为 5%。假设预期销售收入为 2 亿元，预期销售成本为 1.6 亿元。

讨论与思考：

请你测算该方案预计节约的成本。

2. 如果你是一家小公司的唯一股东。你的公司目前没有负债并且经营良好，最近一年资产利润率为 10%，资产总额为 50 万元。企业所得税税率为 25%。现在你正在考虑通过借债来扩大经营规模。

讨论与思考：

请分析决定公司是否应当通过举债扩大经营规模的标准是什么。

3. 假如你是一家上市公司的独立董事，你正准备与公司的审计师进行第一次审计沟通。你收到一位小股东的来信，信中表达了对公司盈利质量的关注。

讨论与思考：

为了履行独立董事的职责，你应该向审计师提出哪些问题来表达对公司盈利质量的关注？

## 七、案例分析题

### 案例一

A 公司 2021 年的资产负债表（表 15-3）、利润表（表 15-4）和现金流量表（表 15-5）如下，假定 2021 年年末，A 公司的股票价格为每股 16 元。

**表 15-3　A 公司资产负债表**

**2021 年 12 月 31 日**

单位：万元

| 资产 | 年初余额 | 年末余额 | 负债和所有者权益 | 年初余额 | 年末余额 |
|---|---|---|---|---|---|
| 流动资产： | | | 流动负债： | | |
| 货币资金 | 680 | 980 | 短期借款 | 800 | 840 |
| 交易性金融资产 | 60 | 160 | 交易性金融负债 | — | — |
| 应收票据 | 40 | 30 | 应付票据 | 100 | 140 |
| 应收账款 | 1 290 | 1 370 | 应付账款 | 528 | 710 |
| 预付款项 | 28 | 28 | 预收款项 | 40 | 20 |
| 应收利息 | 6 | — | 应付职工薪酬 | 2 | 2 |
| 应收股利 | 10 | — | 应交税费 | 80 | 100 |
| 其他应收款 | 24 | 6 | 应付利息 | 24 | — |
| 存货 | 1 160 | 1 380 | 应付股利 | 16 | — |
| 一年内到期的非流动资产 | 60 | — | 其他应付款 | 40 | 48 |
| 其他流动资产 | 62 | 6 | 一年内到期的非流动负债 | 160 | 124 |
| 流动资产合计 | 3 420 | 3 960 | 其他流动负债 | 10 | 16 |
| 非流动资产： | | | 流动负债合计 | 1 800 | 2 000 |
| 可供出售金融资产 | 40 | 40 | 非流动负债： | | |
| 持有至到期投资 | 60 | 60 | 长期借款 | 1 000 | 800 |
| 长期应收款 | 20 | 20 | 应付债券 | 640 | 840 |
| 长期股权投资 | 60 | 180 | 长期应付款 | 180 | 300 |
| 投资性房地产 | 40 | 60 | 专项应付款 | 28 | 100 |
| 固定资产 | 3 600 | 4 300 | 预计负债 | — | — |
| 在建工程 | 200 | 160 | 递延所得税负债 | | |
| 工程物资 | 60 | 100 | 其他非流动负债 | — | — |
| 固定资产清理 | 22 | — | 非流动负债合计 | 1 848 | 2 140 |
| 生产性生物资产 | 18 | 40 | 负债合计 | 3 648 | 4 140 |
| 无形资产 | 20 | 64 | 股东权益： | | |
| 商誉 | — | — | 实收资金（或股本） | 3 000 | 3 000 |

续表

| 资产 | 年初余额 | 年末余额 | 负债和所有者权益 | 年初余额 | 年末余额 |
|---|---|---|---|---|---|
| 长期待摊费用 | 20 | 16 | 资本公积 | 262 | 480 |
| 递延所得税资产 | — | — | 盈余公积 | 440 | 918 |
| 其他非流动资产 | — | — | 未分配利润 | 250 | 462 |
| 非流动资产合计 | 4 180 | 5 040 | 股东权益合计 | 3 952 | 4 860 |
| 资产总计 | 7 600 | 9 000 | 负债和所有者权益合计 | 7 600 | 9 000 |

表15-4　A公司利润表

2021年度

单位：万元

| 项目 | 本期金额 | 上期金额 |
|---|---|---|
| 一、营业收入 | 18 750 | 16 514 |
| 减：营业成本 | 8 388 | 7 420 |
| 税金及附加 | 1 352 | 1 124 |
| 销售费用 | 2 740 | 2 510 |
| 管理费用 | 2 100 | 1 624 |
| 财务费用 | 650 | 616 |
| 资产减值损失 | — | — |
| 加：公允价值变动损益 | — | — |
| 投资收益 | 126 | 136 |
| 二、营业利润 | 3 646 | 3 356 |
| 加：营业外收入 | 17 | 20 |
| 减：营业外支出 | 31 | 10 |
| 三、利润总额 | 3 632 | 3 366 |
| 减：所得税费用 | 1 112 | 1 018 |
| 四、净利润 | 2 520 | 2 348 |
| 五、每股收益 | — | — |
| （一）基本每股收益（元） | 0.84 | 0.78 |
| （二）稀释每股收益（元） | 0.84 | 0.78 |

### 表15-5 A公司现金流量表
2021年度

单位：万元

| 项目 | 本期金额 |
|---|---|
| 一、经营活动产生的现金流量 | |
| 　　销售商品、提供劳务收到的现金 | 20 940 |
| 　　收到的税费返还 | 900 |
| 　　收到的其他与经营活动有关的现金 | 600 |
| 　　经营活动现金流入小计 | 22 440 |
| 　　购买商品、接受劳务支付的现金 | 13 260 |
| 　　支付给职工以及为职工支付的现金 | 516 |
| 　　支付的各项税费 | 5 084 |
| 　　支付的其他与经营活动有关的现金 | 940 |
| 　　现金流出小计 | 19 800 |
| 　　经营活动产生的现金流量净额 | 2 640 |
| 二、投资活动产生的现金流量 | |
| 　　收回投资所收到的现金 | 210 |
| 　　取得投资收益所收到的现金 | 130 |
| 　　处置固定资产、无形资产和其他长期资产所收回的现金净额 | 18 |
| 　　收到的其他与投资活动有关的现金 | 12 |
| 　　现金流入小计 | 370 |
| 　　购建固定资产、无形资产和其他长期资产所支付的现金 | 1 710 |
| 　　投资所支付的现金 | 152 |
| 　　支付的其他与投资活动有关的现金 | 28 |
| 　　现金流出小计 | 1 890 |
| 　　投资活动产生的现金流量净额 | −1 520 |
| 三、筹资活动产生的现金流量 | |
| 　　吸收投资所收到的现金 | 700 |
| 　　借款所收到的现金 | — |
| 　　收到的其他与筹资活动有关的现金 | 700 |
| 　　现金流入小计 | — |
| 　　偿还债务所支付的现金 | 660 |
| 　　分配股利、利润或偿付利息所支付的现金 | 706 |

续表

| 项目 | 本期金额 |
|---|---|
| 支付的其他与筹资活动有关的现金 | 54 |
| 现金流出小计 | 1 420 |
| 筹资活动产生的现金流量净额 | −720 |
| 四、汇率变动对现金的影响 | |
| 五、现金及现金等价物净增加额 | 400 |

案例思考题：

请通过计算分析该公司的偿债能力、营运能力、盈利能力及发展能力，并通过杜邦财务分析体系和沃尔比重评分法进行财务综合分析。

## 案例二

光华公司 2021 年的资产负债表（表 15-6）和利润表（表 15-7）如下：

**表 15-6　资产负债表**

编制单位：光华公司 2021 年 12 月 31 日　　　　　　　　　　　　　　　　　　　单位：万元

| 资产 | 年末余额 | 年初余额 | 负债和所有者权益 | 年末余额 | 年初余额 |
| --- | --- | --- | --- | --- | --- |
| 流动资产： | | | 流动负债： | | |
| 货币资金 | 100 | 50 | 短期借款 | 120 | 90 |
| 交易性金融资产 | 12 | 24 | 交易性金融负债 | — | — |
| 应收票据 | 16 | 22 | 应付票据 | 10 | 8 |
| 应收账款 | 796 | 398 | 应付账款 | 200 | 218 |
| 预付账款 | 22 | 8 | 预收款项 | 20 | 8 |
| 应收利息 | 0 | 0 | 应付职工薪酬 | 4 | — |
| 应收股利 | 0 | 0 | 应交税费 | 10 | 8 |
| 其他应收款 | 22 | 22 | 应付利息 | 24 | 32 |
| 存货 | 238 | 652 | 应付股利 | 56 | 20 |
| 待摊费用 | 64 | 14 | 其他应付款 | 28 | 26 |
| 一年内到期的非流动资产 | 90 | 8 | 预提费用 | 18 | 10 |
| 其他流动资产 | 16 | 0 | 预计负债 | 4 | 8 |
| 流动资产合计 | 1 400 | 1 220 | 一年内到期的非流动负债 | 100 | 0 |
| 非流动资产： | | | 其他流动负债 | 6 | 10 |
| 可供出售金融资产 | 0 | 90 | 流动负债合计 | 600 | 440 |
| 持有至到期投资 | — | — | 非流动负债： | | |
| 长期股权投资 | 60 | 0 | 长期借款 | 900 | 490 |
| 长期应收款 | — | — | 应付债券 | 480 | 520 |
| 固定资产 | 2 476 | 1 910 | 长期应付款 | 100 | 120 |
| 在建工程 | 36 | 70 | 专项应付款 | 0 | 0 |
| 固定资产清理 | — | 24 | 递延所得税负债 | 0 | 0 |
| 无形资产 | 12 | 16 | 其他非流动负债 | 0 | 30 |
| 开发支出 | — | — | 非流动负债合计 | 1 500 | 1 160 |
| 商誉 | — | — | 负债合计 | 2 080 | 1 600 |
| 长期待摊费用 | 10 | 30 | 股东权益： | | |
| 递延所得税资产 | 0 | 0 | 实收资金（或股本） | 200 | 200 |
| 其他非流动资产 | 6 | 0 | 资本公积 | 20 | 20 |

续表

| 资产 | 年末余额 | 年初余额 | 负债和所有者权益 | 年末余额 | 年初余额 |
|---|---|---|---|---|---|
| 非流动资产合计 | 2 600 | 2 140 | 盈余公积 | 200 | 80 |
| 资产总计 | 4 000 | 3 360 | 未分配利润 | 1 500 | 1 460 |
|  |  |  | 股东权益合计 | 1 920 | 1 760 |
|  |  |  | 负债和所有者权益合计 | 4 000 | 3 360 |

表 15-7 利润表

编制单位：光华公司 2021 年度　　　　　　　　　　　　　　　　　　　单位：万元

| 项目 | 本年金额 | 上年金额 |
|---|---|---|
| 一、营业收入 | 6 000 | 5 700 |
| 减：营业成本 | 5 288 | 5 006 |
| 营业税金及附加 | 56 | 56 |
| 销售费用 | 44 | 40 |
| 管理费用 | 92 | 80 |
| 财务费用 | 220 | 192 |
| 资产减值损失 | 0 | 0 |
| 加：公允价值变动损益 | 0 | 0 |
| 投资收益 | 12 | 0 |
| 二、营业利润 | 312 | 326 |
| 加：营业外收入 | 90 | 144 |
| 减：营业外支出 | 2 | 0 |
| 三、利润总额 | 400 | 470 |
| 减：所得税费用 | 128 | 150 |
| 四、净利润 | 272 | 320 |

案例思考题：

请通过计算分析该公司的偿债能力、营运能力和盈利能力。

## 案例三

案例资料：

某公司 2020—2022 年的主要财务数据和财务比率见表 15-8。

表 15-8　某公司 2020—2022 年的主要财务数据和财务比率

| 项目 | 2020 年 | 2021 年 | 2022 年 |
| --- | --- | --- | --- |
| 销售收入/万元 | 4 000 | 4 300 | 3 250 |
| 总资产/万元 | 1 430 | 1 560 | 1 690 |
| 股东权益合计/万元 | 600 | 650 | 650 |
| 流动比率 | 1.19 | 1.25 | 1.20 |
| 应收账款周转天数/天 | 18 | 22 | 27 |
| 存货周转率/次 | 8.0 | 7.5 | 5.5 |
| 毛利/万元 | 800 | 700.9 | 520 |
| 净利润/万元 | 300.3 | 202.36 | 97.5 |

案例思考题：

计算并分析该公司净资产收益率下降的原因、总资产周转率下降的原因和营业净利率下降的原因。

## 案例四

**案例资料：**

下面 3 个表分别是 ABC 公司 2018 至 2021 年的资产负债表（表 15-9）、2019 至 2021 年的利润表（表 15-10）和现金流量表（表 15-11）（均为合并报表数）。

### 表 15-9 ABC 公司 2018 至 2021 年资产负债表

单位：万元

| 资产 | 2018 年 | 2019 年 | 2020 年 | 2021 年 |
| --- | --- | --- | --- | --- |
| 流动资产： | | | | |
| 货币资金 | 49 082.52 | 38 194.11 | 63 209.13 | 58 225.30 |
| 交易性金融资产 | — | — | — | — |
| 应收票据 | 2 849.41 | 12 527.06 | 18 503.60 | 34 262.51 |
| 应收账款 | 61 533.53 | 62 654.34 | 85 700.91 | 62 282.12 |
| 预付款项 | 53 445.23 | 52 615.57 | 85 014.71 | 99 891.46 |
| 其他应收款 | 28 670.49 | 26 823.67 | 30 544.70 | 24 838.63 |
| 存货 | 53 986.67 | 33 355.40 | 61 521.53 | 60 581.78 |
| 其他流动资产 | — | 139.68 | — | 9 288.38 |
| 流动资产合计 | 249 567.85 | 226 309.83 | 344 494.58 | 349 370.18 |
| 非流动资产： | | | | |
| 长期股权投资 | 21 715.15 | 41 651.32 | 168 523.18 | 170 551.27 |
| 固定资产 | 85 200.31 | 82 078.60 | 149 175.04 | 156 915.45 |
| 在建工程 | 10 975.26 | 32 892.39 | 22 391.03 | 53 668.63 |
| 无形资产 | 10 562.94 | 10 402.02 | 9 510.82 | 8 783.16 |
| 开发支出 | 33.57 | 6.97 | — | — |
| 长期待摊费用 | — | 14.85 | 145.85 | 125.00 |
| 非流动资产合计 | 128 487.23 | 167 046.15 | 349 745.92 | 390 043.51 |
| 资产总计 | 378 055.08 | 393 355.98 | 694 240.50 | 739 413.69 |
| 负债和股东权益 | — | — | — | — |
| 流动负债： | | | | |
| 短期借款 | 27 949.00 | 16 449.00 | 45 420.00 | 90 680.00 |
| 应付票据 | — | — | — | 6 000.00 |
| 应付账款 | 23 725.98 | 26 205.19 | 52 882.29 | 23 266.68 |
| 预收款项 | 6 356.95 | 4 842.80 | 15 581.37 | 5 898.34 |

续表

| 项目 | 2018年 | 2019年 | 2020年 | 2021年 |
|---|---|---|---|---|
| 应付职工薪酬 | 1 982.02 | 2 459.88 | 3 906.16 | 4 554.66 |
| 应交税费 | 6 769.29 | 9 142.83 | 6 771.59 | 6 599.53 |
| 应付股利 | 12 828.30 | 14 159.05 | 26 056.95 | 30 253.80 |
| 其他应付款 | 16 093.57 | 9 507.64 | 10 485.57 | 23 057.73 |
| 其他流动负债 | — | — | 226.73 | — |
| 流动负债合计 | 95 705.11 | 82 766.39 | 161 330.66 | 190 310.74 |
| 非流动负债： | | | | |
| 长期借款 | — | — | — | — |
| 应付债券 | — | — | — | — |
| 长期应付款 | — | 3.25 | — | — |
| 预计负债 | 653.92 | — | — | — |
| 其他非流动负债 | 274.87 | −26.03 | 221.17 | — |
| 非流动负债合计 | 928.79 | −22.78 | 221.17 | — |
| 负债合计 | 96 633.90 | 82 743.61 | 161 551.83 | 190 310.74 |
| 股东权益： | | | | |
| 股本 | 70 178.40 | 86 066.70 | 119 235.50 | 119 873.26 |
| 资本公积 | 151 642.91 | 152 954.07 | 317 301.30 | 317 301.30 |
| 盈余公积 | 32 916.03 | 41 559.70 | 70 461.01 | 88 604.98 |
| 未分配利润 | 26 683.84 | 30 031.90 | 25 690.86 | 23 323.41 |
| 股东权益合计 | 281 421.18 | 310 612.37 | 532 688.67 | 549 102.95 |
| 负债和股东权益合计 | 378 055.08 | 393 355.98 | 694 240.50 | 739 413.69 |

表 15-10　ABC 公司 2019 至 2021 年的利润表

单位：万元

| 项目 | 2019年 | 2020年 | 2021年 |
|---|---|---|---|
| 一、营业收入 | 482 837.80 | 1 144 182.32 | 1 155 352.10 |
| 减：营业成本 | 394 789.78 | 950 884.25 | 1 005 775.06 |
| 税金及附加 | 1 054.68 | 2 926.14 | 725.54 |
| 销售费用 | 5 625.69 | 34 775.08 | 36 477.02 |
| 管理费用 | 44 644.59 | 58 861.16 | 50 923.94 |
| 财务费用 | 951.55 | 1 250.72 | 2 011.07 |

续表

| 项目 | 2019 年 | 2020 年 | 2021 年 |
|---|---|---|---|
| 加：投资收益 | 14 308.33 | -7 343.45 | -8 094.28 |
| 二、营业利润 | 50 079.84 | 88 141.52 | 51 345.19 |
| 加：营业外收入 | 256.52 | 1 827.24 | 2 450.28 |
| 减：营业外支出 | 108.56 | 180.75 | 97.33 |
| 三、利润总额 | 50 227.80 | 89 788.01 | 53 698.14 |
| 减：所得税费用 | 7 818.81 | 28 004.15 | 13 992.17 |
| 四、净利润 | 42 408.99 | 61 783.86 | 39 705.97 |

表 15-11　ABC 公司 2019 至 2021 年的现金流量表

单位：万元

| 项目 | 2019 年 | 2020 年 | 2021 年 |
|---|---|---|---|
| 一、经营活动产生的现金流量 | | | |
| 销售商品、提供劳务收到的现金 | 363 857.28 | 930 530.64 | 670 508.81 |
| 收到的税费返还 | 322.98 | 871.91 | 2 008.61 |
| 收到的其他与经营活动有关的现金 | 40 347.35 | 23 731.88 | 6 081.13 |
| 经营活动现金流入小计 | 404 527.61 | 955 134.43 | 678 598.55 |
| 购买商品、接受劳务支付的现金 | 299 680.02 | 722 148.92 | 553 338.44 |
| 支付给职工及为职工支付的现金 | 14 350.34 | 18 432.16 | 14 698.30 |
| 支付的各项税费 | 18 974.13 | 74 321.88 | 27 756.84 |
| 支付的其他与经营活动有关的现金 | 23 750.56 | 70 043.31 | 43 737.92 |
| 现金流出小计 | 356 755.05 | 884 946.27 | 639 531.50 |
| 经营活动产生的现金流量净额 | 47 772.56 | 70 188.16 | 39 067.05 |
| 二、投资活动产生的现金流量 | | | |
| 收回投资所收到的现金 | — | — | — |
| 取得投资收益所收到的现金 | 530.45 | 530.13 | 5.94 |
| 处置固定资产、无形资产和其他长期资产所收回的现金净额 | 7.50 | 643.00 | — |
| 收到的其他与投资活动有关的现金 | 1 494.11 | 36 887.72 | — |
| 现金流入小计 | 2 032.06 | 38 060.85 | 5.94 |
| 购建固定资产、无形资产和其他长期资产所支付的现金 | 32 222.27 | 45 090.33 | 49 554.67 |
| 投资所支付的现金 | 15 858.40 | 229 505.00 | 16 275.00 |

续表

| 项目 | 2019年 | 2020年 | 2021年 |
|---|---|---|---|
| 支付的其他与投资活动有关的现金 | — | — | — |
| 现金流出小计 | 48 080.67 | 274 595.33 | 65 829.67 |
| 投资活动产生的现金流量净额 | −46 048.61 | −236 534.48 | −65 823.73 |
| 三、筹资活动产生的现金流量 | | | |
| 吸收投资所收到的现金 | 2 242.88 | 175 824.56 | 2 069.45 |
| 取得借款所收到的现金 | 17 649.00 | 68 820.00 | 134 360.00 |
| 收到的其他与筹资活动有关的现金 | 574.93 | — | — |
| 筹资活动现金流入小计 | 20 466.81 | 244 644.56 | 136 429.45 |
| 偿还债务所支付的现金 | 28 699.00 | 39 849.00 | 89 080.00 |
| 分配股利、利润或偿付利息所支付的现金 | 2 932.05 | 12 973.26 | 25 576.59 |
| 支付的其他与筹资活动有关的现金 | 1 448.13 | 460.95 | — |
| 筹资活动现金流出小计 | 33 079.18 | 53 283.21 | 114 656.59 |
| 筹资活动产生的现金流量净额 | −12 612.37 | 191 361.35 | 21 772.86 |
| 四、汇率变动对现金的影响 | | | |
| 五、现金及现金等价物净增加额 | −10 888.42 | 25 015.02 | −4 983.82 |

案例思考题:

假设ABC公司的营业收入中60%为赊销,2019至2021年年末每股股票的收盘价分别为8元、10元和15元,财务费用全都是利息费用,租金是500万元,优先股股利为零,2019至2021年度分配的现金股利分别为20 000万元、30 000万元、10 000万元,发行在外的普通股的加权平均数分别为80 000万股、84 000万股、90 000万股。

请计算ABC公司2019至2021年的偿债能力、营运能力、获利能力和发展能力指标,并尝试综合分析企业的财务状况和发展趋势。

**案例五**

浙江古越龙山绍兴酒股份有限公司（股票代码600059，简称"古越龙山"）于1997年5月在上海证券交易所上市，主要经营黄酒、白酒，是中国黄酒行业第一家上市公司。截至2012年年末，公司资产总额达35.86亿元，归属于上市公司股东的所有者权益24.08亿元；2012年，经营活动现金流量净额7 184万元，全年实现营业收入14.22亿元，同比增长14.15%，归属于上市公司股东的净利润1.91亿元，同比增长12.09%；2012年11月，公司股价连续下跌，至12月3日，跌至每股9.60元，与当年最高价16.24元相比，跌幅达40.89%。

案例思考题：

如何解读古越龙山的财务报表[①]？股东、债权人与管理层如何分析并利用财务报表？影响古越龙山营业收入、净利润及股价的因素是什么？能否通过财务报表分析古越龙山市值下降的原因？

---

① 由于篇幅关系，请读者自行在互联网上下载古越龙山（600059）2011年和2012年的财务报表资料。

## 案例六

华能国际电力股份有限公司（以下简称"华能国际"）的总股本为120.6亿股，2001年在国内发行3.5亿股A股，其中流通股2.5亿股，随后相继在中国香港和纽约上市。在过去的几年中，华能国际通过项目开发和资产收购不断扩大经营规模，保持盈利稳步增长。拥有的总发电装机容量从起初的2 900兆瓦增加到目前的31 747兆瓦。华能国际现全资拥有17座电厂，控股12座电厂，参股5家电力公司，其发电厂设备先进，高效稳定，且广泛地分布于经济发达及用电需求增长强劲的地区。目前，华能国际已成为中国最大的独立发电公司之一。华能国际2018—2020年资产负债简表如表15-12所示。

表15-12 华能国际2018—2020年资产负债简表

单位：万元

| 项目 | 年度 | | |
|---|---|---|---|
| | 2020年12月31日 | 2019年12月31日 | 2018年12月31日 |
| 应收账款 | 2 863 386.18 | 2 535 193.75 | 2 465 775.77 |
| 存货 | 660 245.90 | 888 318.31 | 954 369.12 |
| 流动资产合计 | 6 613 763.13 | 6 077 509.19 | 6 179 906.75 |
| 固定资产 | 24 370 196.45 | 24 055 022.57 | 24 631 744.68 |
| 资产总计 | 43 820 575.24 | 41 359 654.47 | 40 344 145.68 |
| 应付账款 | 1 459 594.78 | 1 253 224.53 | 1 247 470.48 |
| 流动负债合计 | 15 404 809.06 | 14 162 040.98 | 13 820 621.60 |
| 非流动负债合计 | 14 268 230.79 | 15 468 729.08 | 16 344 904.16 |
| 负债总计 | 29 673 039.85 | 29 630 770.06 | 30 165 525.76 |
| 股本 | 1 569 809.34 | 1 569 809.34 | 1 569 809.34 |
| 未分配利润 | 3 124 835.24 | 3 070 796.01 | 3 080 167.10 |
| 股东权益总计 | 14 147 535.39 | 11 728 884.41 | 10 178 619.92 |

案例思考题：

试根据华能国际2018—2020年资产负债简表的数据，分析华能国际的财务状况。

# 第十六章 企业设立、变更与清算

一、单项选择题

1. 下列各项中，属于加盟创业的优势的是（　　）。
   A. 员工在企业内部创业有"大树底下好乘凉"的优势，可获得企业多方面的支援
   B. 利益共享、风险共担
   C. 门槛低、成本少、风险小、方式灵活
   D. 无须放弃本职工作，还可充分利用在工作中积累的商业资源和人脉关系进行创业，从而实现鱼和熊掌兼得的梦想，且进退自如、创业风险较低

2. 有限责任公司的注册资金最低限额为（　　）。
   A. 人民币 5 亿元　　　　　　　　B. 人民币 3 万元
   C. 人民币 5 000 万元　　　　　　D. 人民币 50 万元

3. 有限责任公司全体股东的首次出资额不得低于注册资金的（　　）。
   A. 20%　　　B. 10%　　　C. 30%　　　D. 40%

4. 下列不属于合伙企业的特征是（　　）。
   A. 各合伙人共享企业财产
   B. 在债务清偿义务上各合伙人间负有连带有限责任
   C. 在债务清偿义务上各合伙人间负有连带无限责任
   D. 在业务上各合伙人间具有相互代理关系

5. 小企业以材料物资方式投入资金，应当按照（　　）入账。
   A. 材料物资的评估确认价值　　　B. 材料物资的账面余额
   C. 材料物资的账面价值　　　　　D. 材料物资的公允价值

6. 高强公司收到甲公司投资转入的一项固定资产，投出单位的账面价值为 120 000 元，经双方议定的价值为 10 000 元，则高强公司固定资产的入账价值为（　　）元。
   A. 120 000　　　B. 110 000　　　C. 2 000　　　D. 20 000

7. 百盛公司收到国家投入企业的资金 1 500 万元，百叶公司投入资金 980 万元，李林个人投资 820 万元，共计人民币 3 300 万元，全部存入百盛公司账户。则百盛公司应确认实收资金的金额为（　　）万元。

　　A. 880　　　　　B. 980　　　　　C. 1 500　　　　　D. 3 300

8. 税务登记要求在领到营业执照后（　　）天内办理。

　　A. 20　　　　　B. 30　　　　　C. 40　　　　　D. 10

9. 下列不属于办理税务登记证需要的资料的是（　　）。

　　A. 法人代码证书副本　　　　　　B. 法人身份证复印件

　　C. 公章、财务章　　　　　　　　D. 营业执照副本

10. 股份有限公司注册资金最低限额为（　　）。

　　A. 人民币 50 万元　　　　　　　B. 人民币 5 万元

　　C. 人民币 600 万元　　　　　　 D. 人民币 500 万元

## 二、多项选择题

1. 下列关于公司制企业的表述正确的有（　　）。

　　A. 公司是独立的法人

　　B. 公司的债务与股东自身债务无关

　　C. 公司股权可以转让

　　D. 公司最初的投资者退出后仍然可以继续存在

2. 下列属于有限责任公司股东出资方式的有（　　）。

　　A. 货币出资　　B. 实物　　C. 知识产权　　D. 劳务

3. 下列选项中，属于合伙企业中合伙人出资方式的有（　　）。

　　A. 劳务　　　B. 土地使用权　　C. 知识产权　　D. 货币

4. 下列选项属于合伙企业特征的有（　　）。

　　A. 各合伙人共享企业财产

　　B. 在债务清偿义务上各合伙人间负有连带有限责任

　　C. 在债务清偿义务上各合伙人间负有连带无限责任

　　D. 在业务上各合伙人间具有相互代理关系

5. 股份有限公司普通股股东的基本权利有（　　）。

　　A. 账簿查阅权　　　　　　　　　B. 优先认股权

　　C. 表决权　　　　　　　　　　　D. 收益分配权

## 三、判断题

1. 有限合伙企业由普通合伙人和有限合伙人组成。普通合伙人对合伙企业债务不承担无限连带责任，有限合伙人以其认缴的出资额为限对合伙企业债务承担责任。（　　）

2. 合伙企业中合伙人以劳务出资的，其评估办法由工商部门确定，并应在合伙协议中载明。                              (    )

3. 股票发行的程序包括三个阶段：（1）投资者填写认购书；（2）投资者一次或分次缴纳认股款；（3）股份有限公司向投资者签发股票。              (    )

4. 合伙企业是指至少三个投资者按照协议共同投资、共同经营、共担风险、承担无限债务清偿责任的企业。                                    (    )

5. 合伙企业和独资企业类似，其主要差别在于：合伙企业是由两个或两个以上的合伙人共同投资经营的。                                    (    )

# 第十七章　企业并购财务管理

一、单项选择题

1. 企业与在生产过程中与其密切联系的供应商或客户的合并称为（　　）。
   A. 横向并购　　　B. 纵向并购　　　C. 混合并购　　　D. 善意并购

2. 处于同一行业、生产同类产品的竞争对手之间的并购称为（　　）。
   A. 横向并购　　　B. 纵向并购　　　C. 混合并购　　　D. 善意并购

3. 既非竞争对手又非现实中或潜在的客户或供应商的企业之间的并购称为（　　）。
   A. 横向并购　　　B. 纵向并购　　　C. 混合并购　　　D. 善意并购

4. 某航空公司收购一家旅行社，这种并购属于（　　）。
   A. 横向并购　　　B. 纵向并购　　　C. 混合并购　　　D. 善意并购

5. 深圳康佳集团以合资控股的方式并购了牡丹江电视机厂，这种并购属于（　　）。
   A. 横向并购　　　B. 纵向并购　　　C. 混合并购　　　D. 善意并购

6. 某钢铁集团收购某石油公司，这种并购属于（　　）。
   A. 横向并购　　　B. 纵向并购　　　C. 混合并购　　　D. 善意并购

7. 生产彩管的深圳赛格集团通过协议控股彩电生产公司——深圳华发电子股份有限公司，又通过收购生产彩显玻壳的中康玻璃公司，这种并购方式属于（　　）。
   A. 横向并购　　　B. 纵向并购　　　C. 混合并购　　　D. 善意并购

8. 下列不是杠杆收购现金的来源的是（　　）。
   A. 普通股　　　B. 可转换债券　　　C. 记名债券　　　D. 同业拆借

9. 按照并购双方是否友好协商来划分，企业并购方式有（　　）。
   A. 横向并购和纵向并购　　　B. 杠杆收购和管理层收购
   C. 善意并购和敌意并购　　　D. 现金购买和换股并购

10. 使得并购最终能够实现"1+1>2"，成为并购创造价值的源泉所在的是（　　）。

A. 并购整合　　　B. 杠杆收购　　　C. 管理层收购　　　D. 横向并购

## 二、多项选择题

1. 按并购的实现方式，并购可以分为（　　）。
   A. 整体并购　　　　　　　　　B. 承担债务式并购
   C. 现金购买式并购　　　　　　D. 股份交易式并购
2. 按并购双方成品与产业的联系划分，并购可分为（　　）。
   A. 横向并购　　　B. 纵向并购　　　C. 混合并购　　　D. 恶意并购
3. 并购可能给企业带来的好处有（　　）。
   A. 实现规模经济效益　　　　　B. 降低交易费用
   C. 提高市场份额　　　　　　　D. 多元化经营
4. 企业并购风险有（　　）。
   A. 法律风险　　　B. 政治环境风险　　C. 信息风险　　　D. 行业环境风险
5. 并购整合的内容主要包括（　　）。
   A. 战略整合　　　B. 产业整合　　　C. 存量资产整合　　　D. 管理整合

## 三、判断题

1. 在吸收合并中，原有相关企业的法人资格均会消失。　　　　　　　　（　　）
2. 管理层收购与杠杆收购的区别在于它的并购者是目标企业的管理层。
   　　　　　　　　　　　　　　　　　　　　　　　　　　　　　　　（　　）
3. 一般在并购活动中，目标企业的股东都会获得大量的正收益。　　　（　　）
4. 杠杆收购是收购公司完全依赖借债筹资，以取得目标公司的控制权。
   　　　　　　　　　　　　　　　　　　　　　　　　　　　　　　　（　　）
5. 公司兼并和收购在本质上都是公司所有权或产权的有偿转让。　　　（　　）

## 四、计算题

大华公司是一家生物工程公司，2020年每股营业收入为12.4元，每股净收益为3.1元，每股资金性支出为1元，每股折旧为0.6元。预期该公司在今后5年内将高速增长，预期每股收益的增长率为30%，资金性支出、折旧和营运资金同比例增长，收益留存比率为100%，$\beta$为1.3，国债利率为7.5%，20×0年营运资金为收入的20%，负债比率保持在60%。5年后公司进入稳定增长期，预期增长率为6%，即每股收益和营运资金按6%的速度增长，资金性支出可以由折旧来补偿，$\beta$为1。该公司发行在外的普通股共3 000万股。市场平均风险报酬率为5%。估计该公司的股权价值。

五、思考题

1. 你认为收购一家上市公司，采取哪种价值评估方法更合理？

2. 在采用现金流量折现法评估公司价值时应当注意哪些问题？

3. 联系我国企业的实际情况，分析企业发生财务危机的原因有哪些。

4. 企业发生财务危机之前可能会存在哪些征兆？

六、实训题

诺贝尔经济学奖获得者乔治·斯蒂格勒认为："没有一家美国大公司不是通过某种程度、某种方式的并购成长起来的，几乎没有一家大公司是完全依靠内部扩张成长起来的。"

讨论与思考：

结合乔治·斯蒂格勒的观点，比较分析公司并购与内部扩张式成长两种扩张方式的利弊。

**七、案例分析题**

2018年8月13日，阅文集团（股票代码：00772.HK）发布公告，拟以不超过155亿元的价格，收购新丽传媒100%股权，结算方式为现金加股权。

阅文集团由腾讯文学与原盛大文学整合而成，成立于2015年。作为知名正版数字阅读平台和文学IP培育平台，已成功输出《鬼吹灯》《盗墓笔记》《琅琊榜》《全职高手》《扶摇皇后》《将夜》《庆余年》等网文IP，改编为影视、动漫、游戏等多业态产品。

新丽传媒创立于2007年，主要从事电视剧、网络剧及电影的制作和发行，主要作品包括《我的前半生》《白鹿原》《女医明妃传》《余罪》等，参与电影包括《悟空传》《情圣》《夏洛特烦恼》等。

新丽传媒的股份主要掌握在管理层和腾讯手中。管理层所持新丽传媒的股份作价102.1亿元，以现金加股权结算。交易完成后，新丽传媒创始人曹华益将通过旗下公司持有阅文集团2.24%的股权，新丽传媒其他股东将持有阅文集团1.45%的股权。腾讯所持新丽传媒的股份作价52.9亿元，以股权结算。

值得一提的是，腾讯同时也是阅文集团的大股东，此次收购后，腾讯对阅文集团的持股将进一步增加至54.34%。

案例思考题：

（1）阅文集团收购新丽传媒的支付方式包括哪些？对企业将产生什么影响？

（2）此次并购可能会对有关各方产生什么影响？

# 部分习题参考答案

## 第一章 总 论

**一、单项选择题**

1. A  2. A  3. C  4. D  5. D  6. B  7. C  8. B  9. C  10. D

**二、多项选择题**

1. ABC  2. ABCD  3. ABCD  4. AC  5. ABD

**三、判断题**

1. 错  2. 错  3. 错  4. 对  5. 错

**四、实训题**

答：（1）赵丽扮演着财务管理者、决策者和战略目标规划师的角色。作为财务总监，她要充分理解企业战略、总体目标及各部门情况，清晰绘制企业为实现战略而要得到的短期目标、采取的步骤和经营方针。作为资金流动的掌舵人，她要对公司的收入和支出情况有全面和总体的把握，对出现的偏差能够督促责任单位找出原因，提出解决措施。作为业绩评价的执行人，需对预算执行情况全面掌控、调整并分析，深入了解各个岗位的任务完成情况。作为资源配置家，她要了解行业，了解商业运营模式，了解项目风险与可行性，了解消费者价值取向和市场竞争情况，了解企业的资源整合能力，了解政策与宏观环境，甚至要了解在某个领域的具体服务或者产品的市场份额，并知晓相关数据支撑决策。

（2）第一，岗位不同，职责不同。会计部主要负责处理日常会计业务，对企业经济活动进行会计核算和监督，包括税收管理、成本会计、财务会计、数据处理；财务部需对资金的收支、运用等方面进行安排、计划、协调和监督，主要负责企业的资金预算、筹资决策、投资决策、现金管理、信用管理、股利决策、计划控制和分析及处理财务关系等工作。

第二，依据不同。会计部核算的依据是国家的统一会计制度、会计政策；财务部进行财务管理的依据则是在国家政策、法律允许范围内，根据单位管理层的意图，由本单位制定内部财务管理方法，享有独立的理财自主权、自主决策权。

第三，工作内容和侧重点不同。会计部着重于根据企业日常业务填写会计凭证、登记账簿、编制财务报表，向企业外部报告企业财务状况与经营成果；财务部则需对会计数据进行整理、分析，以便向企业内部管理者提供信息资料进行决策。

第四，面向的时间范围不同。会计面向过去，必须以过去的交易或事项为依据，对过去的交易或事项进行确认和记录；财务注重未来，在对历史资料和现实状况进行分析，以及对未来情况做出预测和判断的基础上，侧重对未来的预测和决策。

第五，工作程序不同。会计部须执行固定的会计循环程序，从制作凭证到登记账簿，直至编报财务报告，都须按规定的程序处理，不得随意变更其工作内容或颠倒工作顺序，不同企业的会计工作程序也大同小异；财务部工作的程序往往没有固定流程可以遵循，企业可根据实际情况设计财务工作的流程。因此，不同企业间财务工作有较大差异。

## 第二章 财务管理目标和财务管理环境

**一、单项选择题**

1. C 2. D 3. D 4. B 5. C 6. C 7. A 8. C 9. A 10. A

**二、多项选择题**

1. BD 2. ABCD 3. AD 4. ABC 5. ABC

**三、判断题**

1. 错 2. 错 3. 错 4. 错 5. 对

**四、思考题**

1. 答：（1）就苏州而言，作为新一线城市，经济总量迈上新台阶，第三产业的增势尤为迅猛，苏州的经济发展水平提升迅速。但在产业转型升级，金融危机时代的背景下，市场具有不稳定性，对于评估市场风险与价值的困难也日益增加。因此，维持企业持续经营而后更好地实现企业价值的前提就需充分考虑公司价值的增加形式并时刻考虑货币时间价值，以及相应的风险报酬之间的关系。同时，尽可能避免过多的市场干扰，有效规避企业的短期行为，做到在企业长期稳定发展的前提下，尽可能满足各方的利益关系。股东财富最大化和企业价值最大化目标考虑了货币时间价值以及风险与报酬的关系，尽可能避免短期行为，与其他财务管理目标相比，更符合近年来苏州的发展趋势，最能反映企业的价值目标。

（2）第一，注重现金净流量最佳化。后金融危机时代背景下，企业的获利能力、现金支付能力尤其重要，企业应以保持足够的现金支付能力作为财务管理的重要目标，全力以赴开拓市场，严格控制资金性支出，寻找低成本融资渠道，有效控制成本开支。企业当前应更加注重经营活动现金流的监控和管理，避免现金流在日常营运活动中出现沉淀，影响现金的流通，从而造成现金流不足的假象。

第二，注重资源价值链价值最大化。传统的财务管理主要是针对企业内部财务进行有效管理，但对企业外部资源的利用非常有限，而在全球经济发展的今天，企业财务管理不仅要管理好企业自身资源,同时要利用好企业外部资源,在企业发展中建立起价值链和产业群,和上下游企业建立良好的合作机制,既有竞争也有合作,通过协作实现企业内部财务管理价值最大化及营造企业间的良好发展环境,最终实现整个价值链财务管理价值的最大化。

第三,注重内部控制体系最优化。后金融危机时代背景下,风险管理与防范对企业生存和发展非常重要。企业需要根据实际情况,建立行之有效的内部控制体系,不断完善企业的资金管理制度、业务流程制度、成本控制制度,健全管理制约制度,保护企业资产的安全、完整与有效运用。如果说常态环境的企业财务管理侧重于对风险和收益的有效权衡,那么在后金融危机时代,控制风险将成为企业财务管理的重要目标。企业只有不断完善内部控制体系,提升全面风险管理能力,将经营风险和资金风险控制在承受能力范围之内,才能有效应对市场环境的变化。

2. 略。

### 五、实训题

1. 答:(1)总裁作为公司的首席执行官,全面负责公司的生产经营;总裁下设副总裁,负责不同部门的经营与管理;按业务性质来说,一般需要设置生产、财务、营销、人事等部门,各部门总监直接向副总裁负责。

(2)财务管理的目标:股东财富最大化。在实施这一目标的过程中,可能遇到委托代理关系产生的利益冲突,以及正确处理公司社会责任的问题。针对股东与管理层的代理问题,可以通过一套激励、约束与惩罚机制来协调解决。针对股东与债权人可能产生的冲突,可以通过保护性条款惩罚措施来限制股东的不当行为。公司应树立良好的社会责任价值观,通过为职工提供合理的薪酬、良好的工作环境,为客户提供合格的产品和优质的服务,承担必要的社会公益责任等行为来实现股东财富与社会责任并举。

(3)公司主要的财务活动:筹资、投资、运营和分配。在筹资时,财务人员应处理好筹资方式的选择及不同方式筹资比率的关系,既要保证资金的筹集能满足企业经营与投资所需,还要使筹资成本尽可能低,筹资风险可以掌控;在投资时,要分析不同投资方案的资金流入与流出,以及相关的报酬与回收期,尽可能将资金投放在报酬最高的项目上,同时有应对风险的能力;在经营活动中,财务人员需重点考虑如何加速资金的周转、提高资金的利用效率;在分配活动中,财务人员要合理确定利润的分配与留存比例。

(4)金融市场可以为公司提供筹资和投资的场所、提供长短期资金转换的场所、提供相关的理财信息。金融机构主要包括:商业银行、投资银行、证券公司、保险公司,以及各类基金管理公司。

(5)市场利率的构成因素主要包括三部分:纯利率、通货膨胀补偿、风险报酬。纯利率是指在没有风险和没有通货膨胀情况下的均衡利率，通常以无通货膨胀情况下的无风险证券利率来代表纯利率；通货膨胀情况下，资金的供应者必然要求提高利率水平来补偿购买力的损失，所以"短期无风险证券利率=纯利率+通货膨胀补偿"；在通货膨胀的基础上，违约风险、流动性风险、期限风险是影响利率的风险报酬因素。违约风险大、流动性差、期限长都会导致利率水平上升。违约风险产生的原因是债务人无法按时支付利息或偿还本金；流动性风险产生的原因是资产转化为现金能力的差异；期限风险则与负债期限的长短密切相关，期限越长，债权人承受的不确定因素越多，风险越大。

2. 略。

3. 略。

4. 略。

5. 略。

六、案例分析题

略。

# 第三章 资金时间价值

一、单项选择题

1. B  2. C  3. C  4. C  5. D  6. C  7. C  8. D  9. D  10. D

二、多项选择题

1. ABCD  2. ABCD  3. AC  4. ABD  5. AB

三、判断题

1. 对  2. 对  3. 对  4. 错  5. 错

四、计算题

1. $P = 1\,000 \div (1 + 2\% \times 5) \approx 909.09(元)$

2. $F = 10\,000 \times (F/P, 6\%, 3) = 10\,000 \times 1.191\,0 = 11\,910(元)$

3. $P = F \times (P/F, i, n) = 10\,000 \times (P/F, 10\%, 5) = 10\,000 \times 0.620\,9 = 6\,209(元)$

4. $F = A \times (F/A, i, n) = 500 \times (F/A, 5\%, 8) = 500 \times 9.549\,1 = 4\,774.55(元)$

5. $P = A \times (P/A, i, n) = 10\,000 \times (P/A, 5\%, 3) = 10\,000 \times 2.723\,2 = 27\,232(元)$

6. $F = 2\,000 \times [(F/A, 9\%, 11) - 1] = 2\,000 \times (17.56 - 1) = 33\,120(元)$

7. $P = A \times [(P/A, i, n-1) + 1] = 200 \times [(P/A, 10\%, 5) + 1]$
   $= 200 \times (3.790\,8 + 1) = 958.16(元)$

8. 方法一：
$P = A \times (P/A, 10\%, 5) \times (P/F, 10\%, 5) = 5\,000 \times 3.7908 \times 0.620\,9 \approx 11\,768.54(元)$

方法二：
$P = A \times [(P/A, 10\%, 10) - (P/A, 10\%, 5)] = 5\,000 \times (6.144\,6 - 3.790\,8) = 11\,769(元)$

9. $P = 10\ 000 \div 10\% = 100\ 000(元)$

10. $FV_2 = PV(1+i)^n = 10\ 000 \times (1+10\%)^2 = 10\ 000 \times 1.21 = 12\ 100(元)$

11. $PV = FV(1+i)^{-n} = 120\ 000 \times (1+5\%)^{-3} \approx 120\ 000 \times 0.864 = 103\ 680(元)$

12. $FVA_n = 80\ 000 \times (F/A, 5\%, 5) = 80\ 000 \times 5.526 = 442\ 080(元)$

13. $A = 600\ 000 \div (F/A, 10\%, 10) = 600\ 000 \div 15.937 \approx 37\ 648.24(元)$

14. $PVA_n = 50\ 000 \times (P/A, 6\%, 10) = 50\ 000 \times 7.360 = 368\ 000(元)$

通过计算可知，租赁费用的现值是 368 000 元，高于该设备目前的市场价值，大河公司租赁该设备不合算。

15. $A = PVA_n \div (P/A, 10\%, 8) = 3\ 500 \div 5.335 \approx 656.04(万元)$

16. $FVA_n = 90\ 000 \times [(F/A, 6\%, 5+1) - 1] = 90\ 000 \times (6.975 - 1)$
    $= 537\ 750(元)$

17. $PVA_n = 80\ 000 \times [(P/A, 6\%, 20-1) + 1] = 80\ 000 \times (11.158 + 1)$
    $= 972\ 640(元)$

18. 方法一：

第一步，计算 15 期的普通年金现值。

$PVA_n = 5\ 000 \times (P/A, 6\%, 15) = 5\ 000 \times 9.712 = 48\ 560(万元)$

第二步，将已计算的普通年金现值用复利折现到第 1 期期初。

$PVA_n = 48\ 560 \times (P/F, 6\%, 3) = 48\ 560 \times 0.840 = 40\ 790.4(万元)$

方法二：

第一步，计算出总共 18 期的年金现值。

$PVA_n = 5\ 000 \times (P/A, 6\%, 18) = 5\ 000 \times 10.828 = 54\ 140(万元)$

第二步，计算前 3 期年金现值。

$PVA_n = 5\ 000 \times (P/A, 6\%, 3) = 5\ 000 \times 2.673 = 13\ 365(万元)$

第三步，将计算出的 18 期年金现值扣除前 3 期的年金现值，得出 15 期年金现值。

$PVA_n = 5\ 000 \times (P/A, 6\%, 18) - 5\ 000 \times (P/A, 6\%, 3)$
$= 54\ 140 - 13\ 365 = 40\ 775(万元)$

19. $PVA = A/i = 10/5\% = 200(万元)$

20. $FVA_n = 1\ 000 \times (1+5\%)^4 + 2\ 000 \times (1+5\%)^3 + 3\ 000 \times (1+5\%)^2 +$
    $\qquad 2\ 000 \times (1+5\%)^1 + 4\ 000$
    $\approx 1\ 000 \times 1.216 + 2\ 000 \times 1.158 + 3\ 000 \times 1.103 + 2\ 000 \times 1.050 + 4\ 000$
    $= 12\ 941(万元)$

通过计算可知，该公司第 5 年年末可用于进行设备更新换代的资金总额为 12 941 万元。

21. $PVA_n = 100\times(1+5\%)^{-1} + 110\times(1+5\%)^{-2} + 130\times(1+5\%)^{-3} +$
$\qquad 150\times(1+5\%)^{-4} + 200\times(1+5\%)^{-5}$
$\qquad \approx 100\times0.952 + 110\times0.907 + 130\times0.864 + 150\times0.823 + 200\times0.784$
$\qquad = 587.54(万元)$

通过计算可知，该公司现在需预存的资金总额为 587.54 万元。

22. （1）按年复利的终值 $= 30\,000\times(1+12\%) = 33\,600(元)$
（2）按半年复利的终值 $= 30\,000\times[1+(12\%/2)]^2 = 33\,708(元)$
（3）按季复利的终值 $= 30\,000\times[1+(12\%/4)]^4 \approx 33\,765(元)$

23. $50\,000 = 10\,000\times(P/A, i, 10)$
$\qquad (P/A, i, 10) = 5$

查年金现值系数表，期数 10 期，当利率为 14% 时，系数是 5.216；当利率为 16% 时，系数是 4.833。因此，判断利率应为 14%~16%，设利率为 $x$，用内插法计算 $x$ 值。

$(16\%-14\%)\div(4.833-5.216) = (16\%-x)\div(4.833-5)$

解得：$x \approx 15.1279\%$

24. （1）$F = P\times(1+i)^3 = 10\,000\times(1+4\%)^3 \approx 10\,000\times1.1249 = 11\,249(元)$
或：$F = P\times(F/P, 4\%, 3) = 10\,000\times1.1249 = 11\,249(元)$
（2）$F = P\times(F/P, 1\%, 12) = 10\,000\times1.1268 = 11\,268(元)$

25. $P = F\times(1+i)^{-3} = 5\,000\times(1+3\%)^{-3} \approx 5\,000\times0.9151 = 4\,575.5(元)$
或：$P = F\times(P/F, 3\%, 3) = 5\,000\times0.9151 = 4\,575.5(元)$

26. 本利和：$F = P\times(F/P, i, n) = 100\,000\times(F/P, 3\%, 16)$
$\qquad\qquad = 100\,000\times1.6047 = 160\,470(元)$

复利息：$I = 160\,470 - 100\,000 = 60\,470(元)$

实际利率：$i = (1+6\%/2)^2 - 1 = 6.09\%$

27. $F = A\times(F/A, i, n) = 1\,000\times(F/A, 2\%, 9) = 1\,000\times9.7546 = 9\,754.6(元)$

28. $A = F\div(F/A, 1\%, 24) = 100\,000\div26.973 \approx 3\,707.41(元)$

29. （1）$P = A\times(P/A, i, n) = 5\,000\times(P/A, 7\%, 20) = 5\,000\times10.5940 = 52\,970(元)$
（2）$P = A\times(P/A, i, n) = 5\,000\times(P/A, 4\%, 20) = 5\,000\times13.5903 = 67\,951.5(元)$

30. $A = P\div(P/A, 12\%, 10) = 1\,000\div5.6502 \approx 177(万元)$

31. $P = A\times(P/A, 8\%, 10)\times(1+8\%) = 10\,000\times6.7101\times(1+8\%) \approx 72\,469(元)$
或：$P = A\times[(P/A, 8\%, 10-1)+1] = 10\,000\times(6.2469+1) = 72\,469(元)$

32. 方法一：
（1）将前 3 年的资金流出看作 3 期的预付年金，计算第 3 年年末的终值
$F = 300\times(F/A, 8\%, 3)\times(1+8\%) = 300\times3.2464\times1.08 \approx 1\,051.83(万元)$
（2）将后 10 年的资金流入看作 10 期的普通年金，计算其第 3 年年末的现值
$P = 100\times(P/A, 8\%, 10) = 100\times6.7101 = 671.01(万元)$

(3) 671.01<1 051.83

由于该项目的现金流出大于现金流入,所以项目不可行。

方法二:

(1) 计算3期预付年金的现值

$P=A\times[(P/A,8\%,3-1)+1]=300\times(1.7833+1)=834.99(万元)$

(2) 利用两次折现的方法,计算递延年金的现值

$P=100\times(P/A,8\%,10)\times(P/F,8\%,3)=100\times6.7101\times0.7938\approx532.65(万元)$

(3) 532.65<834.99

由于该项目的现金流出大于现金流入,所以该项目不可行。

33. 方法一:先假设递延期也发生现金流入,则递延年金演变成7期普通年金,求出7期普通年金现值,再扣除递延期2期的普通年金现值。

$P=500\times(P/A,10\%,7)-500\times(P/A,10\%,2)=1566.45(万元)$

方法二:先求出5期普通年金的现值,该现值应在递延期末,即第2年年末,然后再将此现值调整到第1期期初,该方法共经过两次折现。

$P=500\times(P/A,10\%,5)\times(P/F,10\%,2)=1566.36(万元)$

方法三:先求出5期普通年金在第7年年末的终值,再将该终值折算为现值。

$P=500\times(F/A,10\%,5)\times(P/F,10\%,7)=1566.57(万元)$

34. $P=A\div i=50\div8\%=625(万元)$

35. $F=P\times(F/P,i,5)$

  $48315=30000\times(F/P,i,5)$

  $(F/P,i,5)=48315\div30000=1.6105$

查复利终值系数表,在 $n=5$ 一行上找到复利终值系数1.6105,该系数对应的利率为10%。因此,当利率为10%时,才能使王先生5年后美梦成真。

36. 第7年年底可以从账户中取出的钱为

$FV_7=10000\times FVIFA_{12\%,4}\times FVIF_{12\%,3}$

  $=10000\times4.779\times1.405=67144.95(元)$

37. 张华能获得的所有收入的现值是

$PV=5+10(1+10\%)\times(P/F,12\%,1)+10(1+4\%)(1+10\%)\times(P/F,12\%,2)+$

  $10(1+4\%)^2(1+10\%)\times(P/F,12\%,3)$

  $\approx5+11\times0.893+11.44\times0.797+11.898\times0.712$

  $\approx32.4(万元)$

38. 每年节约的员工交通费按年金折现后为

$PV=45000\times(P/A,12\%,8)=45000\times4.968=233560(元)$

大于购置面包车的成本,因此应该购置面包车。

39. 年利率为12%,则季利率为3%,计息次数为4。则有:

$PV = 1\,000 \times (P/F, 3\%, 4) = 1\,000 \times 0.888 = 888(元)$

40. （1）设每年年末还款 $A$ 万元，则有

$A \times (P/A, 16\%, 8) = A \times 4.344 = 5\,000(万元)$

求解得 $A \approx 1\,151.01$ 万元

（2）年金现值系数 $= 5\,000/1\,500 \approx 3.333$

3.333 介于 5 年到 6 年之间，因为每年年末归还借款，所以需要 6 年才能还清。

41. $P/(P/A, i, n) = 1\,000/(P/A, 10\%, 20) = 1\,000/8.514 \approx 117.4536(万元)$

42. （1）投资额的现值 $P = 500 + 500/(1+10\%) \approx 954.55(万元)$

（2）收益额的现值 $= 10 \times (P/A, 10\%, 3) \times (P/F, 10\%, 2)$
$= 10 \times 2.487 \times 0.826 \approx 20.54(万元)$

### 五、实训题

答：要解决上述问题，主要是比较周教授每年年初收到 20 万元住房补贴的现值与售房 76 万元的大小问题。

（1）由于每年年初发放住房补贴，因此对周教授来说是一个预付年金，其现值计算如下

$P = 20 \times [(P/A, 2\%, 5-1) + 1] = 20 \times (3.8077 + 1) = 20 \times 4.8077 = 96.154(万元)$

从这一点来说，周教授应该接受住房补贴。

（2）在投资回报率为 32% 的条件下，每年 20 万元的住房补贴现值为

$P = 20 \times [(P/A, 32\%, 5-1) + 1] = 20 \times (2.0957 + 1) = 20 \times 3.0957 = 61.914(万元)$

在这种情况下，周教授应接受住房。

### 六、案例分析题

**案例一：**

1. 7 年时间有 365 周，所以有

$6 \times (1+1\%)^{\frac{365 \times 7}{7}} \times (1+8.54\%)^{21} = 1\,267.182(亿美元)$

2. 如果利率为每周 1%，按复利计算，6 亿美元增加到 12 亿美元需要 70 周，增加到 1\,000 亿美元需要 514.15 周。

3. 本案例对我的启示是：货币时间价值是一个非常重要的因素，不容忽视。

**案例二：** 略。

**案例三：** 略。

## 第四章　投资收益和风险分析

### 一、单项选择题

1. A　2. B　3. A　4. B　5. A　6. D　7. A　8. C　9. A　10. D

### 二、多项选择题

1. AB　2. ABD　3. ABCD　4. AC　5. ABD

### 三、判断题

1. 对  2. 错  3. 错  4. 对  5. 错

### 四、计算题

1. 股票投资的收益率($K$) = (25−20+2)÷20×100% = 35%

2. 债券的收益率($K$) = (1 150−1 000+1 000×5%)÷1 000×100% = 20%

3. 组合投资的收益率($K$) = 50%×10%+50%×12% = 11%

4. 投资组合的 $\beta$ 系数 = 20%×0.4+30%×0.6+10%×1.6+40%×0.7 = 0.7

5. $\delta^2$ = 30%²×14%²+70%²×22%²+2×30%×70%×0.5×14%×22% ≈ 3.19%
   $\delta$ ≈ 17.87%

6. 投资组合的必要收益率($K$) = 5%+1.5×(13%−5%) = 17%

7. 东盛公司股票的预期收益率 = 90%×0.2+20%×0.6+(−70%)×0.2 = 16%
   金丰公司股票的预期收益率 = 25%×0.2+15%×0.6+10%×0.2 = 16%

8. A 股票的平均收益率 = (26%+11%+15%+27%+21%+32%)÷6 = 22%
   B 股票的平均收益率 = (13%+21%+27%+41%+22%+32%)÷6 = 26%

9. (1) A 方案预期收益率 = 0.3×30%+0.5×15%+0.2×(−5%) = 15.5%
      B 方案预期收益率 = 0.3×40%+0.5×15%+0.2×(−15%) = 16.5%

(2) A 方案预期收益率的标准差 = $\sqrt{(30\%-15.5\%)^2 \times 30\% + (15\%-15.5\%)^2 \times 50\% + (-5\%-15.5\%)^2 \times 20\%}$ = 12.13%

   B 方案预期收益率的标准差 = $\sqrt{(40\%-16.5\%)^2 \times 30\% + (15\%-16.5\%)^2 \times 50\% + (-15\%-16.5\%)^2 \times 20\%}$ ≈ 16.10%

(3) A 方案预期收益率的标准离差率 = 12.13%÷15.5% ≈ 78.26%
    B 方案预期收益率的标准离差率 = 16.10%÷16.5% ≈ 97.58%

因为预期收益率不同，所以应根据标准离差率来判断项目风险，由于 A 项目的标准离差率小于 B 项目，所以 A 项目的风险小于 B 项目。

10. $E$ = 0.25×12%+0.25×30%+0.25×15%+0.25×8% = 16.25%

11. $\beta$ = 20%×2.5+30%×1.2+50%×0.5 = 1.11

12. (1) ① 三个项目预期收益率的标准差分别为

$E(R_A)$ = 2 000÷10 000×0.2+1 000÷10 000×0.5+500÷10 000×0.3 = 10.5%

$E(R_B)$ = 3 000÷10 000×0.2+1 000÷10 000×0.5−500÷10 000×0.3 = 9.5%

$E(R_C)$ = 4 000÷10 000×0.2+500÷10 000×0.5−1 000÷10 000×0.3 = 7.5%

$\sigma_A = \sqrt{(20\%-10.5\%)^2 \times 0.2 + (10\%-10.5\%)^2 \times 0.5 + (5\%-10.5\%)^2 \times 0.3} \approx 5.22\%$

$\sigma_B = \sqrt{(30\%-9.5\%)^2 \times 0.2 + (10\%-9.5\%)^2 \times 0.5 + (-5\%-9.5\%)^2 \times 0.3} \approx 12.13\%$

$\sigma_C = \sqrt{(40\%-7.5\%)^2 \times 0.2 + (5\%-7.5\%)^2 \times 0.5 + (-10\%-7.5\%)^2 \times 0.3} = 17.5\%$

② 三个项目收益率的标准离差率分别为

$CV_A = 5.22\% \div 10.5\% \approx 0.50$

$CV_B = 12.13\% \div 9.5\% \approx 1.28$

$CV_C = 17.5\% \div 7.5\% \approx 2.33$

因为 C 项目的标准离差率最大，风险最大，所以应选择 A、B 两个项目进行组合。

（2） $R_{AB} = 10.5\% \times 50\% + 9.5\% \times 50\% = 10\%$

$\sigma_{AB} = \sqrt{(0.5 \times 5.22\%)^2 + (0.5 \times 12.13\%)^2 + 2 \times 0.5 \times 5.22\% \times 0.5 \times 12.13\% \times 0.6} = 7.91\%$

（3）已经计算出组合的预期收益率为 10%，则：

$10\% = 4\% + \beta \times (8\% - 4\%)$

$\beta = 1.5$

13. 中原公司和南方公司股票的投资报酬率计算过程如下表所示。

| 项目 | 中原公司 | 南方公司 |
| --- | --- | --- |
| 期望报酬率 | $= 40\% \times 0.3 + 20\% \times 0.5 + 0\% \times 0.2$ $= 22\%$ | $= 60\% \times 0.3 + 20\% \times 0.5 + (-10\%) \times 0.2$ $= 26\%$ |
| 标准离差 | $= \sqrt{(40\%-22\%)^2 \times 0.3 + (20\%-22\%)^2 \times 0.5 + (0\%-22\%)^2 \times 0.2} = 14\%$ | $= \sqrt{(60\%-26\%)^2 \times 0.3 + (20\%-26\%)^2 \times 0.5 + (-10\%-26\%)^2 \times 0.2} \approx 24.98\%$ |
| 标准离差率=标准离差/期望报酬率 | $= 14\%/22\% \approx 63.64\%$ | $= 24.98\%/26\% \approx 96.08\%$ |
| 风险报酬率=风险报酬系数×标准离差率 | $= 5\% \times 63.64\% = 3.182\%$ | $= 5\% \times 96.08\% = 4.804\%$ |
| 投资报酬率=无风险报酬率+风险报酬率 | $= 10\% + 3.182\% = 13.182\%$ | $= 10\% + 4.804\% = 14.804\%$ |

14. 因为必要报酬率=无风险报酬率+$\beta$ 系数×(所有证券的报酬率-无风险报酬率)，所以四种证券各自的必要报酬率分别为

$R_A = 8\% + 1.5 \times (14\% - 8\%) = 17\%$

$R_B = 8\% + 1.0 \times (14\% - 8\%) = 14\%$

$R_C = 8\% + 0.4 \times (14\% - 8\%) = 10.4\%$

$R_D = 8\% + 2.5 \times (14\% - 8\%) = 23\%$

15. $P = \sum_{t=1}^{n} \frac{I}{(1+K)^t} + \frac{F}{(1+K)^n}$

$= I \times PVIFA_{k,n} + F \times PVIF_{k,n}$

$= 1\,000 \times 12\% \times PVIFA_{15\%,5} + 1\,000 \times PVIF_{15\%,5}$

$= 120 \times 3.352 + 1\,000 \times 0.497$

$= 899.24(元)$

则该债券价格为 899.24 元时，才能进行投资。

16. 答：（1）各方案的期望报酬率、标准离差计算过程如下表所示。

| 项目 | A | B | C |
|---|---|---|---|
| 期望报酬率 | $= 0.2\times25\% + 0.4\times20\% + 0.4\times15\% = 19\%$ | $= 0.2\times25\% + 0.4\times10\% + 0.4\times20\% = 17\%$ | $= 0.2\times10\% + 0.4\times15\% + 0.4\times20\% = 16\%$ |
| 标准离差 | $= \sqrt{(25\%-19\%)^2\times0.2 + (20\%-19\%)^2\times0.4 + (15\%-19\%)^2\times0.4} \approx 3.74\%$ | $= \sqrt{(25\%-17\%)^2\times0.2 + (10\%-17\%)^2\times0.4 + (20\%-17\%)^2\times0.4} \approx 6\%$ | $= \sqrt{(10\%-16\%)^2\times0.2 + (15\%-16\%)^2\times0.4 + (20\%-16\%)^2\times0.4} \approx 3.74\%$ |

（2）期望报酬率 $= 0.2\times(25\%\times50\%+25\%\times50\%) + 0.4\times(20\%\times50\%+10\%\times50\%) + 0.4\times(15\%\times50\%+20\%\times50\%) = 18\%$

标准离差 $= \sqrt{(25\%-18\%)^2\times0.2 + (15\%-18\%)^2\times0.4 + (17.5\%-18\%)^2\times0.4} \approx 3.67\%$

（3）期望报酬率 $= 0.2\times(25\%\times50\%+10\%\times50\%) + 0.4\times(20\%\times50\%+15\%\times50\%) + 0.4\times(15\%\times50\%+20\%\times50\%) = 17.5\%$

标准离差 $= \sqrt{(17.5\%-17.5\%)^2\times0.2 + (17.5\%-17.5\%)^2\times0.4 + (17.5\%-17.5\%)^2\times0.4} = 0$

（4）期望报酬率 $= 0.2\times(25\%\times50\%+10\%\times50\%) + 0.4\times(10\%\times50\%+15\%\times50\%) + 0.4\times(20\%\times50\%+20\%\times50\%) = 16.5\%$

标准离差 $= \sqrt{(17.5\%-16.5\%)^2\times0.2 + (12.5\%-16.5\%)^2\times0.4 + (20\%-16.5\%)^2\times0.4} \approx 3.39\%$

17. 银河公司的股票价格 $= 5\times\dfrac{(1+1\%)}{(10\%-1\%)} \approx 56.11(元)$

### 五、案例分析题

**案例一：**

1. 各方案的期望报酬率、标准离差、标准离差率计算如下表所示。

| 项目 | A | B | C | D |
|---|---|---|---|---|
| 期望报酬率 | $= 10\%\times0.2 + 10\%\times0.6 + 10\%\times0.2 = 10\%$ | $= 6\%\times0.2 + 11\%\times0.6 + 31\%\times0.2 = 14\%$ | $= 22\%\times0.2 + 14\%\times0.6 + (-4\%)\times0.2 = 12\%$ | $= 5\%\times0.2 + 15\%\times0.6 + 25\%\times0.2 = 15\%$ |
| 标准离差 | $= \sqrt{(10\%-10\%)^2\times0.2 + (10\%-10\%)^2\times0.6 + (10\%-10\%)^2\times0.2} = 0$ | $= \sqrt{(6\%-14\%)^2\times0.2 + (11\%-14\%)^2\times0.6 + (31\%-14\%)^2\times0.2} \approx 8.72\%$ | $= \sqrt{(22\%-12\%)^2\times0.2 + (14\%-12\%)^2\times0.6 + (-4\%-12\%)^2\times0.2} \approx 8.58\%$ | $= \sqrt{(5\%-15\%)^2\times0.2 + (15\%-15\%)^2\times0.6 + (25\%-15\%)^2\times0.2} \approx 6.32\%$ |
| 标准离差率 | $= 0/10\% = 0$ | $= 8.72\%/14\% \approx 62.29\%$ | $= 8.58\%/12\% \approx 71.5\%$ | $= 6.32\%/15\% \approx 42.13\%$ |

2. 仅从项目的期望报酬率来说，应淘汰项目 A，因为其期望报酬率最低，意味着投资者期望可以从中获取的收益最小；从标准离差的角度来说，应淘汰项目 B，因为其标准离差最大，意味着投资者从中获取收益的不确定性最大，风险最高。

3. 上述分析仅是单独地从期望报酬率或标准离差的角度考虑，即仅单方面分析了各个项目的收益或风险，而没有将两者综合起来考虑。当各项目的期望报酬率不相等时，单纯比较标准离差不能反映真实的风险水平，而应该使用标准离差率。标准离差率意味着对于每一单位报酬，投资者所承担的风险，从上面计算可知，C 项目每一单位的风险最高为 0.715，故实际应淘汰 C 项目。

案例二：略。

# 第五章　企业价值评估

## 一、单项选择题

1. C　2. A　3. D　4. D　5. A　6. D　7. A　8. C　9. A　10. D

## 二、多项选择题

1. ABC　2. ABCD　3. ABCD　4. AC　5. AB

## 三、判断题

1. 对　2. 错　3. 错　4. 对　5. 错

## 四、计算题

1. $P = I \times (P/A, k, n) + B \times (P/F, k, n)$
   $= 800 \times 8\% \times (P/A, 10\%, 8) + 800 \times (P/F, 10\%, 8)$
   $= 64 \times 5.3349 + 800 \times 0.4665$
   $\approx 714.63(元)$

所以，当康欣公司发行的债券价格低于 714.63 元时，才能筹集到所需资金。

2. $P = 2\,000 \times (1 + 6\% \times 10) \times (P/F, 5\%, 10)$
   $= 2\,000 \times (1 + 6\% \times 10) \times 0.6139$
   $= 1\,964.48(元)$

只有当市场价格低于 1 964.48 元时，金鑫公司才可以进行投资。

3. $V = 4 \div (1+12\%) + 3 \div (1+12\%)^2 + 20 \div (1+12\%)^2 \approx 21.91(元)$

4. $V = 1.5 \div 13.5\% \approx 11.11(元)$

5. $V = 1.4 \times (1+4\%) \div (14\%-4\%) = 14.56(元)$

6. 债券价值$(P) = 2\,000 \times 6\% \times (P/A, 4\%, 5) + 2\,000 \times (P/F, 4\%, 5)$
   $= 120 \times 4.452 + 2\,000 \times 0.822$
   $= 2\,178.24(元)$

由于债券的价值为 2 178.24 元，债券的价格为 2 070 元，所以应该购买。

7. $P = (1\,000 + 1\,000 \times 8\% \times 5) \times (P/F, 10\%, 5) = 869.5(元)$

因为债券价值为869.5元,债券价格为880元,所以不值得投资。

8. $P=1\,000\times(P/F,10\%,3)=751(元)$

该债券的价格只有低于751元时,大明公司才值得投资。

9. (1) $2\,050=2\,000\times12\%\times(P/A,i,3)+2\,000\times(P/F,i,3)$

利用插值法进行测算:

当$i=10\%$时,

$P=2\,000\times12\%\times(P/A,10\%,3)+2\,000\times(P/F,10\%,3)=2\,098.88(元)$

当$i=12\%$时,

$P=2\,000\times12\%\times(P/A,12\%,3)+2\,000\times(P/F,12\%,3)=2\,000.48(元)$

则有

$i=10\%+(12\%-10\%)\times(2\,098.88-2\,050)\div(2\,098.88-2\,000.48)\approx10.99\%$

即该债券到期收益率为10.99%。

(2) 大明公司应购买该债券

由上述计算可知,市场利率为10%时,债券的价值为2 098.88元,债券的价格为2 050元,所以大明公司应该购买该债券。

10. $V=5\div10\%=50(元)$

11. $P=3.5\times(1+5\%)\div(10\%-5\%)=73.5(元)$

即A公司的股票价格低于73.5元时,大明公司才能购买。

12. (1) 非正常增长期的股利现值计算如下表所示。

| 年次 | 股利/元 | 现值系数 (12%) | 现值/元 |
|---|---|---|---|
| 1 | $4\times(1+15\%)=4.6$ | 0.893 | 4.11 |
| 2 | $4\times(1+15\%)^2=5.29$ | 0.797 | 4.22 |
| 3 | $4\times(1+15\%)^3\approx6.08$ | 0.712 | 4.33 |
| 合计 | | | 12.66 |

(2) 第3年年底股票价值$=6.08\times(1+10\%)\div(12\%-10\%)=334.4(元)$

其现值$=334.4\times(P/F,12\%,3)=334.4\times0.712\approx238.1(元)$

(3) 该股票目前的价值$V=12.66+238.1=250.76(元)$

13. 现采用插值法来进行计算,现值计算结果如下表所示。

| 年份 | 股利及出售股票的收益/万元 | 测试 (26%) | | 测试 (24%) | |
|---|---|---|---|---|---|
| | | 系数 | 现值/万元 | 系数 | 现值/万元 |
| 2012 | 8 | 0.794 | 6.352 | 0.807 | 6.456 |
| 2013 | 10 | 0.630 | 6.3 | 0.650 | 6.5 |
| 2014 | 72 | 0.500 | 36 | 0.525 | 37.8 |
| 合计 | — | — | 48.652 | — | 50.756 |

则该项投资收益率$(i)$ = 24%+(26%-24%)×(50.756-50)÷(50.756-48.652)≈24.72%

14. （1） A方案的期望收益率 = 30%×90%+40%×15%+30%×(-60%) = 15%

    B方案的期望收益率 = 30%×20%+40%×15%+30%×10% = 15%

（2） A方案的标准差 = $\sqrt{(90\%-15\%)^2 \times 30\% + (15\%-15\%)^2 \times 40\% + (-60\%-15\%)^2 \times 30\%}$

    ≈ 58.09%

B方案的标准差 = $\sqrt{(20\%-15\%)^2 \times 30\% + (15\%-15\%)^2 \times 40\% + (10\%-15\%)^2 \times 30\%}$

    ≈ 3.87%

可见，A方案和B方案的期望收益率相同，但相比之下，A方案的风险要比B方案的风险大得多。

（3） A方案的标准差率 = 58.09%÷15%×100% ≈ 387.3%

    B方案的标准差率 = 3.87%÷15%×100% ≈ 25.8%

（4） A方案的风险收益率 = 387.3%×10% ≈ 38.7%

    B方案的风险收益率 = 25.8%×12% ≈ 3.1%

（5） A方案的风险收益 = 38.7%×200 000 = 77 400 元

    B方案的风险收益 = 3.1%×200 000 = 6 200 元

15. （1） $\beta_p$ = 20%×2+30%×1.5+50%×0.4 = 1.05

    （2） $K_p = \beta_p(K_m - K_F)$ = 1.05×(10%-5%) ≈ 5%

16. 债券的内在价值 = 1 000×9%×(P/A,11%,20)+1 000×(P/F,11%,20)

    = 90×7.963+1 000×0.124

    = 840.67(元)

17. 债券发行时的内在价值 = (1 000×8%×5+1 000)×(P/F,10%,5)

    = 869.26(元)

18. 该投资者当前收益率 = 1 000×10%÷800×100% = 12.5%

19. 94 000 = 100 000×4%×(P/A,YTM,7)+100 000×(P/F,YTM,7)

当 YTM=5%：

4 000×(P/A,YTM,7)+100 000×(P/F,YTM,7) ≈ 94 215.6 > 94 000

当 YTM=6%：

4 000×(P/A,YTM,7)+100 000×(P/F,YTM,7) = 88 839.69 < 94 000

用内插法得出：

(YTM-5%)÷(6%-5%) = (94 000-94 215.6)÷(88 839.6-94 215.6)

解得：YTM ≈ 5.04%

20. （1） 1 040 = 1 000×14%×(P/A,i,3)+1 000×(P/F,i,3)

采用逐步测试法,由于债券发行价格大于面值,所以到期收益率低于票面利率。

当 $i=12\%$ 时,

$P=1\,000\times14\%\times(P/A,12\%,3)+1\,000\times(P/F,12\%,3)=1\,048.05(元)$

当 $i=14\%$ 时,

$P=1\,000\times14\%\times(P/A,14\%,3)+1\,000\times(P/F,14\%,3)=1\,000(元)$

采用内插法时,

到期收益率 $=12\%+(14\%-12\%)\times(1\,048.05-1\,040)\div(1\,048.05-1\,000)$
$\approx 12.34\%$

(2) 在 2023 年 1 月 1 日,该债券尚有 2 年到期,则:

债券价值 $=1\,000\times14\%\times(P/A,12\%,2)+1\,000\times(P/F,12\%,2)=1\,033.81(元)$

债券价值小于债券的价格,所以该债券不应该购买。

(3) 在 2024 年 1 月 1 日,该债券尚有 1 年到期,则:

债券价值 $=1\,000\times14\%\times(P/A,10\%,1)+1\,000\times(P/F,10\%,1)=1\,036.37(元)$

(4) 持有至到期债券年均收益率 $=[140+(1\,000-950)]\div950=20\%$

或者:$950=140\div(1+i)+1\,000\div(1+i)$,则 $i=20\%$

21. (1) 该公司股票的内在价值 $=0.30\div3\%=10(元)$

(2) 该公司股票的内在价值 10 元高于市场价 8 元,具有投资价值。

22. (1) 该公司股票的内在价值 $=0.30\times(1+5\%)\div(8\%-5\%)=10.50(元)$

(2) 公司股票的内在价值 10.50 元高于市场价 8 元,具有投资价值。

23. (1) 甲公司股票预期必要报酬率 $=8\%+1.5\times(14\%-8\%)=17\%$

甲公司股票的价值 $=2.5\times(1+10\%)\div(17\%-10\%)\approx39.29(元)$

甲公司股票的价值大于当时的股票市价,该企业可以按 35 元的价格购买。

(2) 乙公司股票的价值:

第一年股利($D_1$) $=3.2\times(1+20\%)=3.84(元)$

第二年股利($D_2$) $=3.84\times(1+20\%)\approx4.61(元)$

第三年股利($D_3$) $=4.61\times(1+8\%)\approx4.98(元)$

前两年的股利现值 $=3.84\times(P/F,14\%,1)+4.61\times(P/F,14\%,2)$
$=3.84\times0.877\,2+4.61\times0.769\,5\approx6.92(元)$

第二年年底普通股内在价值($V_2$) $=4.98\div(14\%-8\%)=83(元)$

第二年年底普通股内在价值折现到第一年年初的现值 $=83\times(P/F,14\%,2)$
$=83\times0.769\,5$
$\approx63.87(元)$

乙股票目前的内在价值($V_0$) $=6.92+63.87=70.79(元)$

如果乙公司股票价格低于 70.79 元,才值得购买。

24. 投资者的预期收益率=[5×(1+5%)÷52.5]+5%=15%

25. （1）A公司股权资金成本=6%+0.857 1×7%≈12%

    A公司的股权价值=641÷(1+12%)+833÷(1+12%)²+1 000÷(1+12%)³+
    1 100/(1+12%)⁴+[1 100×(1+10%)÷(12%−10%)]÷
    (1+12%)⁴

    ≈572.32+664.06+711.78+699.07+38 448.84
    =41 096.07(元)

    （2）A公司的股权价值=641×(P/F,12%,1)+833×(P/F,12%,2)+
    1 000×(P/F,12%,3)+1 100×(P/F,12%,4)+
    1 100×1.09×(P/F,12%,5)+1 100×1.09×
    1.08×(P/F,12%,6)+[1 100×1.09×1.08×
    1.07÷(12%−7%)]×(P/F,12%,6)

    =641×0.892 9+833×0.797 2+1 000×0.711 8+1 100×
    0.635 5+1 100×1.09×0.567 4+1 100×1.09×1.08×
    0.506 6+[1 100×1.09×1.08×1.07÷(12%−7%)]×0.506 6
    ≈18 022.12(万元)

26. 与甲公司对比：
    A公司的每股价值=8÷15%×16%×4.6≈39.25(元)
    与乙公司对比：
    A公司的每股价值=6÷13%×16%×4.6≈33.97(元)
    与丙公司对比：
    A公司的每股价值=5÷11%×16%×4.6≈33.45(元)
    与丁公司对比：
    A公司的每股价值=9÷17%×16%×4.6≈38.96(元)
    则A公司的每股价值=(39.25+33.97+33.45+38.96)÷4≈36.41(元)

五、思考题

略。

六、案例分析题

略。

# 第六章　资金成本及其运用

一、单项选择题

1. A　2. C　3. D　4. C　5. B　6. C　7. A　8. A　9. B　10. A

二、多项选择题

1. CD　2. BD　3. ABCD　4. CD　5. ABCD

### 三、判断题

1. 错  2. 错  3. 对  4. 错  5. 对

### 四、计算题

1. 该批债券的资金成本率=5 000×5%×(1−25%)÷5 200÷(1−2%)≈3.68%

2. 优先股的资金成本率=2.5÷50÷(1−4%)≈5.2%

3. 普通股的资金成本率=0.08×(1+10%)÷20÷(1−3%)+10%≈10.45%

4. 普通股的资金成本率=5.7%+1.2×(13%−5.7%)=14.46%

5. (1) 按账面价值计算：

该公司的平均资金成本率=7%×25%+8%×15%+14%×60%=11.35%

(2) 按市场价值计算：

该公司的平均资金成本率=(7%×5 000+8%×3 000+14%×12 000)÷
(5 000+3 000+12 000)
≈11.35%

6. 追加投资的资金成本率=10%×40%+14%×60%=12.4%

7. 长期借款的资金成本率=[500×12%×(1−30%)]÷[500×(1−0.4%)]≈8.43%

或者：长期借款的资金成本率=[12%×(1−30%)]÷(1−0.4%)≈8.43%

8. 该债券的资金成本率=[3 000×10%×(1−30%)]÷[3 000×(1−4%)]≈7.29%

或者：该债券的资金成本率=[10%×(1−30%)]÷(1−4%)=7.29%

9. 该债券的资金成本率=[3 000×10%×(1−30%)]÷[3 600×(1−4%)]≈6.08%

10. 该债券的资金成本率=[3 000×10%×(1−30%)]÷[1 800×(1−4%)]≈12.15%

11. 新发行普通股的资金成本率=[2×(1+5%)]÷[20×(1−10%)]+5%≈16.67%

12. 优先股的资金成本率=(500×10%)÷[500×(1−10%)]=11.11%

13. 留存收益的资金成本率=[2×(1+5%)]÷20+5%=15.5%

14. 该公司的加权平均资金成本率=7%×1 200÷4 000+8%×400÷4 000+10.56%×
2 000÷4 000+10%×400÷4 000
=9.18%

15. 借款的资金成本率=100×5%×(1−25%)÷[100×(1−0.2%)]≈3.76%

16. (1) 债券的资金成本率=1 000×5%×(1−25%)÷[1 000×(1−3%)]≈3.87%

(2) 债券的资金成本率=1 000×5%×(1−25%)÷[1 100×(1−3%)]≈3.51%

(3) 债券的资金成本率=1 000×5%×(1−25%)÷[980×(1−3%)]≈3.94%

17. 优先股的资金成本率=100×10%÷[100×(1−4%)]≈10.42%

18. 普通股的资金成本率=12÷[100×(1−5%)]+2%≈14.63%

19. 普通股的资金成本率=5%+1.5×(10%−5%)=12.5%

20. 留存收益的资金成本率=15÷150×100%+5%=15%

21. 综合资金成本率 = 100÷500×6.7% + 50÷500×9.17% + 250÷500×11.26% +
   100÷500×11%
   ≈ 10.09%

22. 首先根据目标资金结构和各种筹资方式资金成本的分界点，计算筹资总额分界点，计算过程及结果如下表所示。

| 资金种类 | 目标资金结构 | 个别资金成本 | 追加筹资额 | 筹资总额分界点 |
|---|---|---|---|---|
| 长期借款 | 20% | 4% | 50 000 元以内 | 50 000÷20% = 250 000(元)<br>200 000÷20% = 1 000 000(元) |
| | | 5% | 50 000—200 000 元 | |
| | | 6% | 200 000 元以上 | |
| 公司债券 | 24% | 8% | 150 000 元以内 | 150 000÷24% = 625 000(元)<br>300 000÷24% = 1 250 000(元) |
| | | 9% | 150 000—300 000 元 | |
| | | 10% | 300 000 元以上 | |
| 优先股 | 16% | 11% | 200 000 元以内 | 200 000÷16% = 1 250 000(元) |
| | | 13% | 200 000 元以上 | |
| 普通股 | 40% | 14% | 250 000 元以内 | 250 000÷40% = 625 000(元)<br>500 000÷40% = 1 250 000(元) |
| | | 15% | 250 000—500 000 元 | |
| | | 16% | 500 000 元以上 | |

根据表中计算出的筹资总额分界点，可以得到 5 组筹资范围，分别是：① 0—250 000 元；② 250 000—625 000 元；③ 625 000—1 000 000 元；④ 1 000 000—1 250 000 元；⑤ 1 250 000 元以上。对这 5 组筹资范围分别计算其加权平均资金成本，计算过程及结果见下表。

| 筹资范围 | 资金种类 | 目标资金结构 | 个别资金成本 | 加权平均资金成本 |
|---|---|---|---|---|
| 0—250 000 元 | 长期借款 | 20% | 4% | 4%×20% = 0.8% |
| | 公司债券 | 24% | 8% | 8%×24% = 1.92% |
| | 优先股 | 16% | 11% | 11%×16% = 1.76% |
| | 普通股 | 40% | 14% | 14%×40% = 5.6% |
| | 合计 | | | 10.08% |
| 250 000—625 000 元 | 长期借款 | 20% | 5% | 5%×20% = 1% |
| | 公司债券 | 24% | 8% | 8%×24% = 1.92% |
| | 优先股 | 16% | 11% | 11%×16% = 1.76% |
| | 普通股 | 40% | 14% | 14%×40% = 5.6% |
| | 合计 | | | 10.28% |

续表

| 筹资范围 | 资金种类 | 目标资金结构 | 个别资金成本 | 加权平均资金成本 |
|---|---|---|---|---|
| 625 000—1 000 000 元 | 长期借款 | 20% | 5% | 5%×20%=1% |
| | 公司债券 | 24% | 9% | 9%×24%=2.16% |
| | 优先股 | 16% | 11% | 11%×16%=1.76% |
| | 普通股 | 40% | 15% | 15%×40%=6% |
| | 合计 | | | 10.92% |
| 1 000 000—1 250 000 元 | 长期借款 | 20% | 6% | 6%×20%=1.2% |
| | 公司债券 | 24% | 9% | 9%×24%=2.16% |
| | 优先股 | 16% | 11% | 11%×16%=1.76% |
| | 普通股 | 40% | 15% | 15%×40%=6% |
| | 合计 | | | 11.12% |
| 1 250 000 元以上 | 长期借款 | 20% | 6% | 6%×20%=1.2% |
| | 公司债券 | 24% | 10% | 10%×24%=2.4% |
| | 优先股 | 16% | 13% | 13%×16%=2.08% |
| | 普通股 | 40% | 16% | 16%×40%=6.4% |
| | 合计 | | | 12.08% |

23. 答：(1) 计算筹资突破点

因为花费一定的资金成本率只能筹集到一定限度的资金，超过这一限度，多筹集资金就要多花费资金成本，引起原资金成本的变化，于是就把在保持某资金成本的条件下可以筹集到的资金总限度称为"现有资金结构下的筹资突破点"。在筹资突破点范围内筹资，原来的资金成本不会改变。一旦筹资额超过筹资突破点，即使维持现有的资金结构，其资金成本也会增加。

筹资突破点的计算公式为：筹资突破点＝可用某一特定成本筹集到的某种资金额／该种资金在资金结构中所占的比重

在花费 4% 资金成本时，取得的长期借款筹资限额为 45 000 元，其筹资突破点为：45 000÷15%=300 000(元)

在花费 5% 资金成本时，取得的长期借款筹资限额为 90 000 元，其筹资突破点为：90 000÷15%=600 000(元)

在花费 10% 资金成本时，取得的长期债券筹资限额为 200 000 元，其筹资突破点为：200 000÷25%=800 000(元)

在花费 11% 资金成本时，取得的长期债券筹资限额为 400 000 元，其筹资突破点为：400 000÷25%=1 600 000(元)

在花费 12% 资金成本时，取得的普通股筹资限额为 300 000 元，其筹资突破点

为：300 000÷60% = 500 000(元)

在花费 13%资金成本时，取得的普通股筹资限额为 6 000 元，其筹资突破点为：600 000÷60% = 1 000 000(元)

筹资突破点的计算过程及结果见下表。

| 资金种类 | 资金结构 | 资金成本 | 新筹资额 | 筹资突破点 |
| --- | --- | --- | --- | --- |
| 长期借款 | 15% | 4% | 45 000 元以内 | 300 000 元 |
| | | 5% | 45 000—90 000 元 | 600 000 元 |
| | | 6% | 90 000 元 | 600 000 元以上 |
| 长期债券 | 25% | 10% | 200 000 元以内 | 800 000 元 |
| | | 11% | 200 000—400 000 元 | 1 600 000 元 |
| | | 12% | 400 000 元以上 | 1 600 000 元以上 |
| 普通股 | 60% | 12% | 300 000 元以内 | 500 000 元 |
| | | 13% | 300 000—600 000 元 | 1 000 000 元 |
| | | 14% | 600 000 元以上 | 1 000 000 元以上 |

根据上一步计算出的筹资突破点，可以得到 7 组筹资范围：① 30 万元以内；② 30 万—50 万元；③ 50 万—60 万元；④ 60 万—80 万元；⑤ 80 万—100 万元；⑥ 100 万—160 万元；⑦ 160 万元以上。

(2) 计算加权平均资金成本

对以上 7 组筹资范围分别计算加权平均资金成本，计算过程及结果见下表。

| 筹资范围 | 资金种类 | 资金结构 | 资金成本 | 加权平均资金成本 |
| --- | --- | --- | --- | --- |
| 30 万元以内 | 长期借款 | 15% | 4% | 15%×4% = 0.6% |
| | 长期债券 | 25% | 10% | 25%×10% = 2.5% |
| | 普通股 | 60% | 12% | 60%×12% = 7.2% |
| | 合计 | | | 10.3% |
| 30 万—50 万元 | 长期借款 | 15% | 5% | 15%×5% = 0.75% |
| | 长期债券 | 25% | 10% | 25%×10% = 2.5% |
| | 普通股 | 60% | 12% | 60%×12% = 7.2% |
| | 合计 | | | 10.45% |
| 50 万—60 万元 | 长期借款 | 15% | 5% | 15%×5% = 0.75% |
| | 长期债券 | 25% | 10% | 25%×10% = 2.5% |
| | 普通股 | 60% | 13% | 60%×13% = 7.8% |
| | 合计 | | | 11.05% |

续表

| 筹资范围 | 资金种类 | 资金结构 | 资金成本 | 加权平均资金成本 |
|---|---|---|---|---|
| 60万—80万元 | 长期借款 | 15% | 6% | 15%×6%=0.9% |
| | 长期债券 | 25% | 10% | 25%×10%=2.5% |
| | 普通股 | 60% | 13% | 60%×13%=7.8% |
| | 合计 | | | 11.2% |
| 80万—100万元 | 长期借款 | 15% | 6% | 15%×6%=0.9% |
| | 长期债券 | 25% | 11% | 25%×11%=2.75% |
| | 普通股 | 60% | 13% | 60%×13%=7.8% |
| | 合计 | | | 11.45% |
| 100万—160万元 | 长期借款 | 15% | 6% | 15%×6%=0.9% |
| | 长期债券 | 25% | 11% | 25%×11%=2.75% |
| | 普通股 | 60% | 14% | 60%×14%=8.4% |
| | 合计 | | | 12.05% |
| 160万元以上 | 长期借款 | 15% | 6% | 15%×6%=0.9% |
| | 长期债券 | 25% | 12% | 25%×12%=3% |
| | 普通股 | 60% | 14% | 60%×14%=8.4% |
| | 合计 | | | 12.3% |

24.（1）甲公司股票的必要收益率 $=5\%+2\times(10\%-5\%)=15\%$

（2）甲公司股票的价值 $=2\times(P/A,15\%,3)+2\times(1+10\%)\div$
$(15\%-10\%)\div(P/F,15\%,3)$
$=33.50$（元/股）

（3）因为甲公司股票的价值 33.50 元/股大于股票当前的市场价格 32 元/股，所以甲公司股票值得投资。

五、案例分析题

略。

## 第七章 经营杠杆和财务杠杆

一、单项选择题

1. C　2. C　3. B　4. A　5. C　6. D　7. B　8. C　9. A　10. B

二、多项选择题

1. AC　2. ABD　3. AB　4. ABCD　5. BCD

三、判断题

1. 错　2. 对　3. 错　4. 错　5. 对

四、计算题

1. 经营杠杆系数=(3 200-3 200×40%)÷(3 200-3 200×40%-400)≈1.26

上式结果表明，当公司销售增长1倍时，息税前利润将增长1.26倍；反之，当企业销售下降100%时，息税前利润将下降126%。

2. 财务杠杆系数=120÷(120-1 000×40%×10%)=1.5

上式结果表明，当息税前利润增长1倍时，普通股每股利润将增长1.5倍；反之，当息税前利润下降100%时，普通股每股利润将下降150%。

3. 复合杠杆系数=1.26×1.5=1.89

当公司营业收入或销售数量每变动1个百分点，普通股每股利润就变动1.89个百分点，即当销售数量增长10%时，普通股每股利润将增长18.9%；反之，当公司营业收入或销售数量下降10%时，普通股每股利润将下降18.9%。

4. （1）销售量为50万件时，$DOL$=50×(100-60)÷[50×(100-60)-1 000]=2

（2）销售量为40万件时，$DOL$=40×(100-60)÷[40×(100-60)-1 000]≈2.67

（3）销售量为30万件时，$DOL$=30×(100-60)÷[30×(100-60)-1 000]=6

上式计算结果表明：在其他因素不变的情况下，销售量越小，经营杠杆系数越大，经营风险也就越大，反之亦然。如销售量为50万件，$DOL$为2；销售量为40万件，$DOL$为2.67，显然，后者的不稳定性大于前者，经营风险也大于前者。

5. $DFL$=2 000÷(2 000-4 000×10%)=1.25

6. $DTL$=(100-60)×2÷[(100-60)×2-40-10]≈2.67

7. （1）销售额为400万元时，$DOL$=(400-400×40%)÷(400-400×40%-60)≈1.33

（2）销售额为200万元时，$DOL$=(200-200×40%)÷(200-200×40%-60)=2

8. 边际贡献($M$)=8 000×(50-25)=200 000(元)

固定成本($a$)=100 000(元)

息税前利润($EBIT$)=$M-a$=100 000(元)

利息支出($I$)=200 000×8%=16 000(元)

经营杠杆系数($DOL$)=200 000÷(200 000-100 000)=2

财务杠杆系数($DFL$)=100 000÷(100 000-16 000)≈1.19

复合杠杆系数($DCL$)=$DOL×DFL$=2.38

## 第八章 资金结构决策

一、单项选择题

1. B  2. A  3. C  4. C  5. D  6. A  7. A  8. B  9. B  10. D

二、多项选择题

1. AC  2. ABCD  3. BD  4. BCD  5. AB

### 三、判断题

1. 错  2. 错  3. 错  4. 对  5. 错

### 四、计算题

1. 答：

$(EBIT_{无差别}-400)\times(1-25\%)\div(600+100)=(EBIT_{无差别}-400-120)\times(1-25\%)\div 600$

解得：$EBIT_{无差别}=1\,240$（万元）

故当盈余能力 $EBIT>1\,240$ 万元时，利用负债筹资较为有利，应选择乙方案；当盈余能力 $EBIT<1\,240$ 万元时，不应再增加负债，以发行普通股为宜，应选择甲方案；当 $EBIT=1\,240$ 万元时，采用两种方式无差别，故选择甲、乙方案均可。

2. 答：① 分别计算三个方案的综合资金成本。

甲方案的综合资金成本 $=50\%\times 10\%+50\%\times 15\%=12.5\%$

乙方案的综合资金成本 $=40\%\times 10\%+60\%\times 15\%=13\%$

丙方案的综合资金成本 $=30\%\times 10\%+70\%\times 15\%=13.5\%$

② 根据公司筹资评价的其他标准，考虑公司的其他因素，对各个方案进行修正，之后，再选择其中成本最低的方案。本例中，假设其他因素对方案选择的影响甚小，则甲方案的综合资金成本最低。这样，该公司筹资的资金结构为债券 5 000 万元，普通股 5 000 万元。

综上，该公司应选择甲方案。

3. 该公司市场价值和加权平均资金成本如下表所示。

| 债券的市场价值/万元 | 股票的市场价值/万元 | 公司的市场价值/万元 | 债务利率/% | 权益资金成本/% | 加权平均资金成本/% |
|---|---|---|---|---|---|
| 0 | 2 027 | 2 027 | — | 14.8 | 14.8 |
| 200 | 1 920 | 2 120 | 10 | 15 | 14.15 |
| 400 | 1 816 | 2 216 | 10 | 15.2 | 13.54 |
| 600 | 1 646 | 2 246 | 12 | 15.6 | 13.36 |
| 800 | 1 437 | 2 237 | 14 | 16.2 | 13.41 |
| 1 000 | 1 109 | 2 109 | 16 | 18.4 | 14.23 |

可以看出，在没有债务资金的情况下，公司的总价值等于股票的账面价值。当公司增加一部分债务时，财务杠杆开始发挥作用，公司总价值上升，平均资金成本率下降。在债务资金达到 600 万元时，公司总价值最高，平均资金成本率最低。债务资金超过 600 万元后，随着利息率的不断上升，财务杠杆作用逐步减弱甚至显现负作用，公司总价值下降，平均资金成本率上升。因此，债务资金为 600 万元时的资金结构是该公司的最优资金结构。

4. (1) 计算初始加权平均资金成本

各种资金的比重和资金成本分别为

$W_b = 800 \div 1\,600 \times 100\% = 50\%$

$W_s = 800 \div 1\,600 \times 100\% = 50\%$

$K_b = 10\% \times (1-25\%) = 7.5\%$

$K_s = 1 \div 10 + 5\% = 15\%$

加权平均资金成本 $(K_w) = 50\% \times 7.5\% + 50\% \times 15\% = 11.25\%$

(2) 计算甲方案加权平均资金成本

各种资金的比重和资金成本分别为

$W_{b1} = 800 \div 2\,000 \times 100\% = 40\%$

$W_{b2} = 400 \div 2\,000 \times 100\% = 20\%$

$W_s = 800 \div 2\,000 \times 100\% = 40\%$

$K_{b1} = 10\% \times (1-25\%) = 7.5\%$

$K_{b2} = 12\% \times (1-25\%) = 9\%$

$K_s = 1 \div 10 + 5\% = 15\%$

加权平均资金成本 $(K_w) = 40\% \times 7.5\% + 20\% \times 9\% + 40\% \times 15\% = 10.8\%$

(3) 计算乙方案加权平均资金成本

各种资金的比重和资金成本分别为

$W_b = 1\,000 \div 2\,000 = 50\%$

$W_s = 1\,000 \div 2\,000 = 50\%$

$K_b = 10\% \times (1-25\%) = 7.5\%$

$K_s = 1 \div 10 + 5\% = 15\%$

加权平均资金成本 $(K_w) = 50\% \times 7.5\% + 50\% \times 15\% = 11.25\%$

从以上计算可以看出，甲方案的综合资金成本最低，应采用甲方案。

5. $(EBIT_{无差别} - 400 \times 10\%) \times (1-25\%) \div (10+10) =$

$(EBIT_{无差别} - 1\,000 \times 10\%) \times (1-25\%) \div 10$

解得：$EBIT_{无差别} = 160$ 万元，此时的 $EPS = 4.5$ 元。

当企业的息税前利润高于 160 万元时，利用长期债务筹资能够获得更高的每股利润；反之，当息税前利润低于 160 万元时，利用权益资金筹资能够获得更高的每股利润。本题中，企业融资后的息税前利润为 150 万元，所以该企业应该采用权益资金筹资方式，即 A 方案。

6. 首先，分别计算三个方案的综合资金成本 $K$。

A 方案：$K = 30\% \times 6\% + 20\% \times 8\% + 50\% \times 12\% = 9.4\%$

B 方案：$K = 20\% \times 6\% + 30\% \times 8\% + 50\% \times 12\% = 9.6\%$

C 方案：$K = 10\% \times 6\% + 30\% \times 8\% + 60\% \times 12\% = 10.2\%$

其次，通过比较发现，A 方案的加权平均资金成本最低。因此，在适度的财务风险条件下，企业应按照 A 方案的各种资金比例筹集资金，由此形成相对最优的资金结构。

7. ① 目前资金结构为：长期借款占 20%，普通股占 80%。

借款成本 = 8%×(1-30%) = 5.6%

普通股成本 = 2×(1+5%)÷20+5% = 15.5%

加权平均资金成本 = 5.6%×20%+15.5%×80% = 13.52%

② 根据股票同股同利原则，公司增发新股时，原有股票应按新发行股票的资金成本计算，即全部股票按新发行的股票资金成本计算总的资金成本。

方案 1：

原借款成本 = 5.6%

普通股成本 = 13.52%

新借款成本 = 10%×(1-30%) = 7%

增加借款筹资方案的加权平均资金成本 = 5.6%×(1 000÷6 000)+7%×(1 000÷6 000)+13.52%×(4 000÷6 000)

≈ 11.11%

方案 2：

原借款成本 = 5.6%

普通股成本 = 2×(1+5%)÷25+5% = 13.4%

增加普通股筹资方案的加权平均资金成本 = 5.6%×(1 000÷6 000)+13.4%×[(4 000+1 000)÷6 000]

= 12.10%

因此，该公司应选择方案 1，即增加长期借款筹资。

8. 将上述资料中的有关数据代入条件公式得

[($S$-0.6$S$-360-48)×(1-30%)]÷(1 000+600) =

[($S$-0.6$S$-360-48-72)×(1-30%)]÷1 000

解得：$S$ = 1 500(万元)

此时的每股收益额为

(1 500-0.6×1 500-360-48)×(1-30%)÷1 600 = 0.084

当销售额高于 1 500 万元（每股收益无差别点的销售额）时，采用全部筹借长期债务的方式可获得较高的每股收益；当销售额低于 1 500 万元时，采用全部发行普通股的方式可获得较高的每股收益。

9. 根据资料，计算出筹借不同金额的债务时公司的价值和资金成本，见下表。

| 债券市场价值 B/万元 | 股票市场价值 S/万元 | 公司市场价值 V/万元 | 税前债务资金成本 $K_b$/% | 权益资金成本 $K_s$/% | 加权平均资金成本 $K_w$/% |
| --- | --- | --- | --- | --- | --- |
| 0 | 2 027 | 2 027 | — | 14.8 | 14.8 |
| 200 | 1 920 | 2 120 | 10 | 15 | 14.19 |
| 400 | 1 816 | 2 216 | 10 | 15.2 | 13.54 |
| 600 | 1 646 | 2 246 | 13 | 15.6 | 13.33 |
| 800 | 1 437 | 2 237 | 14 | 16.2 | 13.39 |
| 1 000 | 1 109 | 2 109 | 16 | 18.4 | 14.26 |

从表中可以看到，在没有债务的情况下，公司的总价值就是其原有股票的市场价值。当公司用债务资金部分替换权益资金时，一开始公司总价值上升，加权平均资金成本下降。在债务达到600万元时，公司总价值最高，加权平均资金成本最低；债务超过600万元后，公司总价值下降，加权平均资金成本上升。因此，债务为600万元时的资金结构是该公司的最佳资金结构。

10. 留存收益市场价值 $= 250 \times \dfrac{800}{500} = 400$（万元）

长期资金 $= 200+600+800+400 = 2\,000$（万元）

（1）长期借款成本 $= 5\% \times (1-25\%) = 3.75\%$

　　比重 $= \dfrac{200}{2\,000} = \dfrac{1}{10}$

（2）债券成本 $= \dfrac{500 \times 8\% \times (1-25\%)}{600 \times (1-4\%)} \approx 5.21\%$

　　比重 $= \dfrac{600}{2000} = \dfrac{3}{10}$

（3）普通股成本 $= \dfrac{500 \times 10\% \times (1+6\%)}{800 \times (1-5\%)} + 6\% \approx 12.97\%$

　　比重 $= \dfrac{800}{2\,000} = \dfrac{4}{10}$

（4）留存收益成本 $= \dfrac{250 \times 10\% \times (1+6\%)}{400} + 6\% = 12.63\%$

　　比重 $= \dfrac{400}{2\,000} = \dfrac{2}{10}$

（5）综合资金成本 $= 3.75\% \times \dfrac{1}{10} + 5.21\% \times \dfrac{3}{10} + 12.97\% \times \dfrac{4}{10} + 12.63\% \times \dfrac{2}{10} \approx 9.65\%$

11.（1）2019年变动经营成本 $= 1\,800 \times 50\% = 900$（万元）

2019年息税前利润($EBIT_{2009}$) = 1 800-900-300 = 600(万元)

$$DOL_{2019} = \frac{\Delta EBIT/EBIT}{\Delta S/S} = \frac{(600-450)/450}{(1\,800-1\,500)/1\,500} \approx 1.67$$

$$DOL_{2020} = \frac{S_{2019}-C_{2019}}{S_{2019}-C_{2019}-F_{2019}} = \frac{1\,800\times(1-50\%)}{1\,800\times(1-50\%)-300} = 1.5$$

(2) $DFL_{2019} = \dfrac{EBIT_{2018}}{EBIT_{2018}-I_{2018}} = \dfrac{450}{450-200} = 1.8$

$DFL_{2020} = \dfrac{\Delta EPS/EPS}{\Delta EBIT/EBIT} = \dfrac{22.5\%}{15\%} = 1.5$

(3) $DTL_{2019} = DOL_{2019} \times DFL_{2019} = 1.67 \times 1.8 = 3.006$

$DTL_{2020} = DOL_{2020} \times DFL_{2020} = 1.5 \times 1.5 = 2.25$

12. (1) 设每股利润无差别点为 $EBIT_0$，那么

$$\frac{(EBIT_0-I_1)(1-T)}{N_1} = \frac{(EBIT_0-I_2)(1-T)}{N_2}$$

$$\frac{(EBIT_0-400\times12\%)(1-25\%)}{90} = \frac{(EBIT_0-400\times12\%-300\times14\%)(1-25\%)}{60}$$

解得：$EBIT_0 = 174$(万元)

(2) 如果预计息税前利润为 150 万元，应当选择第一个方案，即发行股票方案。如果预计息税前利润为 200 万元，则应当选择第二个方案，即借款方案。

13. (1) ① 息税前利润 = 45 000×(240-200)-1 200 000 = 600 000(元)

② 盈亏平衡点销售量 = 1 200 000÷(240-200) = 30 000(件)

盈亏平衡点销售额 = 30 000×240 = 7 200 000(元)

(2) ① 经营杠杆系数 = 45 000×(240-200)/600 000 = 3

② 财务杠杆系数 = 600 000÷(600 000-4 000 000×5%) = 1.5

③ 总杠杆系数 = 3×1.5 = 4.5

(3) 2020 年每股收益 = (600 000-4 000 000×5%)×(1-25%)÷800 000
= 0.375(元/股)

(4) ① 盈亏平衡点销售量 = 1 800 000÷(240-150) = 20 000(件)

② 安全边际率 = 1-20 000/45 000 = 55.56%

③ 息税前利润 = 45 000×(240-150)-1 800 000 = 2 250 000(元)

(5) $(EBIT-4\,000\,000\times5\%-6\,000\,000\times6\%)\times(1-25\%)\div800\,000 =$
$(EBIT-4\,000\,000\times5\%)\times(1-25\%)\div(800\,000+200\,000)$

解得：每股收益无差别点($EBIT$) = 2 000 000(元)

生产线更新后息税前利润大于每股收益无差别点息税前利润，甲公司应选择向银行借款的融资方案。

## 五、思考题
略。

## 六、实训题
略。

## 七、案例分析题
**案例一：**

1. 负债经营也称举债经营，是企业通过银行借款、发行债券、租赁和商业信用等方式来筹集资金的经营方式，因此只有通过借入方式取得的债务资金才构成负债经营。

"用他人的钱为自己赚钱"就是利用财务杠杆的原理。在企业资金结构一定的条件下，企业从息税前利润中支付的债务利息是相对固定的。当息税前利润增多时，每1元息税前利润所负担的债务利息就会相应降低，扣除所得税后可供所有者分配的利润就会增加，从而给企业所有者带来额外的收益，即用他人的钱为自己赚钱。

2. 财务杠杆又叫筹资杠杆或融资杠杆，它是指由于固定债务利息和优先股股利的存在，使得普通股每股利润的变动幅度大于息税前利润变动幅度的现象。

由于债务利息和优先股股利是固定的，不随着息税前利润的增长而增长，因此，当息税前利润增加时，每1元息税前利润所负担的债务利息和优先股股利则会降低，使得每股利润以更大的比例增长，从而为普通股股东带来加乘的收益。

由于债务利息和优先股股利是固定的，不随着息税前利润的下降而减少，因此，当息税前利润下降时，每1元息税前利润负担的债务利息和优先股股利则会上升，使得每股利润以更大的比例下降，从而给普通股股东带来加乘的损失。

3. 财务杠杆系数：

2021年：$EBIT = 50 - 50 \times 50\% - 10 = 15$（万元），$I = 40 \times 6\% = 2.4$（万元）

2022年：$DFL_{2022} = \dfrac{EBIT_{2021}}{EBIT_{2021} - I_{2021}} = \dfrac{15}{15 - 2.4} \approx 1.19$

4. 2021年：$EBIT = 15$（万元），$I = 40 \times 6\% = 2.4$（万元）

$EAT = (15 - 2.4) \times (1 - 25\%) = 9.45$（万元）

2022年：$EBIT = 50 \times 110\% - 50 \times 110\% \times 50\% - 10 = 17.5$（万元），

$I = 40 \times 6\% = 2.4$（万元）

$EAT = (17.5 - 2.4) \times (1 - 25\%) = 11.325$（万元）

$DFL_{2022} = \dfrac{\Delta EAT / EAT_{2021}}{\Delta EBIT / EBIT_{2021}} = \dfrac{(11.325 - 9.45)/9.45}{(17.5 - 15)/15} \approx 1.19$

因此，测算结果与第3步中的测算结果相同。

5. 资金结构是指企业各种资金的价值构成及其比例关系，有广义和狭义之分。广义的资金结构指的是企业全部资金的构成及其比例关系，既包括长期资金，也包括短期资金。狭义的资金结构仅指企业长期资金的构成及其比例关系，短期资金则列入营运资金中管理。我们通常所关心的资金结构是狭义的资金结构，尤其是债权性资金与股权性资金的比例关系。

首先，合理的资金结构可以降低企业的综合资金成本，不同性质的资金成本不同，优化资金结构，可以使综合资金成本最低。其次，合理的资金结构还可以获得财务杠杆利益。最后，合理的资金结构可以增加公司的价值，实现企业价值最大化。

6. 吸收新股东：

$EAT = 15 \times (1-25\%) = 11.25$（万元）

每个股东所获净利润：$11.25/5 = 2.25$（万元）

向银行借款：

$EAT = (15-2.4) \times (1-25\%) = 9.45$（万元）

每个股东所获净利润：$9.45/4 = 2.3625$（万元）

向银行借款这种筹资方式更优。

7. 设每股利润无差别点为$\overline{EBIT}$，那么：

$$\frac{(\overline{EBIT}-I_1)(1-T)}{N_1} = \frac{(\overline{EBIT}-I_2)(1-T)}{N_2}$$

$$\frac{(\overline{EBIT}-0)(1-25\%)}{5} = \frac{(\overline{EBIT}-2.4)(1-25\%)}{4}$$

$\overline{EBIT} = 12$（万元），为两种筹资方式下的每股利润无差别点。

因此，通过吸收新股东的方式筹资，没有还本付息的压力，但会分散公司的控制权，稀释股东每股利润，降低每股净资产。

通过向银行借款的方式筹资，会有固定的偿付期限和固定的利息负担，财务风险较高，但不会分散股东对公司的控制权。

案例二：略。

案例三：略。

# 第九章　筹资管理概论

一、单项选择题

1. C　2. D　3. D　4. A　5. A　6. C　7. C　8. A　9. B　10. D

二、多项选择题

1. AD　2. BCD　3. ABCD　4. ABD　5. ABC

三、判断题

1. 错　2. 错　3. 错　4. 错　5. 错

## 四、计算题

1. 该公司2023年需外部筹资的资金量 = 100 000×30%÷100 000×
$$(5\,000+15\,000+30\,000-15\,000) - 100\,000 \times$$
$$(1+30\%) \times 15\% \times 40\%$$
$$= 0.3 \times 35\,000 - 7\,800$$
$$= 2\,700(万元)$$

2. （1）确定2022年有关项目的营业收入百分比

敏感资产÷营业收入 = (150+280+50+320)÷4 000 = 800÷4 000 = 20%

敏感负债÷营业收入 = (170+60)÷4 000 = 230÷4 000 = 5.75%

（2）计算2023年预计营业收入下的资产和负债

敏感资产 = 5 000×20% = 1 000(万元)

非敏感资产 = 110+1 200+190+500 = 2 000(万元)

总资产 = 1 000+2 000 = 3 000(万元)

敏感负债 = 5 000×5.75% = 287.5(万元)

非敏感负债 = 90+600 = 690(万元)

总负债 = 287.5+690 = 977.5(万元)

（3）预计留存收益增加额

2022年营业净利率 = 200÷4 000 = 5%

留存收益增加 = 预计营业收入×营业净利率×(1-股利支付率)
$$= 5\,000 \times 5\% \times (1-20\%) = 200(万元)$$

（4）计算外部融资需求

公司2023年外部融资需求 = 预计总资产-预计总负债-预计股东权益
$$= 3\,000 - 977.5 - (800+200+380+200) = 442.5(万元)$$

## 五、实训题

略。

## 六、案例分析题

**案例一：**

1. 万科企业股份有限公司成功运用了以下3种筹资方式。

（1）发行普通股属于股权性资金筹资。

（2）发行可转换公司债券属于混合性资金筹资。

（3）发行公司债券属于债权性资金筹资。

2. 股权性资金的筹集可以增强实力，万科上市时的筹资体现了这一点。但股权性资金的筹集也可能会分散原股东控制权，万科准备引入新股东——深圳地铁时，就遭到了原股东反对，而且股权过于分散也使万科可能成为被收购的目标。

**案例二：** 略。

案例三：略。

案例四：略。

## 第十章　长期筹资

一、单项选择题

1. A　2. D　3. A　4. A　5. A　6. D　7. C　8. B　9. B　10. D

二、多项选择题

1. BCD　2. AB　3. ACD　4. AB　5. BD

三、判断题

1. 错　2. 对　3. 错　4. 错　5. 对

四、计算题

1. $60-1.2+[60\times(1+10\%)^5-60]+60\times1\% \approx 96.03$（万元）

   $96.03 \div 5 \approx 19.21$（万元）

2. 每年支付的租金 $=600\,000 \div (P/A,12\%,5) = 600\,000 \div 3.605 \approx 166\,436$（元）

3. （1）每年租金 $=60-5+[60\times(F/P,10\%,6)-60]+60\times2\% = 17.08$（万元）

   （2）每年租金 $=[600\,000-50\,000\times(P/F,10\%,6)] \div (P/A,10\%,6)$

   $= 131\,283$（元）

4. （1）$A = P \div (P/A,18\%,5) = 500\,000 \div (P/A,18\%,5)$

   $= 500\,000 \div 3.127\,2$

   $\approx 159\,887.44$（元）

   （2）$A = 500\,000 \div [(P/A,18\%,4)+1]$

   $= 500\,000 \div (2.690\,1+1)$

   $\approx 135\,497.68$（元）

5. 转换价格 $=100 \div 4 = 25$（元）

五、实训题

略。

六、案例分析题

略。

## 第十一章　短期筹资

一、单项选择题

1. A　2. C　3. B　4. D　5. D　6. B　7. B　8. A　9. C　10. B

二、多项选择题

1. ABC　2. ABD　3. BCD　4. ACD　5. ACD

### 三、判断题

1. 错　2. 错　3. 错　4. 对　5. 错

### 四、计算题

1. （1）若该企业在折扣期内付款（选择第 10 天付款），则

付款额 = 100×(1−1%) = 99(万元)

（2）如果企业放弃现金折扣，在第 30 天付款，则

放弃现金折扣的机会成本 = [1%÷(1−1%)]×[360÷(30−10)] ≈ 18.18%

（3）如果银行的短期借款资金成本率是 10%，该企业应从银行借款，享受此项折扣。

（4）如果延至第 40 天付款，则

放弃现金折扣的机会成本 = [1%÷(1−1%)]×[360÷(40−10)] ≈ 12.12%

2. 放弃现金折扣的成本 = [2%/(1−2%)]×[360÷(30−10)] ≈ 36.73%

因借款利率小于放弃现金折扣的成本，故甲企业应选择在第 10 天付款，即使公司资金短缺，也可以通过向银行取得短期借款的方式在第 10 天还款。

3. （1）放弃第 10 天现金折扣的成本（比率）= [2%/(1−2%)]×[360/(30−10)]×100% ≈ 36.7%

放弃第 20 天现金折扣的成本率 = [1%/(1−1%)]×[360/(30−20)]×100% ≈ 36.4%

最有利的付款日期为第 10 天付款，价格为 98 万元。

（2）最有利的付款日期为第 30 天付款，价格为 100 万元。

### 五、实训题

略。

## 第十二章　项目投资决策

### 一、单项选择题

1. D　2. A　3. A　4. C　5. C　6. D　7. B　8. D　9. B　10. D

### 二、多项选择题

1. AB　2. ABC　3. ABC　4. ABCD　5. ACD

### 三、判断题

1. 对　2. 对　3. 对　4. 对　5. 错

### 四、计算题

1. ① 项目计算期 = 10(年)

② 固定资产原值 = 1 000(万元)

③ 固定资产年折旧 = (1 000−100)÷10 = 90(万元)

④ 投资期净现金流量 = −(1 000+200) = −1 200(万元)

⑤ 经营期净现金流量：

第 1—7 年净现金流量 =（800-450-90）×（1-25%）+90
= 285（万元）

第 8—9 年净现金流量 =（700-450-90）×（1-25%）+90
= 210（万元）

第 10 年净现金流量 =（700-450-90）×（1-25%）+90+100+200
= 510（万元）

2. （1）方案 A 的投资回收期 = 10 000÷4 500 ≈ 2.22（年）

方案 B 的投资回收期 = 3-1+3 000÷6 000 = 2.5（年）

（2）方案 A 的平均投资利润率 =（1 700+1 700+500）÷3÷10 000×100% = 13%

方案 B 的平均投资利润率 =（-1 900+3 000+3 000）÷3÷10 000×100%
≈ 13.67%

（3）方案 A 的净现值 = 4 500×（$P/A$,10%,3）-10 000
= 4 500×2.487-10 000 = 1 191.5（万元）

方案 B 的净现值 = 1 000÷(1+10%) + 6 000÷(1+10%)$^2$ +
6 000÷(1+10%)$^3$ - 10 000
≈ 376（万元）

（4）方案 A 的现值指数 = 4 500×（$P/A$,10%,3）÷10 000 ≈ 1.12

方案 B 的现值指数 = [1 000÷(1+10%) + 6 000÷(1+10%)$^2$ +
6 000÷(1+10%)$^3$] ÷ 10 000 ≈ 1.04

（5）A 方案：

各期现金流入量相等，符合年金形式，可利用年金现值系数表来确定。

$NPV$ = 4 500×（$P/A,i$,3）-10 000 = 0

（$P/A,i$,3）= 10 000÷4 500 ≈ 2.222

查阅"1 元年金现值系数表"，在 $n$ = 3 这一栏下寻找到最接近（$P/A,i$,3）= 2.222 的折现率是 $i$ = 17%，即 A 方案的内部收益率为 17%。

B 方案内部收益率测试过程见下表。

| 年次 | 现金净流量/万元 | 贴现率 $i$=11% | | 贴现率 $i$=12% | |
|---|---|---|---|---|---|
| | | 贴现系数 | 现值/万元 | 贴现系数 | 现值/万元 |
| 0 | 10 000 | 1 | 10 000 | 1 | 10 000 |
| 1 | 1 000 | 0.901 | 901 | 0.893 | 893 |
| 2 | 6 000 | 0.812 | 4 872 | 0.797 | 4 782 |
| 3 | 6 000 | 0.731 | 4 386 | 0.712 | 4 272 |
| 净现值 | — | — | 159 | — | 53 |

$IRR = 11\% + (12\% - 11\%) \times 159 \div (159 + 53) \approx 11.79\%$

3. （1）计算差额净现金流量

$\Delta NCF_0 = -($该年发生的新固定资产投资$-$旧固定资产变价净收入$)$

$= -(180\ 000 - 80\ 000) = -100\ 000$（万元）

$\Delta$ 折旧 $= (180\ 000 - 80\ 000) \div 5 = 20\ 000$（元）

$\Delta NCF = \Delta$ 净利润 $+$ 折旧 $+$ 旧设备提前报废净损益抵税

$= (51\ 000 - 26\ 000 - 20\ 000) \times (1 - 25\%) + 20\ 000 + (90\ 000 - 80\ 000) \times 25\%$

$= 26\ 250$（元）

（2）计算差额净现值

$\Delta NPV = 26\ 250 \times (P/A, 10\%, 5) - 100\ 000$

$= 26\ 250 \times 3.791 - 100\ 000 = -486.25$（元）

由于差额净现值为负数，所以不应当更换新设备。

4. 项目总投资 $= 200 + 25 + 10 + 20 = 255$（万元）

5. （1）年折旧额 $= (1\ 000 - 10) \div 10 = 99$（万元）

经营期现金净流量 $= [(130 - 60) \times 5 - 20 - 99] \times (1 - 25\%) + 99 = 272.25$（万元）

期初现金净流量 $= 0 - 1\ 000 - 30 = -1\ 030$（万元）

期末现金净流量 $= 272.5 + 30 + 10 = 312.5$（万元）

（2）净现值 $= 272.5 \times (P/A, 10\%, 9) + 312.5 \times (P/F, 10\%, 10) - 1\ 030$

$= 272.5 \times 5.759 + 312.5 \times 0.385\ 5 - 1\ 030$

$\approx 659.796$（万元）

因为净现值 $> 0$，所以可以投资该项目。

（3）现值指数 $= [272.5 \times (P/A, 10\%, 9) + 312.5 \times (P/F, 10\%, 10)] \div 1\ 030 \approx 1.641$

因为现值指数 $> 1$，所以可以投资该项目。

6. $(P/A, IRR, 10) = 100 \div 20 = 5$

查 10 年的年金现值系数表：

$(P/A, 14\%, 10) = 5.216\ 1 > 5$

$(P/A, 16\%, 10) = 4.833\ 2 < 5$

故知：$14\% < IRR < 16\%$，应采用内插法计算。

$IRR = 14\% + (5.216\ 1 - 5) \times (16\% - 14\%) \div (5.216\ 1 - 4.833\ 2) \approx 15.13\%$

7. 经过以上试算，可以看出该方案的内含报酬率在 $16\% \sim 18\%$，采用内插法确定。

贴现率 $= 16\%$ 时，净现值 $= 9$ 元

贴现率 $= 18\%$ 时，净现值 $= -499$ 元

$(IRR - 18\%) \div (16\% - 18\%) = [0 - (-499)] \div [9 - (-499)]$

$IRR \approx 16.04\%$

8. 年折旧额 = 20÷20 = 1(万元)

年营业净现金流量 = 4+1 = 5(万元)

静态投资回收期 = 20÷5 = 4(年)

9. 静态投资回收期 = 5+|−200÷600| ≈ 5.33(年)

10. $NPV_A$ = −100 000+20 000×(P/F,10%,1)+25 000×(P/F,10%,2)+
30 000×(P/F,10%,3)+35 000×(P/F,10%,4)+
40 000×(P/F,10%,5)
= −100 000+20 000×0.909 1+25 000×0.826 4+30 000×0.751 3+35 000×
0.683+40 000×0.620 9
= 10 122(万元)

$NPV_B$ = −100 000+40 000×(P/F,10%,1)+35 000×(P/F,10%,2)+
30 000×(P/F,10%,3)+25 000×(P/F,10%,4)+20 000×(P/F,10%,5)
= −100 000+40 000×0.909 1+35 000×0.826 5+30 000×0.751 3+
25 000×0.683 0+20 000×0.620 9
= 17 323.5(万元)

因为 B 方案净现值大于 A 方案,所以 B 方案为最佳方案。

11. (1) 项目计算期 = 0+20 = 20(年)

(2) 项目计算期 = 2+20 = 22(年)

12. 建设投资额合计 = 100+300+68 = 468(万元)

流动资金投资额合计 = 15+5 = 20(万元)

原始投资额 = 468+20 = 488(万元)

项目总投资额 = 488+22 = 510(万元)

13. (1) 根据情形①所给定资料,可以得到

没有建设期,即项目计算期(n) = 10(年)

每年的折旧额 = (100−0)÷10 = 10(万元)

第 1 年年初的净现金流量($NCF_0$) = −100(万元)

第 1 年年末到第 10 年年末的净现金流量($NCF_{1—10}$) = 10+10 = 20(万元)

(2) 根据情形②所给定资料,可以得到

有建设期,即项目计算期(n) = 11(年)

每年的折旧额 = (100−0)÷10 = 10(万元)

第 1 年年初的净现金流量($NCF_0$) = −100(万元)

第 1 年年末的净现金流量为零,即($NCF_1$) = 0(万元)

第 2 年年末到第 11 年年末的净现金流量($NCF_{2—11}$) = 10+10 = 20(万元)

(3) 根据情形③所给定资料,可以得到

没有建设期,即项目计算期(n) = 10(年)

每年的折旧额=(100-10)÷10=9(万元)

第1年年初的净现金流量($NCF_0$)=-100(万元)

第1年年末到第9年年末的净现金流量($NCF_{1-9}$)=10+9=19(万元)

第10年年末的净现金流量($NCF_{10}$)=10+9+10=29(万元)

(4) 根据情形④给定的资料,可以得到

有建设期,即项目计算期($n$)=11(年)

每年的折旧额=(100-0)÷10=10(万元)

第1年年初的净现金流量($NCF_0$)=-50(万元)

第1年年末的净现金流量($NCF_1$)=-50(万元)

第2年年末到第11年年末的净现金流量($NCF_{2-11}$)=10+10=20(万元)

14. (1) 项目计算期($n$)=1+10=11(年)

(2) 第1年年初现金净流量($NCF_0$)=-510(万元)

第1年年末现金净流量($NCF_1$)=0(万元)

(3) 经营期内,年折旧额=(510-10)÷10=50(万元)

各年净利润=(130-40-50)×(1-25%)=30(万元)

各年经营现金净流量($NCF_{2-10}$)=30+50=80(万元)

(4) 终结点现金净流量($NCF_{11}$)=80+10=90(万元)

15. 甲方案:每年的折旧额=(10 000-0)÷5=2 000(万元)

$NCF_0$=-10 000(万元)

$NCF_{1-5}$=(10 000-6 000-2 000)×(1-25%)+2 000=3 500(万元)

投资报酬率=1 500÷10 000×100%=15%

乙方案:每年的折旧额=(13 000-3 000)÷5=2 000(万元)

$NCF_0$=-13 000-2 000=-15 000(万元)

$NCF_1$=(11 000-6 000-2 000)×(1-25%)+2 000=4 250(万元)

$NCF_2$=(11 000-6 000-2 000-500)×(1-25%)+2 000=3 875(万元)

$NCF_3$=(11 000-6 000-2 000-500×2)×(1-25%)+2 000=3 500(万元)

$NCF_4$=(11 000-6 000-2 000-500×3)×(1-25%)+2 000=3 125(万元)

$NCF_5$=(11 000-6 000-2 000-500×4)×(1-25%)+2 000+3 000+2 000
=7 750(万元)

投资报酬率=[(2 250+1 875+1 500+1 125+750)÷5]÷13 000×100%≈11.54%

16. (1) 甲、乙方案的投资回收期分别为

甲方案的投资回收期=100÷40=2.5(年)

乙方案的投资回收期=25÷35+2≈2.71(年)

(2) 甲方案包括建设期的投资回收期=2.5+2=4.5(年)

乙方案包括建设期的投资回收期=2.71+2=4.71(年)

17. 净现值 = 20 000×(P/F,8%,1) + 60 000×(P/F,8%,2) +
          100 000×(P/F,8%,3) + 140 000×(P/F,8%,4) − 240 000
        = 20 000×0.925 9 + 60 000×0.857 3 + 100 000×0.793 8 + 140 000×
          0.735 0 − 240 000
        = 12 236(元)

18. 建设期的现金净流量 = −500 000(元)

年折旧额 = 500 000÷10 = 50 000(元)

投产后每年的现金净流量 = 50 000+50 000 = 100 000(元)

净现值 = 100 000×(P/A,10%,10)×(P/F,10%,2) − 500 000
       = 100 000×6.144 6×0.826 4 − 500 000
       ≈ 7 789.74(元)

净现值率 = 12 236÷240 000 ≈ 0.051

现值指数 = (12 236+240 000)÷240 000 ≈ 1.051

19. 年金现值系数 = 200 000÷47 500 ≈ 4.210 5

查年金现值系数表，在5年的年金现值系数表中查得与4.210 5相邻的两个数值为4.212 4和4.100 2，其对应的折现率分别是6%和7%，因此可以确定该项目的内含报酬率在6%~7%，再使用内插法计算内含报酬率（IRR）。

(IRR−6%)÷(4.210 5−4.212 4) = (7%−6%)÷(4.100 2−4.212 4)

计算得到：IRR ≈ 6.017%

20. 根据题目资料，每年现金净流量不相等，因此必须进行逐步测试，测试过程如下表所示。

**东方公司项目投资内含报酬率计算表**

| 年次 | 现金净流量/元 | 折现率为10% | | 折现率为12% | | 折现率为14% | |
|---|---|---|---|---|---|---|---|
| | | 现值系数 | 现值/元 | 现值系数 | 现值/元 | 现值系数 | 现值/元 |
| 0 | −150 000 | 1.000 0 | −150 000 | 1.000 0 | −150 000 | 1.000 0 | −150 000 |
| 1 | 38 000 | 0.909 1 | 34 545.8 | 0.892 9 | 33 930.2 | 0.877 2 | 33 333.6 |
| 2 | 35 600 | 0.826 4 | 29 419.84 | 0.797 2 | 28 380.32 | 0.769 5 | 27 394.2 |
| 3 | 33 200 | 0.751 3 | 23 943.16 | 0.711 8 | 23 631.76 | 0.675 0 | 22 410 |
| 4 | 32 800 | 0.683 0 | 22 402.4 | 0.635 5 | 20 844.4 | 0.592 1 | 19 420.88 |
| 5 | 78 400 | 0.620 9 | 48 678.56 | 0.567 4 | 44 484.16 | 0.519 4 | 40 720.96 |
| 净现值 | — | — | 8 989.76 | — | 1 270.84 | — | −6 720.36 |

由表得知，内含报酬率应在12%~14%，使用内插法。

(IRR−12%)÷(0−1 270.84) = (14%−12%)÷(−6 720.36−1 270.84)

计算得到：IRR ≈ 12.32%

21. 根据题目资料方案，丙净现值为 -20 240 元，小于零；内含报酬率为 5.83%，高于必要报酬率，不符合财务可行性的必要条件，应舍去。

甲、乙、丁三个备选方案的净现值均大于零，且内含报酬率均高于必要报酬率，所以三个方案都符合财务可行性。同时，丁方案净现值最大，内含报酬率最高，所以丁方案最优。

22. （1）以基准折现率求出以下各值

A 方案的净现值（$NPV$）= 29.29×($P/A$,10%,10)-150
　　　　　　　　　　　= 29.29×6.144 6-150
　　　　　　　　　　　≈ 29.98（万元）

B 方案的净现值（$NPV$）= 20.18×($P/A$,10%,10)-100
　　　　　　　　　　　= 20.18×6.144 6-100
　　　　　　　　　　　≈ 24.00（万元）

A 方案的净现值率 = 29.98÷150 ≈ 0.20

B 方案的净现值率 = 24÷100 = 0.24

由于 A 方案的净现值率低于 B 方案的净现值率，所以应当选择 B 方案。

（2）因为两个方案投资额不同，计算差额净流量

$\Delta NCF_0$ = -150-(-100) = -50（万元）

$\Delta NCF_{1-10}$ = 29.29-20.18 = 9.11（万元）

差额净现值 = 9.11×($P/A$,10%,10)-50
　　　　　= 9.11×6.144 6-50
　　　　　≈ 5.98（万元）

因为差额净现值大于零，所以 A 方案最优。

（3）年金现值系数 = 50÷9.11 = 5.488 5

当折现率=12%时，年金现值系数=5.650 2

当折现率=14%时，年金现值系数=5.216 1

使用内插法得出

差额内含报酬率 = 12%+(5.650 2-5.488 5)÷(5.650 2-5.216 1)×(14%-12%)
　　　　　　　 ≈ 12.74%

以上计算结果表明，差额内含报酬率高于基准折现率，应选 A 方案。

23. 答：（1）华纳公司差额净现金流量计算过程如下表所示。

单位：元

| 项目 | 0 | 1 | 2 | 3 | 4 | 5 |
|---|---|---|---|---|---|---|
| 新生产线投资额 | -180 000 | — | — | — | — | — |
| 旧生产线的变价净收入 | 80 000 | — | — | — | — | — |

续表

| 项目 | 0 | 1 | 2 | 3 | 4 | 5 |
|---|---|---|---|---|---|---|
| 更新项目增加的投资额 | −100 000 | — | — | — | — | — |
| 更新项目增加的营业收入 | — | 50 000 | 60 000 | 60 000 | 60 000 | 60 000 |
| 更新项目增加的经营成本 | — | −25 000 | −30 000 | −30 000 | −30 000 | −30 000 |
| 更新项目增加的折旧 | | −20 000 | −20 000 | −20 000 | −20 000 | −20 000 |
| 增加的总成本 | — | −45 000 | −50 000 | −50 000 | −50 000 | −50 000 |
| 增加的息税前利润 | — | 5 000 | 10 000 | 10 000 | 10 000 | 10 000 |
| 增加的息税后利润 | | 3 750 | 7 500 | 7 500 | 7 500 | 7 500 |
| 旧固定资产报废发生净损失而抵减的所得税额 | — | 3 750 | — | — | — | — |
| 差额净现金流量 | −100 000 | −27 500 | −22 500 | −22 500 | −22 500 | −22 500 |

运营期第1—5年每年因更新改造而增加的折旧 = (180 000 − 80 000) ÷ 5
$$= 20\ 000(元)$$

因旧设备提前报废发生的处理固定资产净损失 = 旧固定资产折余价值 − 变价净收入
$$= 95\ 000 - 80\ 000 = 15\ 000(元)$$

因旧固定资产提前报废发生净损失而抵减的所得税额 = 旧固定资产清理净损失 ×
适用的企业所得税税率
$$= 15\ 000 × 25\% = 3\ 750(元)$$

建设期差额净现金流量 = 该年发生的新固定资产投资 − 旧固定资产变价净收入
$$= -(180\ 000 - 80\ 000)$$
$$= -100\ 000(元)$$

运营期第一年差额净现金流量 = 该年因更新改造而增加的息税前利润 × (1 − 所得税税率) + 该年因更新改造而增加的折旧 + 因旧固定资产提前报废发生净损失而抵减的所得税税额
$$= 5\ 000 × (1 - 25\%) + 20\ 000 + 3\ 750$$
$$= 27\ 500(元)$$

运营期其他各年差额净现金流量 = 该年因更新改造而增加的息税前利润 × (1 − 所得积税率) + 该年因更新改造而增加的折旧 + 该年回收新固定资产净残值超过假定继续使用的旧固定资产净残值之差额
$$= 10\ 000 × (1 - 25\%) + 20\ 000$$
$$= 27\ 500(元)$$

(2) 根据差额净现金流量（$\Delta NCF$）计算差额内部收益率（$\Delta IRR$）

$(P/A, \Delta IRR, 5) = 100\,000 \div 27\,500 \approx 3.636\,4$

采用内插法：

折旧率=10%时，年金现值系数=3.790 8

折旧率=12%时，年金现值系数=3.604 8

$\Delta IRR = 10\% + (3.790\,8 - 3.636\,4) \div (3.790\,8 - 3.604\,8) \times (12\% - 10\%) \approx 11.66\%$

(3) 比较决策

当行业基准折现率为10%时，$\Delta IRR = 11.66\% > 10\%$，因此应当更新生产线。

当行业基准折现率为12%时，$\Delta TRR = 11.66\% < 12\%$，因此不应当更新生产线。

24. $\Delta NCF_0 = -(120\,000 - 20\,000) = -100\,000$（元）

因旧设备提前报废发生处理固定资产净损失抵税 = $[80\,000 - 40\,000 - 20\,000] \times 33\% = 6\,600$（元）

使用新设备比使用旧设备每年增加的折旧额 = $[(120\,000 - 20\,000) \div 5] - (20\,000 \div 5) = 16\,000$（元）

使用新设备比使用旧设备每年增加的总成本 = $80\,000 - 60\,000 + 16\,000 = 36\,000$（元）

使用新设备比使用旧设备每年增加的息税前利润 = $160\,000 - 100\,000 - 36\,000 = 24\,000$（元）

使用新设备比使用旧设备每年增加的净现金流量：

$\Delta NCF_1 = 24\,000 \times (1 - 33\%) + 16\,000 + 6\,600 = 38\,680$（元）

$\Delta NCF_{2-4} = 24\,000 \times (1 - 33\%) + 16\,000 = 32\,080$（元）

$\Delta NCF_5 = 24\,000 \times (1 - 33\%) + 16\,000 + 20\,000 = 52\,080$（元）

计算差额投资内部收益率，设差额投资内部收益率为 $\Delta IRR$，则有

$-100\,000 + 38\,680 \times (P/F, \Delta IRR, 1) + 32\,080 \times [(P/A, \Delta IRR, 4) - (P/A, \Delta IRR, 1)] + 52\,080 \times (P/F, \Delta IRR, 5) = 0$

利用内插法求 $\Delta IRR$：

当 $\Delta IRR = 24\%$ 时，即

$-100\,000 + 38\,680 \times 0.806\,5 + 32\,080 \times (2.404\,3 - 0.806\,5) + 52\,080 \times 0.341\,1 \approx 217.33$

当 $\Delta IRR = 28\%$ 时，即

$-100\,000 + 38\,680 \times 0.781\,3 + 32\,080 \times (2.241\,0 - 0.781\,3) + 52\,080 \times 0.291 = -7\,796.86$

即 $\Delta IRR = 24\% + [(217.33 - 0) \div 217.33 - (-7\,796.86)] \times (28\% - 24\%)$

$\Delta IRR = 24.1\% > 6\%$

由于差额投资内部收益率大于资金成本率，所以应选择更新设备方案。

25．（1）肯定当量法

A 方案：

$E_1 = 3\,000 \times 0.25 + 2\,000 \times 0.5 + 1\,000 \times 0.25 = 2\,000$（万元）

$E_2 = 4\,000 \times 0.2 + 3\,000 \times 0.6 + 2\,000 \times 0.2 = 3\,000$（万元）

$E_3 = 2\,500 \times 0.3 + 2\,000 \times 0.4 + 1\,500 \times 0.3 = 2\,000$（万元）

用标准差描述 A 方案现金流入的离散趋势：

$\delta_1 = [(3\,000-2\,000)^2 \times 0.25 + (2\,000-2\,000)^2 \times 0.5 + (1\,000-2\,000)^2 \times 0.25]^{1/2}$
$\approx 707.11$（万元）

$\delta_2 = [(4\,000-3\,000)^2 \times 0.2 + (3\,000-3\,000)^2 \times 0.6 + (2\,000-3\,000)^2 \times 0.2]^{1/2}$
$\approx 632.46$（万元）

$\delta_3 = [(2\,500-2\,000)^2 \times 0.3 + (2\,000-2\,000)^2 \times 0.4 + (1\,500-2\,000)^2 \times 0.3]^{1/2}$
$\approx 387.30$（万元）

$Q_1 = \delta_1 \div E_1 = 707.11 \div 2\,000 \approx 0.354$

$Q_2 = \delta_2 \div E_2 = 632.46 \div 3\,000 \approx 0.21$

$Q_3 = \delta_3 \div E_3 = 387.30 \div 2\,000 = 0.194$

查表得：$d_1 = 0.6$　$d_2 = 0.8$　$d_3 = 0.8$

$NPV_A = 2\,000 \times 0.6 \div 1.06 + 3\,000 \times 0.8 \div 1.06^2 + 2\,000 \times 0.8 \div 1.06^3 - 5\,000$
$\approx -388.54$（万元）

B 方案：

$E_B = 3\,000 \times 0.1 + 4\,000 \times 0.8 + 5\,000 \times 0.1 = 4\,000$（万元）

$\delta_B = [(3\,000-4\,000)^2 \times 0.1 + (4\,000-4\,000)^2 \times 0.8 + (5\,000-4\,000)^2 \times 0.1]^{1/2}$
$\approx 447.21$（万元）

$Q_B = 447.21 \div 4\,000 \approx 0.11$

查表得：$d_B = 0.9$

$NPV_B = 0.9 \times 4\,000 \div 1.06^3 - 2\,000 \approx 1\,022.63$（万元）

所以两个方案的优劣顺序为：B>A。

（2）风险调整贴现率法

A 方案：

计算总的离散程度，即综合标准差 $D$：

$D_A = (707.11^2 \div 1.06^2 + 632.46^2 \div 1.06^4 + 316.23^2 \div 1.06^6)^{1/2} = 943.41$（万元）

现金流入预期现值$(EPV_A) = 2\,000 \div 1.06 + 3\,000 \div 1.06^2 + 2\,000 / 1.06^3$
$= 6\,236.02$（万元）

综合变化系数$(Q_A) = 943.41 \div 6\,236.02 = 0.15$

A 方案风险调整贴现率$(K_A) = 6\% + 0.15 \times 0.1 = 7.5\%$

$NPV_A = 2\,000 \div 1.75 + 3\,000 \div 1.75^2 + 2\,000 \div 1.75^3 - 5\,000 = 1\,066.47$（万元）

B方案：

B方案风险调整贴现率$(K_B)$=6%+0.11×0.1=7.1%

$NPV_B$=4 000÷1.071³-2 000=1 256.27(万元)

所以两个方案的优劣顺序为：B>A。

26. 每年折旧=（140+100）÷4=60（万元）

每年营业现金流量=220×（1-25%）-110×（1-25%）+60×25%
= 165-82.5+15=97.5（万元）

投资项目的现金流量如下表所示。

| 年次 | 0 | 1 | 2 | 3 | 4 | 5 | 6 |
|---|---|---|---|---|---|---|---|
| 初始投资/万元 | -140 | -100 | — | — | — | — | — |
| 垫支流动资金/万元 | — | — | -40 | — | — | — | — |
| 营业现金流量/万元 | — | — | — | 97.5 | 97.5 | 97.5 | 97.5 |
| 收回流动资金/万元 | — | — | — | — | — | — | 40 |

（1）净现值=40×$PVIF_{10\%,6}$+97.5×$PVIFA_{10\%,4}$×$PVIF_{10\%,2}$-

40×$PVIF_{10\%,2}$-100×$PVIF_{10\%,1}$-140

=40×0.564+97.5×3.170×0.826-40×0.826-100×0.909-140

≈22.56+255.30-33.04-90.9-140=13.92(万元)

（2）获利指数=(22.56+255.30)/(33.04+90.9+140)≈1.05

（3）贴现率为11%时，

净现值=40×$PVIF_{11\%,6}$+97.5×$PVIFA_{11\%,4}$×$PVIF_{11\%,2}$-

40×$PVIF_{11\%,2}$-100×$PVIF_{11\%,1}$-140

=40×0.535+97.5×3.102×0.812-40×0.812-100×0.901-140

≈21.4+245.59-32.48-90.1-140=4.41(万元)

贴现率为12%时，

净现值=40×$PVIF_{12\%,6}$+97.5×$PVIFA_{12\%,4}$×$PVIF_{12\%,2}$-

40×$PVIF_{12\%,2}$-100×$PVIF_{12\%,1}$-140

=40×0.507+97.5×3.037×0.797-40×0.797-100×0.893-140

=20.28+236-31.88-89.3-140=-4.9(万元)

设内部报酬率为$r$，则：$\frac{r-11\%}{4.41}=\frac{12\%-11\%}{4.41+4.9}$

解得：$r≈11.47\%$

综上，由于净现值大于0，获利指数大于1，贴现率大于资金成本，故该项目可行。

27.（1）甲方案的投资回收期 = $\dfrac{\text{初始投资额}}{\text{每年现金流量}} = \dfrac{48}{16} = 3$（年）

甲方案的平均报酬率 = $\dfrac{16}{48} \approx 33.33\%$

（2）乙方案的投资回收期计算如下表所示

| 年次 | 年初尚未收回的投资额/万元 | 每年净现金流量/万元 | 年末尚未收回的投资额/万元 |
| --- | --- | --- | --- |
| 1 | 48 | 5 | 43 |
| 2 | 43 | 10 | 33 |
| 3 | 33 | 15 | 18 |
| 4 | 18 | 20 | 0 |
| 5 | — | 25 | — |
| 6 | — | 30 | — |
| 7 | — | 40 | — |
| 8 | — | 50 | — |

乙方案的投资回收期 = $3 + 18 \div 20 = 3.9$（年）

乙方案的平均报酬率 = $\dfrac{(5+10+15+20+25+30+40+50)/8}{48} \approx 50.78\%$

综上，按照投资回收期，甲方案更优，但按照平均报酬率，乙方案更优，二者的决策结果并不一致。

投资回收期的优点是概念易于理解，计算简便；其缺点是没有考虑资金的时间价值，而且没有考虑初始投资回收后的现金流量状况。

平均报酬率的优点是概念易于理解，计算简便，考虑了投资项目整个寿命周期内的现金流量；其缺点是没有考虑资金的时间价值。

28.（1）丙方案的净现值 = $50 \times PVIF_{10\%,6} + 100 \times PVIF_{10\%,5} + 150 \times PVIFA_{10\%,2} \times$
$PVIF_{10\%,2} + 200 \times PVIFA_{10\%,2} - 500$
$= 50 \times 0.564 + 100 \times 0.621 + 150 \times 1.736 \times 0.826 +$
$200 \times 1.736 - 500$
$\approx 152.59$（万元）

贴现率为20%时，

净现值 = $50 \times PVIF_{20\%,6} + 100 \times PVIF_{20\%,5} + 150 \times PVIFA_{20\%,2} \times PVIF_{20\%,2} +$
$200 \times PVIFA_{20\%,2} - 500$
$= 50 \times 0.335 + 100 \times 0.402 + 150 \times 1.528 \times 0.694 + 200 \times 1.528 - 500$
$\approx 21.61$（万元）

贴现率为25%时，

净现值 $=50\times PVIF_{25\%,6}+100\times PVIF_{25\%,5}+150\times PVIFA_{25\%,2}\times PVIF_{25\%,2}+$
$\qquad 200\times PVIFA_{25\%,2}-500$
$\quad =50\times 0.262+100\times 0.320+150\times 1.440\times 0.640+200\times 1.440-500$
$\quad =-28.66(万元)$

设丙方案的内部报酬率为 $r_1$，则：$\dfrac{r_1-20\%}{21.61}=\dfrac{25\%-20\%}{21.61-(-28.66)}$

解得：$r_1\approx 22.15\%$

（2）丁方案的净现值 $=250\times PVIF_{10\%,6}+200\times PVIFA_{10\%,2}\times PVIF_{10\%,3}+$
$\qquad\qquad\qquad\quad 150\times PVIF_{10\%,3}+100\times PVIFA_{10\%,2}-500$
$\qquad\qquad\qquad =250\times 0.564+200\times 1.736\times 0.751+150\times 0.751+$
$\qquad\qquad\qquad\quad 100\times 1.736-500$
$\qquad\qquad\qquad \approx 188(万元)$

贴现率为 20%时，
净现值 $=250\times PVIF_{20\%,6}+200\times PVIFA_{20\%,2}\times PVIF_{20\%,3}+150\times PVIF_{20\%,3}+$
$\qquad 100\times PVIFA_{20\%,2}-500$
$\quad =250\times 0.335+200\times 1.528\times 0.579+150\times 0.579+100\times 1.528-500$
$\quad \approx 0.34(万元)$

贴现率为 25%时，
净现值 $=250\times PVIF_{25\%,6}+200\times PVIFA_{25\%,2}\times PVIF_{25\%,3}+150\times PVIF_{25\%,3}+$
$\qquad 100\times PVIFA_{25\%,2}-500$
$\quad =250\times 0.262+200\times 1.440\times 0.512+150\times 0.512+100\times 1.440-500$
$\quad \approx -66.24(万元)$

设丁方案的内部报酬率为 $r_2$，则：$\dfrac{r_2-20\%}{0.34}=\dfrac{25\%-20\%}{0.34-(-66.24)}$

解得：$r_2\approx 20.03\%$

综上，根据净现值，应该选择丁方案，但根据内部报酬率，应该选择丙方案。丙、丁两个方案的初始投资规模相同，净现值和内部报酬率的决策结果不一致是因为两个方案现金流量发生的时间不一致。由于净现值假设再投资报酬率为资金成本，而内部报酬率假设再投资报酬率为内部报酬率，因此用内部报酬率做决策会更倾向于早期流入现金较多的项目，如本题中的丙方案。如果资金没有限量，C 公司应根据净现值选择丁方案。

29. 更新设备与继续使用旧设备的差量现金流量如下。

（1）差量初始现金流量

旧设备每年折旧 $=(80\,000-4\,000)\div 8=9\,500(元)$

旧设备账面价值 $=80\,000-9\,500\times 3=51\,500(元)$

| | |
|---|---|
| 新设备购置成本 | −100 000 |
| 旧设备出售收入 | 30 000 |
| 旧设备出售税负节余 | （51 500−30 000）×25%＝5 375 |
| 差量初始现金流量 | −64 625 |

（2）差量营业现金流量

差量营业收入＝0

差量付现成本＝6 000−9 000＝−3 000(元)

差量折旧额＝(100 000−10 000)÷5−9 500＝8 500(元)

差量营业现金流量＝0−(−3 000)×(1−25%)+8 500×25%＝4 375(元)

（3）差量终结现金流量

差量终结现金流量＝10 000−4 000＝6 000(元)

两种方案的差量现金流如下表所示。

| 年次 | 0 | 1—4 | 5 |
|---|---|---|---|
| 差量初始现金流量/万元 | −64 625 | — | — |
| 差量营业现金流量/万元 | — | 4 375 | 4 375 |
| 差量终结现金流量/万元 | — | — | 6 000 |
| 合计 | −64 625 | 4 375 | 10 375 |

差量净现值＝10 375×$PVIF_{10\%,5}$＋4 375×$PVIFA_{10\%,4}$−64 625

＝10 375×0.621＋4 375×3.170−64 625

≈−44 313.38(元)

差量净现值为负，因此不应更新设备。

30.（1）现在开采的净现值

年营业收入＝0.1×2 000＝200(万元)

年折旧＝80÷5＝16(万元)

年营业现金流量＝200×(1−25%)−60×(1−25%)+16×25%＝109(万元)

现金流量计算表如下。

| 年次 | 0 | 1 | 2—5 | 6 |
|---|---|---|---|---|
| 初始投资/万元 | −80 | — | — | — |
| 营运资金垫支/万元 | — | −10 | — | — |
| 营业现金流量/万元 | — | — | 109 | 109 |
| 终结现金流量/万元 | — | — | — | 10 |
| 合计/万元 | −80 | −10 | 109 | 119 |

净现值 = $119 \times PVIF_{20\%,6} + 109 \times PVIFA_{20\%,4} \times PVIF_{20\%,1} - 10 \times PVIF_{20\%,1} - 80$
      = $119 \times 0.335 + 109 \times 2.589 \times 0.833 - 10 \times 0.833 - 80$
      ≈ 186.61(万元)

(2) 4年后开采的净现值

年营业收入 = $0.13 \times 2\,000 = 260$(万元)

年营业现金流量 = $260 \times (1-25\%) - 60 \times (1-25\%) + 16 \times 25\% = 154$(万元)

现金流量计算表如下。

| 年次 | 0 | 1 | 2—5 | 6 |
|---|---|---|---|---|
| 初始投资/万元 | -80 | — | — | — |
| 营运资金垫支/万元 | — | -10 | — | — |
| 营业现金流量/万元 | — | — | 154 | 154 |
| 终结现金流量/万元 | — | — | — | 10 |
| 合计/万元 | -80 | -10 | 154 | 164 |

第4年年末的净现值 = $164 \times PVIF_{20\%,6} + 154 \times PVIFA_{20\%,4} \times PVIF_{20\%,1} - 10 \times PVIF_{20\%,1} - 80$
      = $164 \times 0.335 + 154 \times 2.589 \times 0.833 - 10 \times 0.833 - 80$
      = 298.73(万元)

折算到现在时点的净现值 = $298.73 \times PVIF_{20\%,4} = 298.73 \times 0.482 = 143.99$(万元)

4年后开采的净现值小于现在开采的净现值，所以应当立即开采。

31. 甲项目的净现值 = $80\,000 \times PVIFA_{16\%,3} - 160\,000 = 80\,000 \times 2.246 - 160\,000$
      = 19 680(元)

甲项目的年均净现值 = $19\,680 \div PVIFA_{16\%,3} = 19\,680 \div 2.246 ≈ 8\,762.24$(元)

乙项目的净现值 = $64\,000 \times PVIFA_{16\%,6} - 210\,000 = 64\,000 \times 3.685 - 210\,000$
      = 25 840(元)

乙项目的年均净现值 = $25\,840 \div PVIFA_{16\%,6} = 25\,840 \div 3.685 ≈ 7\,012.21$(元)

甲项目的年均净现值大于乙项目，因此应该选择甲项目。

32. 净现值 = $9\,000 \times 0.8 \times PVIF_{10\%,4} + 8\,000 \times 0.8 \times PVIF_{10\%,3} + 7\,000 \times 0.9 \times PVIF_{10\%,2} + 6\,000 \times 0.95 \times PVIF_{10\%,1} - 20\,000$
      = $7\,200 \times 0.683 + 6\,400 \times 0.751 + 6\,300 \times 0.826 + 5\,700 \times 0.909 - 20\,000$
      = 109.1(千元)

因为净现值大于0，所以该项目可行。

33. (1) 甲方案：

年现金流量 = $(45\,000 - 20\,000 - 16\,500) \times (1-25\%) + 16\,500 = 22\,875$(元)

乙方案：

第1年现金流量 = $(45\,000 - 15\,000 - 17\,500) \times (1-25\%) + 17\,500 = 26\,875$(元)

第 2 年现金流量=(45 000-16 000-17 500)×(1-25%)+17 500=26 125(元)

第 3 年现金流量=(45 000-17 000-17 500)×(1-25%)+17 500=25 375(元)

第 4 年现金流量=(45 000-18 000-17 500)×(1-25%)+17 500+5 000+15 000
            =44 625(元)

(2) 甲方案：

净现值=22 875×(P/A,8%,4)-66 000

  =22 875×3.312-66 000=75 762-66 000=9 762(元)

乙方案：

净现值=26 875×0.926+26 125×0.857+25 375×0.794+44 625×0.735-90 000

  =100 222.5-90 000=10 222.5(元)

(3) 甲方案：

现值指数=75 762÷66 000≈1.15

乙方案：

现值指数=100 222.5/90 000≈1.11

(4) 甲方案：

内含报酬率的计算：年金现值系数=66 000/22 875≈2.885

查表，利率为 14%时，年金现值系数为 2.914

利率为 15%时，年金现值系数为 2.855

内含报酬率=14%+(2.914-2.885)÷(2.914-2.855)×1%≈14.49%

乙方案：

内含报酬率的计算：

用 12%测试，净现值=26 875×0.893+26 125×0.767+25 375×0.712+
             446 25×0.636-90 000=485.75(元)

用 13%测试，净现值=26 875×0.885+26 125×0.783+25 375×0.693+
             44 625×0.613-90 000=-819.75(元)

内含报酬率=12%+(485.75-0)÷(485.75+819.75)×1%≈12.37%

(5) 综上：因甲方案的净现值小于乙方案的净现值，故乙方案好。

34. (1) 第 1—2 年的税后利润各为：30 000+(50 000-20 000-25 000)×(1-25%)=
                    33 750(元)

第 3—4 年的税后利润各为：30 000+(60 000-29 000-25 000)×(1-25%)=
                    34 500(元)

(2) 第 1—2 年的现金流量各为：33 750-30 000+25 000=28 750(元)

第 3 年的现金流量为：34 500-30 000+25 000=29 500(元)

第 4 年的现金流量为：34 500-30 000+25 000+6 000=35 500(元)

净现值 = 28 750×(P/A,7%,2)+29 500×(P/F,7%,3)+
　　　　35 500×(P/F,7%,4)−10 600
　　　= 28 750×1.808+29 500×0.816+35 500×0.763−106 000
　　　= −2 861.5(元)

因净现值小于 0，故方案不可行。

35. 原始投资 = 600 000+80 128 = 680 128(元)

设销售量为 $x$ 件，则

第 1—5 年营业现金流量 = (10$x$−200 000−10 800)×(1−25%)+10 800
　　　　　　　　　　= 7.5$x$−147 300

第 5 年终结现金流量 = 80 128+49 829.33+10 170.67×25% ≈ 132 500(元)

(7.5$x$−147 300)×(P/A,9%,5)+132 500×(P/F,9%,5) = 680 128

(7.5$x$−147 300)×3.89+132 500×0.65 = 680 128

解得：$x$ = 40 000（件）

### 五、实训题

略。

### 六、案例分析题

**案例一：**

（1）产品 A 的生产线使用得到的未来 30 年现金流量如下。

单位：元

| 项目 | 0 | 第 1—14 年 | 第 15 年年末 | 第 16—30 年 |
|---|---|---|---|---|
| 改造投资成本 | −360 000 | — | — | — |
| 购入设备投资成本 | −1 440 000 | — | — | — |
| 税前年现金收入 | — | 1 050 000 | 1 050 000 | — |
| 税前年现金支出 | — | −600 000 | −600 000 | — |
| 折旧 | — | 60 000 | 60 000 | 60 000+(37 500/15) = 62 500 |
| 重新布置投资成本 | — | — | −37 500 | — |
| 出租收入 | — | — | — | 120 000 |
| 税前利润 | — | 1 050 000−600 000−60 000 = 390 000 | 1 050 000−600 000−60 000 = 390 000 | 120 000−62 500 = 57 500 |
| 所得税 | — | 390 000×25% = 97 500 | 390 000×25% = 97 500 | 57 500×25% = 14 375 |
| 税后利润 | — | 390 000−97 500 = 292 500 | 390 000−97 500 = 292 500 | 57 500−14 375 = 43 125 |
| 净现金流量 | −360 000−1 440 000 = −1 800 000 | 1 050 000−600 000−97 500 = 352 500 | 1 050 000−600 000−97 500−37 500 = 315 000 | 120 000−14 375 = 105 625 |

以12%为要求回报率,各年净现金流折算,得到净现值计算如下:

$NPV = -1\,800\,000 + 352\,500 \times 6.628 + 315\,000 \times 0.183 + 105\,625 \times 6.811 \times 0.183$

$\approx -1\,800\,000 + 2\,336\,370 + 57\,645 + 131\,652.4$

$= 725\,667.4$(元)

(2) 产品 B 的生产线使用得到的未来 30 年现金流量如下。

单位:元

| 项目 | 0 | 第1—14年 | 第15年年末 | 第16—30年 |
|---|---|---|---|---|
| 改造投资成本 | -540 000 | — | — | — |
| 购入设备投资成本 | -1 620 000 | — | — | — |
| 税前年现金收入 | — | 1 275 000 | 1 275 000 | — |
| 税前年现金支出 | — | -750 000 | -750 000 | — |
| 折旧 | — | 72 000 | 72 000 | 90 750 |
| 重新布置投资成本 | — | — | -281 250 | — |
| 出租收入 | — | — | — | 120 000 |
| 税前利润 | — | 453 000 | 453 000 | 29 250 |
| 所得税 | — | 113 250 | 113 250 | 7 312.5 |
| 税后利润 | — | 339 750 | 339 750 | 21 937.5 |
| 净现金流量 | -2 160 000 | 411 750 | 130 500 | 112 687.5 |

以12%为要求回报率,各年净现金流折算,得到净现值计算如下

$NPV = -2\,160\,000 + 411\,750 \times 6.628 + 130\,500 \times 0.183 + 112\,687.5 \times 6.811 \times 0.183$

$= -2\,160\,000 + 2\,729\,079 + 23\,881.5 + 140\,455.2$

$= 733\,415.7$(元)

如果能一直出租30年,每年12万元租金,则

$NPV = 120\,000 \times 8.055 = 966\,600$(元)

公司应选择直接出租。

**案例二:**

1. 对于美多印刷公司来讲,使用激光印刷机的成本不是280万。唐刚的计算加上了沉没成本也就是出售设备的净损失150万,是错误的。事实上,暂不考虑时间价值的情况下,扣除节税收益与出售收到的现金流,美多印刷公司购置新设备的成本仅为60万元。

2. 资金成本为15%,净现值如下。

单位:元

| 项目 | 第1年年初 | 第1年年末 | 第1—10年 |
|---|---|---|---|
| 购入设备投资成本 | -1 300 000 | — | — |
| 旧设备市场价值 | 200 000 | — | — |

续表

| 项目 | 第1年年初 | 第1年年末 | 第1—10年 |
|---|---|---|---|
| 旧设备账面价值 | 2 200 000 | — | — |
| 处置旧设备亏损 | 2 000 000 | — | — |
| 处置亏损节税 | — | 500 000 | — |
| 增加收入 | — | — | 140 000 |
| 节约成本收益 | — | — | 110 000 |
| 折旧差额 | — | — | 90 000 |
| 应纳税所得增加 | — | — | 340 000 |
| 所得税增加 | — | — | 85 000 |
| 税后利润增加 | — | — | 255 000 |
| 净现金流量 | −1 100 000 | 500 000 | 165 000 |

净现值 = −1 100 000 + 500 000 × $PVIF_{15\%,1}$ + 165 000 × $PVIFA_{15\%,10}$ = 163 135（万元）

3. 对于美多印刷公司来讲，净现值大于零，应该更换设备。

案例三：略。

案例四：略。

案例五：略。

# 第十三章 流动资产投资管理

**一、单项选择题**

1. B  2. D  3. D  4. A  5. C  6. D  7. C  8. C  9. A  10. A

**二、多项选择题**

1. ABD  2. ABCD  3. ACD  4. AC  5. ABC

**三、判断题**

1. 对  2. 错  3. 错  4. 错  5. 对

**四、计算题**

1. 大明公司现金持有方案分析如下表。

| 项目 | 方案 | | | |
|---|---|---|---|---|
| | A | B | C | D |
| 现金持有量/元 | 80 000 | 120 000 | 200 000 | 300 000 |
| 管理成本/元 | 50 000 | 50 000 | 50 000 | 50 000 |
| 短缺成本/元 | 30 000 | 20 000 | 10 000 | 5 000 |
| 机会成本/元 | 4 800 | 7 200 | 12 000 | 18 000 |
| 总成本/元 | 84 800 | 77 200 | 72 000 | 73 000 |

通过比较分析各方案的总成本可知，C 方案的总成本为 72 000 元，在四个方案中最低，因此大明公司最佳现金持有量为 200 000 元。

2. $Q^* = \sqrt{2 \times 360\,000 \times 500 \div 10\%} = 60\,000(元)$

   $TC(Q^*) = \sqrt{2 \times 360\,000 \times 500 \times 10\%} = 6\,000(元)$

3. 信用标准方案的比较如下表。

| 项目 | 原方案 | 新方案 | 差异 |
| --- | --- | --- | --- |
| 销售利润/元 | 50 000×25% = 12 500 | 90 000×25% = 22 500 | 10 000 |
| 应收账款机会成本/元 | 50 000×30×80%×12%÷360 = 400 | 90 000×45×80%×12%÷360 = 1 080 | 680 |
| 坏账成本/元 | 50 000×3% = 1 500 | 90 000×6% = 5 400 | 3 900 |
| 应收账款成本总额/元 | 1 900 | 6 480 | — |
| 净收益/元 | 10 600 | 16 020 | 5 420 |

从上表可知，选择新方案可增加收益 5 420 元，显然应该采用新方案。

4. 信用条件变化后的有关影响如下。

A 方案：

（1）新增销售利润 = 150 000×20% = 30 000(元)

（2）应收账款机会成本变化 = [(30-40)÷360×600 000+30÷360×150 000]×
　　　　　　　　　　　　70%×12%
　　　　　　　　　　　= -350(元)

（3）坏账损失变化 = 750 000×3.2%-600 000×4% = 0(元)

（4）现金折扣成本 = 750 000×45%×1% = 3 375(元)

（5）增加的管理成本为 500 元

（6）A 方案增加的净收益 = 30 000-(-350)-0-3 375-500 = 26 475(元)

B 方案：

（1）新增销售利润 = 210 000×20% = 42 000(元)

（2）应收账款机会成本变化 = [(27-40)÷360×600 000+27÷360×210 000]×
　　　　　　　　　　　　70%×12% = -497(元)

（3）坏账损失变化 = 810 000×3%-600 000×4% = 300(元)

（4）现金折扣成本 = 810 000×60%×2% = 9 720(元)

（5）增加的管理成本为 800 元

（6）B 方案增加的净收益 = 42 000-(-497)-300-9 720-800 = 31 677(元)

以上分析表明，该公司实施现金折扣的两个方案都能为公司增加净收益，但 B 方案增加的净收益更多。因此，选择 B 方案更为有利。

5. (1) 收益增加=(600 000-450 000)×20%=30 000(元)

(2) 应收账款机会成本增加=(600 000×75%÷360×50-450 000×75%÷360×25)×
75%×12%≈3 515.63(元)

(3) 收账费用增加=4 000-3 200=800(元)

(4) 坏账增加=8 800-6 000=2 800(元)

(5) 改变信用期限的净收益=30 000-3 515.63-800-2 800=22 884.37(元)

所以，应采用60天的信用期限。

6. (1) 甲材料的经济订货批量：

$Q^* = \sqrt{2 \times 60\ 000 \times 300 \div 9} = 2\ 000(千克)$

甲材料年最佳订货次数：$N^* = 60\ 000 \div 2\ 000 = 30(次)$

经济采购批量下的最低总成本：

$TC(Q^*) = \sqrt{2 \times 60\ 000 \times 300 \times 9} = 18\ 000(元)$

(2) 没有数量折扣时的经济订货批量为2 000千克，存货成本总额为

60 000÷2 000×300+2 000÷2×9+60 000×2=138 000(元)

按取得数量折扣计算的总成本：

60 000÷2 400×300+2 400÷2×9+60 000×2×(1-2%)=135 900(元)

通过比较可以发现，应该选择具有数量折扣条件下的进货批量作为最佳经济进货批量，这时的总成本最低。

7. (1) 经济进货批量=$\sqrt{2 \times 16\ 000 \times 500 \div 50 \times 80 \div (80-40)}$=800(件)

经济进货批量总成本=$\sqrt{2 \times 16\ 000 \times 500 \times 50 \times (1-40 \div 80)}$=20 000(元)

(2) $R = 8 \times 40 = 320(件)$

当库存达到再订货点320件时，应组织再次订货。

8. 现金周转期=100+50-60=90（天）

最佳现金持有量=1 440÷360×90=360（万元）

9. 采用成本分析模式编制该企业最佳现金持有量测算表数据如下表所示。

| 方案 | 现金持有量/元 | 机会成本/元 | 短缺成本/元 | 相关总成本/元 |
|---|---|---|---|---|
| A | 100 000 | 10 000 | 48 000 | 58 000 |
| B | 200 000 | 20 000 | 25 000 | 45 000 |
| C | 300 000 | 30 000 | 10 000 | 40 000 |
| D | 400 000 | 40 000 | 5 000 | 45 000 |

通过比较分析表中各方案的总成本可以发现，由于C方案的相关总成本最低，因此企业选择持有300 000元现金最合适，即最佳现金持有量为300 000元。

10. 最佳现金持有量=$\sqrt{2 \times 8\ 400 \times 0.015 \div 7\%}$=60(万元)

相关总成本 $=\sqrt{2\times 8\ 400\times 0.015\times 7\%}=4.2$(万元)

11. 最佳持有量 $=\sqrt[3]{3\times 100\times 9\ 002\div(0.09\div 360\times 4)}+2\ 000=8\ 240$(元)

最大持有量 $=3\times 8\ 240-2\times 2\ 000=20\ 720$(元)

可见该企业现金最佳持有量为 8 240 元,当现金余额升到 20 720 元时,则可进 12 480 元的有价证券(20 720-8 240=12 480 元);而当现金余额下降到 2 000 元时,则可售出 6 240 元的有价证券(8 240-2 000=6 240 元)。

12. 甲方案:

上年变动成本总额 $=3\ 000-600=2\ 400$(万元)

上年变动成本率 $=2\ 400\div 4\ 000\times 100\%=60\%$

甲方案改变信用期税前损益 $=5\ 000\times(1-60\%)-600-140=1\ 260$(万元)

乙方案:

应收账款平均余额 $=5\ 400\div 360\times 60=900$(万元)

应收账款占用资金 $=900\times(60\%+2\%)=558$(万元)

应收账款机会成本 $=558\times 10\%=55.8$(万元)

现金折扣成本 $=5\ 400\times 40\%\times 2\%+5\ 400\times 10\%\times 1\%=48.6$(万元)

乙方案改变信用期税前损益 $=5\ 400\times(1-62\%)-48.6-55.8-50-25-(600+20)$
$=1\ 252.6$(万元)

因为甲方案改变信用期税前损益大于乙方案,所以企业应选用甲方案。

13. 该企业政策分析评价过程如下表所示。

| 项目 | 现行收账政策 | 拟改变的收账政策 |
| --- | --- | --- |
| 赊销额/万元 | 7 200 | 7 200 |
| 平均收账期/天 | 60 | 30 |
| 应收账款平均余额/万元 | 7 200÷360×60=1 200 | 7 200÷360×30=600 |
| 应收账款占用的资金/万元 | 1 200×60%=720 | 600×60%=360 |
| 收账成本: | | |
| 应收账款机会成本/万元 | 720×10%=72 | 360×10%=36 |
| 坏账损失/万元 | 7 200×3%=216 | 7 200×2%=144 |
| 年收账费用/万元 | 90 | 150 |
| 收账总成本/万元 | 378 | 330 |

表中的计算结果表明,拟改变的收账政策发生的收账成本低于现行的收账政策的收账成本。因此,改变收账政策的方案是适宜的。

14. ① 按基本模型计算的经济订货量 $=\sqrt{2\times 50\times 2\ 000\div(20\times 25\%)}=200$(千克)

② 由于基本经济订货批量模型和订货量为 1 000 千克的材料价格不同,购置成

本不同，因此在比较相关总成本时，材料的购置成本也属于相关总成本。

每次订货量为200千克时，不享受数量折扣，存货单价为20元。

相关总成本 = 2 000÷200×50+200÷2×20×25%+2 000×20
= 500+500+40 000 = 41 000(元)

每次订货量为1 000千克时，享受数量折扣，存货单价为20×(1-5%) = 19(元)。

相关总成本 = 2 000÷1 000×50+1 000÷2×20×25%+2 000×20×(1-5%)
= 100+2 500+38 000 = 40 600(元)

该企业应接受供货方提出的数量折扣条件。

15. （1）目前保险储备量下的再订货点：

最优经济订货批量 = $\sqrt{2×25×3\ 600÷20}$ ≈ 95(千克)

年订货次数 = 3600÷95 ≈ 38(次)

交货期内平均需求 = 50×0.1+60×0.2+70×0.4+80×0.2+90×0.1 = 70(千克)

含有保险储备的再订货点 = 70+30 = 100(千克)

（2）合理保险储备标准下的再订货点：

设保险储备为0，再订货点 = 预计交货期内的需求+0 = 70+0 = 70(千克)

缺货量 = (80-70)×0.2+(90-70)×0.1 = 4(千克)

缺货损失与保险储备储存成本之和 = 4×100×38+0×20 = 15 200(元)

保险储备为10千克，再订货点 = 70+10 = 80(千克)

缺货量 = (90-80)×0.1 = 1(千克)

缺货损失与保险储备储存成本之和 = 1×100×38+10×20 = 4 000(元)

设保险储备为20千克，再订货点 = 70+20 = 90(千克)

缺货量 = 0

缺货损失与保险储备储存成本之和 = 0×100×38+20×20 = 400(元)

16. （1）最佳现金持有量 = $\sqrt{2×300\ 000×600÷10\%}$ = 60 000(元)

（2）全年现金转换成本 = 300 000÷60 000×600 = 3 000(元)

（3）全年现金持有机会成本 = 60 000÷2×10% = 3 000(元)

（4）全年有价证券交易次数 = 300 000÷60 000 = 5(次)

（5）有价证券交易间隔期 = 360÷5 = 72(天)

17. 根据资料编制该企业最佳现金持有量测算表如下。

| 方案 | 机会成本/元 | 短缺成本/元 | 管理成本/元 | 总成本/元 |
| --- | --- | --- | --- | --- |
| A | 30 000×8% = 2 400 | 3 000 | 1 000 | 6 400 |
| B | 40 000×8% = 3 200 | 1 000 | 1 000 | 5 200 |
| C | 50 000×8% = 4 000 | 500 | 1 000 | 5 500 |
| D | 60 000×8% = 4 800 | 0 | 1 000 | 5 800 |

由表可知，B 方案的总成本最低，因此企业最佳现金持有量为 40 000 元。

18. 有价证券日利率 = 9%÷360 = 0.025%

$R = \sqrt[3]{3 \times 50 \times 800^2 \div (4 \times 0.025\%)} + 1\,000 \approx 5\,579(元)$

$H = 3R - 2L = 3 \times 5\,579 - 2 \times 1\,000 = 14\,737(元)$

当公司的现金余额达到 14 737 元时，即应以 9 158（14 737 - 5 579）元的现金去投资有价证券，使现金持有量回落为 5 579 元；当公司的现金余额降至 1 000 元时，则应转让 4 579（5 579 - 1 000）元的有价证券，使现金持有量回升为 5 579 元。

19. （1）根据表 13-9 的资料，对甲、乙、丙三种方案的有关指标计算如下表所示。

| 项目 | 信用条件 | | |
| --- | --- | --- | --- |
| | 方案甲 | 方案乙 | 方案丙 |
| | $n/30$ | $n/60$ | $n/90$ |
| 年赊销额/万元 | 3 000 | 3 300 | 3 600 |
| 变动成本/万元 | 1 950 | 2 145 | 2 340 |
| 信用成本前收益/万元 | 1 050 | 1 155 | 1 260 |
| 信用成本： | | | |
| 应收账款机会成本/万元 | 162.5×10% = 16.25 | 357.5×10% = 35.75 | 585×10% = 58.5 |
| 坏账损失/万元 | 60 | 99 | 180 |
| 收账费用/万元 | 20 | 40 | 60 |
| 小计/万元 | 96.25 | 174.75 | 298.5 |
| 信用成本后收益/万元 | 953.75 | 980.25 | 961.5 |

在这三种方案中，乙方案（$n/60$）获利最大，它比甲方案（$n/30$）多增加收益 26.5 万元（980.25 - 953.75），比丙方案（$n/90$）多增加收益 18.75 万元（980.25 - 961.5）。因此，在其他条件不变的情况下，该企业应选择乙方案。

（2）根据资料，有关指标计算如下

应收账款平均收账天数 = 60%×10 + 15%×20 + (1-60%-15%)×60 = 24(天)

应收账款平均余额 = 3 300÷360×24 = 220(万元)

维持赊销业务所需要的资金 = 220×65% = 143(万元)

应收账款机会成本 = 143×10% = 14.3(万元)

坏账损失 = 3 300×2% = 66(万元)

现金折扣 = 3 300×(2%×60% + 1%×15%) = 44.55(万元)

对乙、丁两种方案的信用条件比较计算如下表所示。

| 项目 | 信用条件 | |
|---|---|---|
| | 方案乙 | 方案丁 |
| | n/60 | 2/10，1/20，n/60 |
| 年赊销额/万元 | 3 300 | 3 300 |
| 减：现金折扣/万元 | — | 44.55 |
| 年赊销净额/万元 | 3 300 | 3 255.45 |
| 减：变动成本/万元 | 2 145 | 2 145 |
| 信用成本前收益/万元 | 1 155 | 1 110.45 |
| 减：信用成本/万元 | — | — |
| 应收账款机会成本/万元 | 35.75 | 14.3 |
| 坏账损失/万元 | 99 | 66 |
| 收账费用/万元 | 40 | 30 |
| 信用成本后收益/万元 | 980.25 | 1 000.15 |

计算结果表明，实行现金折扣后，企业收益增加了 19.9（1 000.15 - 980.25）万元。因此，该企业应选择丁方案（2/10，1/20，n/60）为最佳方案。

20.（1）A 材料的经济进货批量 $= \sqrt{2 \times 45\,000 \times 200 \div 18} = 1\,000$（件）

（2）A 材料年度最佳进货批数 $= 45\,000 \div 1\,000 = 45$（次）

（3）A 材料的相关进货成本 $= 45 \times 200 = 9\,000$（元）

（4）A 材料的相关存储成本 $= 1\,000 \div 2 \times 18 = 9\,000$（元）

（5）A 材料经济进货批量平均占用资金 $= 1\,000 \div 2 \times 200 = 100\,000$（元）

21.（1）最佳现金持有量 $= \sqrt{\dfrac{2TF}{K}} = \sqrt{\dfrac{2 \times 6\,000\,000 \times 2\,000}{15\%}} = 40$（万元）

最优经济订货批量 $= \sqrt{\dfrac{2FS}{H}} = \sqrt{\dfrac{2 \times 4\,000 \times 1\,200\,000}{6}} = 40\,000$（个）

（2）放弃现金折扣的成本 $= \dfrac{现金折扣率}{1-现金折扣率} \times \dfrac{360}{信用期-折扣期} \times 100\% = \dfrac{2\%}{1-2\%} \times \dfrac{360}{25-15}$
$= 73.47\%$

22.（1）计算丙方案的下列指标：

① 应收账款平均收账天数 $= 30 \times 40\% + 90 \times 40\% + (90+60) \times 20\% = 78$（天）

② 应收账款机会成本 $= 1\,620/360 \times 78 \times 80\% \times 10\% = 28.08$（万元）

③ 现金折扣 $= 1\,620 \times 40\% \times 2\% = 12.96$（万元）

（2）三个方案信用成本前的收益和信用成本后的收益计算过程见下表。

| 项目 | 甲方案（n/60） | 乙方案（n/90） | 丙方案（2/30，n/90） |
|---|---|---|---|
| 年赊销额/万元 | 1 440 | 1 530 | 1 620 |
| 减：现金折扣/万元 | — | — | 12.96 |
| 年赊销额净额/万元 | 1 440 | 1 530 | 1 607.04 |
| 减：固定成本/万元 | 32 | 35 | 40 |
| 变动成本/万元 | 1 152 | 1 224 | 1 296 |
| 信用成本前收益/万元 | 256 | 271 | 271.04 |
| 减：应收账款机会成本/万元 | 28.8 | 40.8 | 28.08 |
| 坏账损失/万元 | 36 | 45.9 | 43.74 |
| 收账费用/万元 | 20 | 25 | 24 |
| 信用成本合计/万元 | 84.8 | 111.7 | 95.82 |
| 信用成本后收益/万元 | 171.2 | 159.3 | 175.22 |

结论：由于丙方案的信用成本后收益最大，应选择丙方案。

**五、实训题**

略。

**六、案例分析题**

**案例一：**

1. 占用供应商资金可以降低企业资金成本，实现企业规模扩张。但这种模式会面临较大的还款压力，增加财务风险。随着零售业的环境改变，一味挤压供应商的利润空间已经不具有可持续发展的前景，需要通过供应链整合，实现供应链价值的整体提升。

2. 零售业连锁企业可通过以下方法提高自身营运资金的使用效率：

① 充分发挥信息管理系统的作用，建立与供应商信息共享的商品信息系统，使供应商及时了解商品需求情况和商品库存种类、数量，零售业无须大量进货、减少库存产品资金占用量，供应商也可以根据库存及时补货，从而降低"牛鞭效应"的影响。

② 拓展营销渠道，利用自身实体品牌开设电子商务，网上交易既降低了营销费用，也加快了信息处理和传输。

③ 建立高效精简的物流配送系统。

**案例二**：略。

**案例三**：略。

**案例四**：略。

案例五：略。

# 第十四章 利润管理和股利政策

## 一、单项选择题
1. D  2. A  3. B  4. C  5. C  6. C  7. B  8. B  9. B  10. A

## 二、多项选择题
1. CD  2. AB  3. ACD  4. ABC  5. ABD

## 三、判断题
1. 对  2. 错  3. 对  4. 对  5. 对

## 四、计算题

1. 公司投资计划中所需的权益资金＝800×60%＝480（万元）

该公司20×1年应分配的股利数额＝600-480＝120（万元）

2. （1）利润总额首先应弥补以前年度亏损，因为这50万元亏损已超过了用税前利润弥补亏损的法定期限，所以要用税后利润弥补，列示在未分配利润年初数。

（2）提取法定盈余公积金＝(180-50)×10%＝13（万元）

（3）提取任意盈余公积金＝(180-50)×5%＝6.5（万元）

（4）支付普通股股利＝1 000×0.08＝80（万元）

3. 大明公司5年股利总额的具体计算过程如下。

第1年：0.05×1 000 000＝50 000（元）

第2年：500 000+(1 800 000-1 000 000)×40%＝820 000（元）

第3年：500 000+(2 500 000-1 000 000)×40%＝1 100 000（元）

第4年：500 000+(3 200 000-1 000 000)×40%＝1 380 000（元）

第5年：500 000+(3 300 000-1 000 000)×40%＝1 420 000（元）

额外股利政策下的每股股利计算结果如下表所示。

| 年份 | 20×4 | 20×5 | 20×6 | 20×7 | 20×8 |
| --- | --- | --- | --- | --- | --- |
| 净利润/元 | 1 000 000 | 1 800 000 | 2 500 000 | 3 200 000 | 3 300 000 |
| 股利总额/元 | 500 000 | 820 000 | 1 100 000 | 1 380 000 | 1 420 000 |
| 每股股利/元 | 0.05 | 0.82 | 1.1 | 1.38 | 1.42 |

4. （1）发放股票股利后的普通股数＝300×(1+10%)＝330（万股）

发放股票股利后的普通股股本＝4×330＝1 320（万元）

发放股票股利后的资本公积＝350+(36-4)×300×10%＝1 310（万元）

现金股利＝0.1×330＝33（万元）

利润分配后的未分配利润＝1 450-36×30-33＝337（万元）

发放股票股利和现金股利后的所有者权益=1 320+1 310+337=2 967(万元)

(2) 股票分割后的普通股股数=300×2=600(万股)

股票分割后的普通股股本=600×2=1 200(万元)

股票分割后的资本公积=350(万元)

股票分割后的未分配利润=1 450(万元)

股票分割后的所有者权益=3 000(万元)

5. (1) 公司投资方案所需的自有资金数额=150×60%=90(万元)

(2) 公司20×2年能向投资者发放股利数额=165-90=75(万元)

6. (1) 根据稳定增长股利得知,20×1年公司分配现金股利额=50×(1+10%)
=55(万元)

(2) 本年度将要支付的股利=165×30%=49.5(万元)

7. 20×1年税后利润=(2 480-570-2 480×55%)×(1-25%)=409.5(万元)

提取的法定盈余公积=(409.5-40)×10%=36.95(万元)

提取的任意盈余公积=(409.5-40)×5%=18.475(万元)

可供投资者分配的利润=-40+409.5-36.95-18.475=314.075(万元)

应向投资者分配的利润=314.075×40%=125.63(万元)

未分配利润=314.075-125.63=188.445(万元)

8. 股利宣告日是3月10日,股权登记日是4月17日,除息日是4月18日,股利发放日为4月24日。

9. (1) 增加投资资金中权益资金=300×55%=165(万元)

本年末可供分配的利润=600+200=800(万元)

可分配的利润=800-165=635(万元)

公司本年可以发放的股利最多为635万元。

(2) 本年应发放股利=上年发放股利=108(万元)

(3) 股利支付率=108÷180=60%

本年应发放股利=60%×200=120(万元)

(4) 正常股利总额=0.1×500=50(万元)

额外股利=(200-50)×30%=45(万元)

本年应发放股利=50+45=95(万元)

10. (1) 2 000×10%×5=1 000(万元)

由于股票面值(1元)不变,发放200万股,所以股本项目应增加200万元,其余的800(1 000-200)万元应作为股票溢价转至资本公积项目,而公司的股东权益总额并未发生改变,仍是10 000万元。股票股利发放后的资产负债表上的股东权益情况如下表所示。

| 股本（面值1元，发行在外2 200万股）/万元 | 2 200 |
|---|---|
| 资本公积/万元 | 3 800 |
| 盈余公积/万元 | 2 000 |
| 未分配利润/万元 | 2 000 |
| 股东权益合计/万元 | 10 000 |

（2） $10 \div 2\,000 \times 100\% = 0.5\%$

派发股利之后，他所拥有的股票数量和股权比例为

$10 \times (1+10\%) = 11$（万股）

$11 \div 2\,200 \times 100\% = 0.5\%$

11. 股票分割后的普通股股数 $= 400 \times 2 = 800$（万股）

股票分割后的普通股股本 $= 0.5 \times 800 = 400$（万元）

股票分割后的资本公积 $= 120$ 万元

股票分割后的未分配利润 $= 1\,150$ 万元

股东权益合计 $= 1\,670$ 万元

12. （1） 一年后A公司股票的税前投资报酬率 = 资金利得÷股票价格×100%

= （一年后的股票价格−现在的股票价格）÷现在的股票价格×100%

$= (57.50-50) \div 50 \times 100\% = 15\%$

因为资金利得无须纳税，所以一年后A公司股票的税后投资报酬率也为15%。

（2） 在完善的资本市场中，各种股票的税后投资报酬率应该相同。因此，一年后B公司股票的税后投资报酬率也应为15%。

可以根据这一条件计算B公司股票的现行价格，设价格为 $x$，则有

$(52.50-x) \div x + 5/x \times (1-25\%) \approx 15\%$

求得股票的现行价格为48.91（元）。

税前投资报酬率为 $(52.50-48.91) \div 48.91 + 5 \div 48.91 \times 100\% \approx 17.56\%$

13. （1） 20×2年公司投资需要的股权资金为 $500 \times 60\% = 300$（万元）

20×2年应分配的现金股利额为 $900-300=600$（万元）

（2） 20×1年的现金股利额为420万，20×1年的现金股利额也为420万。

（3） 20×1年的股利支付率为 $420 \div 1\,200 \times 100\% = 35\%$

20×2年应分配的现金股利额为 $900 \times 35\% = 315$（万元）

（4） 因为20×2年的净利润低于20×1年，所以只发正常股利，还是420万。

14. （1） 用于投资的权益资金为 $120 \times 70\% = 84$（万元）

所以该公司的股利支付额为 $150-84=66$（万元）

股利支付率为 66÷150×100%=44%

（2）如果公司的最佳资金支出为 210 万元，则用于投资的权益资金为 210×70%=147（万元）。

公司从外部筹措的负债资金为 210-147=63（万元）

该公司的股利支付额为 150-147=3（万元）

股利支付率为 3÷150×100%=2%

15.（1）20×2 年发放的股利额=600×(1+5%)×45%=283.5（万元）

（2）20×2 年发放的股利额=270+600×5%×1%=270.3（万元）

16.（1）拥有股票数量=160×(1+25%)=200（股）

（2）每股除权价=25×160÷200=20（元）

（3）发放股票股利前的股票总市值=25×160=4 000（元）

发放股票股利后的股票总市值=20×200=4 000（元）

**五、思考题**

1. 答：在完全资本市场条件下，如果公司的投资决策和资金结构保持不变，那么公司价值取决于公司投资项目的盈利能力和风险水平，而与股利政策不相关。可分以下两种情况进行讨论：

第一，公司的投资决策和资金结构确定之后，需要向股东支付现金股利，但是，为了保证投资所需资金和维持现有资金结构不变，公司需要发行新股筹集资金。公司在支付现金股利后，老股东获得了现金，但减少了与现金股利等值的股东权益，股东的财富从对公司拥有的股东权益形式转化为手中持有的现金形式，二者价值相等，因而老股东的财富总额没有发生变化。同时，为了保持现有资金结构不变，公司必须发行新股筹集与现金股利等值的资金，以弥补因发放现金股利而减少的股权资金，新股东投入了现金，获得了与其出资额等值的股东权益。这样公司支付股利而减少的资金刚好被发行新股筹集的资金抵补，公司价值不会发生变化。

第二，公司的投资决策和资金结构确定之后，公司决定将利润全部作为留用利润用于投资项目，不向股东分配现金股利。如果股东希望获得现金，可以将部分股票出售给新的投资者来换取现金，这种通过出售股票获得的现金被称为自制股利。自制股利交易的结果相当于第一种情况中发放股利和发行新股两次交易的结果，原有股东将部分股权转让给新的投资者获得了现金，其股东财富不变，公司价值也不会发生变化。因此，无论是哪一种情况，公司股东财富和公司价值都不会发生变化，这说明在完全资本市场条件下，股利政策不会对公司价值产生影响，即股利政策与股价无关。

2. 答：公司在确定股利分配政策时，会受到各种委托代理关系的影响。与股利政策有关的代理问题主要有以下三类：

（1）股东与经理之间的代理问题；

（2）股东与债权人之间的代理问题；

（3）控股股东与中小股东之间的代理问题。

这三类代理问题都会产生代理成本。代理理论认为，公司分派现金股利可以有效地降低代理成本，提高公司价值，因此在股利政策的选择上，主要应考虑股利政策如何降低代理成本。代理理论主张高股利支付率政策，认为提高股利支付水平可以降低代理成本，有利于提高公司价值。但是，这种高股利支付率政策也会带来外部筹资成本增加和股东税负增加的问题。所以，在实践中，需要在降低代理成本与增加筹资成本和税负之间权衡，制定出最符合股东利益的股利政策。在我国，上市公司比较普遍地存在低股利支付率的股利政策，许多公司即使有能力支付现金股利，也不愿意支付或者支付的水平较低，这里可能存在一定的代理问题。

3. 答：股利政策是公司财务管理的一项重要政策，公司如何分配利润对股东财富具有现实的影响。在实践中，公司的股利政策主要包括四项内容：

（1）股利分配的形式，即采用现金股利还是股票股利；

（2）股利支付率的确定；

（3）每股股利的确定；

（4）股利分配的时间，即何时分配和多长时间分配一次。

其中，每股股利与股利支付率的确定是股利政策的核心内容，它决定了公司的净利润中有多少以现金股利的形式发放给股东，有多少以留用利润的形式对公司进行再投资。一般来说，投资者对每股股利的变动会比较敏感，如果公司各年度之间的每股股利相差较大，就会给市场传递公司经营业绩不稳定的信号，不利于公司股票价格的稳定。因此，对于一家上市公司来说，在经营正常的情况下应当选择比较稳定的股利政策。用来评价公司股利政策的指标主要有两个：股利支付率和股利报酬率。股利支付率是公司年度现金股利总额与净利润总额的比率，或者是公司年度每股股利与每股利润的比率。股利支付率用来评价公司实现的净利润中有多少用于给股东分派红利。股利支付率反映了公司所采取的股利政策是高股利政策还是低股利政策。根据股利理论可知，股利支付率的高低并不是区分股利政策优劣的标准。基于各种原因，不同的公司会选择不同的股利支付率。股利报酬率是公司年度每股股利与每股价格的比率，它反映了投资者进行股票投资所取得的红利收益，是投资者判断投资风险、衡量投资报酬的重要标准之一。较高的股利报酬率说明公司股票具有较好的投资回报，投资者通常倾向于购买高股利报酬率的股票。

4. 答：我国上市公司股利分配政策的主要特点：

（1）股利分配的形式多样化，公司不分配的现象逐渐减少。随着上市公司业绩的提高，不进行股利分配的公司所占的比例在逐年降低，我国的证券市场产生了转增、同时派现和送股、同时派现和转增、同时转增和送股，以及派现、送股和转增相结合等多种分配形式。但是我国的上市公司中有相当多的公司，即使有分配的能力，也不进行利润分配，尤其是业绩增长一般和业绩有一定程度下降的公司。

（2）借较好的分配方案进行股本扩张的现象普遍。在进行分配（包括转增和配股）的上市公司中，往往伴随着股本的扩张行为，公司送股、转增和配股的比例增大，公司股本不断扩张。

（3）分配行为不规范，随意性大。为了维持股价的相对稳定，保证股东利益，国外的上市公司倾向于稳定的股利支付水平。但是我国证券市场的上市公司频繁变动股利支付水平和股利支付的具体方式，其股利政策稳定性和连贯性较差，而且不把维护全体股东的利益放在首位。在完全的资本市场中，股利政策不会对公司的价值或股票的价格产生任何影响，即股利无关论。然而，由于存在信息、权利的不对称以及税负、交易成本的差异，在不完全市场中，股利政策不仅反映了不同股东的意志，而且受各利益相关主体的影响，其也是股东和管理层之间的矛盾之一，最终影响不同股东的利益和公司价值。我国资本市场尚不完善，在现实的市场环境下，公司的股利分配会影响公司价值和股票价格，因此股利分配与股票价格之间存在相关性。

5. 答：股份公司在选择采用股票股利进行股利分配时，应考虑法律因素、债务契约因素、公司自身因素、股东因素、行业因素等，以制定出适合本公司的股利政策。股票股利政策对公司的影响主要包括：

（1）发放股票股利可使股东分享公司的盈利而无须分配现金，公司留存了大量的现金，便于进行再投资，有利于公司的长期发展。同时，股票股利将不影响所有者权益的总额，资产、负债等均不发生变化；只有在公司同时存在普通股和优先股的时候，发放股票股利才会引起股本结构中两种股本的比例变化。

（2）发放股票股利可以降低每股价值，抑制股票价格过快上涨。一般来说，当企业经营良好时，股票价格上涨过快，反而会使投资者产生恐惧心理，认为风险过大，不适宜大量交易。发放股票股利就可以降低每股价格，从而达到分散个别投资者风险的目的，但总体风险无法分散。而降低每股价格，也可以吸引更多的投资者。

（3）发放股票股利往往会向社会传递公司将会继续发展的信息，从而提高投资者对公司的信心，在一定程度上稳定股票价格。但在某些情况下，发放股票股利也会被认为是公司资金周转不灵的征兆，从而降低投资者对公司的信心，加剧股价下跌。

（4）发放股票股利使公司总股本增加，这要求公司未来业绩保持较高的增长率才能使每股收益不降低，因此会增加公司经营方面的压力。股票股利政策对股东的影响是：从理论上看，股票股利并不会增加股东的财富，但在实践中，发放股票股利的市场信号可能会导致股价上涨，从而使股东可能获得较高的溢价收入。另外，股票股利可使股东少缴个人所得税，因为按现行税法规定，现金股利应计入个人应纳税所得，股票股利不计入个人应纳税所得。将股票股利抛售换成现金资产时，在我国目前是免缴个人所得税的，仅仅缴纳股票交易过程的交易费用，从而给股东带来节税效应。

### 六、实训题

1. 答：证监会上调上市公司现金分红标准将成为资本市场基础性制度建设的重要内容。一方面，这将使股票报酬率趋于稳定，降低风险溢价，对于旨在长期投资、获得稳定回报的大型机构投资者来说，不但可以吸引更多长期资金入市，也会相应减少单纯以获取股票价差为目的的二级市场操作行为，对减少市场波动、维护市场稳定具有重要作用。另一方面，对一般投资者而言，如果能获得长期、稳定的现金分红回报，有利于稳定投资者心态，对培育和形成长期价值投资理念有重要意义。现金分红的多少对公司的影响应从企业所处的生命周期来考虑。企业按照业务发展的情况可以分为初创期、扩张期、稳定期及衰退期四个阶段。在这四个不同的阶段，公司对现金的需求是不同的，所以不能笼统地说现金分红就是有利或者有害的。在初创期和扩张期，一般需要大量的投资，如建厂房、购买设备、市场推广等活动，这时不应该进行大比例的现金分派；而在稳定期，现金流比较稳定，可以根据企业的发展方向，选择是否进行现金分派；到了衰退期以后，企业如果没有更好的项目投入，则应该把现金分给股东，由股东自己进行选择。所以，大比例的现金分派对于那些刚处于初创期和扩张期的企业来说是不利的，对于稳定期的企业需综合考虑，而对于衰退期的企业则是明智的。现金分红的多少对股东的影响主要应从长期来看。如果现金在上市公司手中所产生的现金流折现值大于分派给股东所产生的收益，那么就不应该分红，反之，则应该进行分派。

2. 答：集中竞价交易是证券交易所内进行证券买卖的一种交易方式，目前我国上海证券交易所、深圳证券交易所均采用这一交易方式。在这种形式下，既有买者之间的竞争，也有卖者之间的竞争，买卖各方都有比较多的交易者。集中竞价时，当买者一方的人员提出的最高价和卖者一方的人员提出的最低价相一致时，证券的交易价格就已确定，其买卖就可成交。以集中竞价交易方式回购股票，很容易导致股票价格上涨，从而增加回购成本。另外，交易手续费和交易佣金也是不可忽视的成本。

要约回购是指公司通过公开向股东发出回购股票的要约来实现股票回购计划。要约回购价格一般高于市场价格。在公司公告要约回购之后的限定期间内，股东可自愿决定是否按要约价格将持有的股票出售给公司。如果股东愿意出售的股数多于公司计划回购的股数，公司可以自行决定购买部分或全部股票。通常在公司回购股票的数量较大时，可采用要约回购方式。

要约回购具有以下特点：

第一，赋予所有股东向公司出售其所持股票的均等机会，且通常情况下公司享有在回购数量不足时取消回购计划或延长要约有效期的权利。固定价格要约回购通常被认为是更积极的信号，其原因是要约价格存在高出市场当前价格的溢价。

第二，公司可以在较短的时间内完成回购股票的任务。

第三，向市场发出了有关公司经营稳定、现金充裕的积极信号。相对于集中竞价交易方式，要约回购要经过较多的环节，操作程序比较烦琐，公司的收购成本较高，对公司造成的压力更大。但是一般情况下，要约收购都是在所有股东平等获取信息的基础上由股东自主选择，被视为完全市场化的规范收购模式。此外，要约回购信号作用更强，更有利于提高公司的股价。

3. 要理解这个问题，投资者需要先了解上市公司分红的相关概念。上市公司分红的形式有三种：派发现金股利、转增股本、送红股；上市公司在一次分红中有可能选取其中的任意组合，选取什么样的分红组合方式，取决于公司的财务情况及董事会的决定。

派发现金股利是以一定的股票现金比例利用未分配利润给投资者回报，例如，贵州茅台（600519）在2009年度的分红方案是10派11.85元，如果某投资者持有贵州茅台1 000股，那么分红后得到的现金就是1 185元（税前收入）。

转增股本是以公司的公积金转增为股本，增加股票的份数，例如，苏宁电器（002024）在2006年度的分红方案是10股转增10股，分红后投资者持有的股票数翻倍，股价减半。

送红股是以公司未分配利润给股东送股票股利，增加股票的份数，例如，中联重科股份有限公司（000157）在2009年度的分红方案是10股送15股，分红后投资者的股票100股变成250股，股价变为分红前的40%。可以看出，不论是转增股本还是送红股，投资者手里的股票价值依然没有任何变化，派发现金股利才能让投资者收到真金白银。

那么，送转股票有什么意义呢？送转之后，股价降低，也就使得资金门槛相对降低，方便小额资金的出入，提高流动性。随着公司的高成长，股价又会随着投资者的预期提高而上涨，投资者盈利也会变得更多。但是，高送转必须是建立在高成长的基础上的，送转股票之后，上市公司如果没有相应的高成长，股价也不会上涨，投资者也不能获益。例如，深圳中小盘上市公司苏宁电器，该公司的股价经过多次送转，复权后的股价高达1 000多元，这是因为公司一直保持着高速的增长，即使公司总市值已接近千亿，公司依然保持每年40%左右的增长。相反，

2010年度的高送转公司中有相当一部分企业盈利增长很少,甚至还是负增长,为博得资本市场的青睐,依然给出了高送转的分红方案。当投资者预期上市公司不能保持高增长时,高送转也就不能引起投资者的追捧,股价下跌也在情理之中。

### 七、案例分析题

**案例一:**

1. 常见的股利支付方式有现金股利、股票股利、财产股利、负债股利、股票分割和股票回购。

(1) 现金股利是最普遍的股利发放方式,指公司以货币资金的形式向股东发放股利。

现金股利的优点在于能够使投资者及时到手资金,满足其投资需求,从而释放比较好的信号。缺点在于公司在一个较短的时期内将要支付大量的现金,会增加公司的支付压力,影响公司资金的正常周转,降低公司的短期偿债能力。

(2) 股票股利是指公司经股东大会批准同意,以增发股票的方式,按股东持有股份的比例向股东发放股票,以代替现金发放的一种股利支付形式。

股票股利的优点在于实质上并不会导致公司股东权益发生变化,也不需要支付现金,只不过在股东权益内部将留存收益转化为股本,即增加了公司永久性股本。缺点在于在公司盈利情况不变的情况下,由于股数的增加,每股盈余相应减少,从而会引起公司股价的下跌。

(3) 财产股利是指公司以现金以外的资产作为股利分配给股东的一种股利支付形式,常见的有实物股利和证券股利两种形式。

采用实物股利支付形式,并不会增加公司的现金流出,因此适宜在公司现金支付能力较低时采用。将有价证券作为股利发放给股东,既发放了股利,保持了股利政策的稳定性,又保留了对其他公司的控制权。

(4) 负债股利是指公司以应付票据、公司债券等作为股利来代替现金发放给股东的一种股利支付形式。

采用负债股利支付形式对公司来讲,虽然推迟了支付现金的时间,但也有负面影响,即增加利息支出和到期还本付息的偿债压力,所以一般情况下公司很少采用。

(5) 股票分割是指将面额较高的股票分割为面额较低的股票的行为。

这并不是直接的股利发放,但可以使股东的股票数量增加,如果股票价格不成比例下降,则会使股东财富增加。

(6) 股票回购是指公司在证券市场上购回自己发行在外的股票,通过股价上涨来使股东获得资金收益以代替现金的一种股利支付形式。

公司购回发行在外的普通股股票,势必会使发行在外的普通股股数减少,在公司利润不变的情况下,每股盈余必然相应增加,从而导致股价上涨,股东便可以从中获得资金收益。

2. 用友软件现金股利发放在上市后呈现了近似倒 U 形的过程，这一趋势发生变化的原因可能为：

（1）上市初期大股东的成本回收。用友软件的前三大股东分别为北京用友科技有限公司（持股 55%）、北京用友企业管理研究所有限公司（持股 15%）、上海用友科技咨询有限公司（持股 15%）。这三家公司中，王文京是北京用友科技有限公司的第一大股东，持有该公司 73.6% 的股份，同时王文京还是另两家公司的法定代表人。按照此股权结构推算，他可以从 2001 年的股利派现中分得 3 000 余万元。

（2）进入 2010 年以后，股利发放缓慢下降，这可能是因为公司面临竞争和发展压力，需要留存更多利润和现金，尤其是在开始大力发展互联网业务之后，需要较多投入。

案例二：略。

# 第十五章 财务分析概论

一、单项选择题

1. D  2. B  3. A  4. B  5. D  6. C  7. B  8. C  9. D  10. C

二、多项选择题

1. CD  2. ACD  3. ACD  4. ABD  5. ABD

三、判断题

1. 错  2. 对  3. 对  4. 对  5. 错

四、计算题

1. （1）平均总资产 =（4 800+5 000）÷2 = 4 900(万元)

平均所有者权益 =（2 400+2 500）÷2 = 2 450(万元)

权益乘数 = 4 900÷2 450 = 2

（2）总资产周转率 = 7 350÷4 900 = 1.5

（3）销售净利率 = 294÷7 350 = 0.04

（4）总资产净利率 = 0.04×1.5 = 0.06

净资产收益率 = 0.06×2 = 0.12

2. （1）① 营运资金 = 流动资产−流动负债 = 40 000−30 000 = 10 000(万元)

② 产权比率 = 负债÷所有者权益 =（30 000+30 000）÷40 000 = 1.5

③ 边际贡献率 = 边际贡献÷营业收入 =（80 000−30 000）÷80 000×100% = 62.5%

④ 保本销售额 = 固定成本÷边际贡献率 = 25 000÷62.5% = 40 000(万元)

（2）经营杠杆系数 = 边际贡献÷(边际贡献−固定成本)

= (80 000−30 000)÷(80 000−30 000−25 000) = 2

（3）新生产线项目的指标

① 原始投资额 = 50 000 + 5 500 = 55 500（万元）

② 年折旧 = (50 000 - 2 000) ÷ 8 = 6 000（万元）

第1—7年现金净流量($NCF_{1-7}$) = 22 000×(1-25%) - 10 000×(1-25%) + 6 000×25%

$= 10\ 500$（万元）

③ 第8年现金净流量($NCF_8$) = 10 500 + 2 000 + 5 500 = 18 000（万元）

④ 净现值($NPV$) = 10 500×($P/A$,10%,7) + 18 000×($P/F$,10%,5) - 55 000

$= 10\ 500×4.868\ 4 + 18\ 000×0.466\ 5 - 55\ 500 = 4\ 015.2$（万元）

（4）应该购置该生产线

由于净现值大于0，所以应该购置该生产线。

（5）($EBIT$ - 2 000)×(1-25%) ÷ (30 000 + 10 000) =

($EBIT$ - 2 000 - 50 000×8%)×(1-25%) ÷ 30 000

解得：$EBIT$ = 18 000（万元）

（6）投产后的收入 = 80 000 + 22 000 = 102 000（万元）

投产后的总成本 = 25 000 + 30 000 + 10 000 + 6 000 = 71 000（万元）

用方案投产后的甲公司息税前利润 = 102 000 - 71 000 = 31 000（万元）

投产后财务费用 = 2 000 + 50 000×8% = 6 000（万元）

甲公司财务杠杆系数 = 息税前利润 ÷ （息税前利润 - 利息）

$= 31\ 000 ÷ (31\ 000 - 2\ 000) ≈ 1.07$

**五、思考题**

1. 答：银行在进行贷款决策时，主要应分析企业的偿债能力。银行要根据贷款的期限长短，分析企业的短期偿债能力和长期偿债能力。衡量企业短期偿债能力的指标有流动比率、速动比率、现金比率、现金流量比率等；衡量企业长期偿债能力的指标有资产负债率、利息保障倍数等。此外，还要关注企业的营运能力、盈利能力、信用状况及担保情况等。

2. 答：企业资产负债率的高低对企业的债权人、股东的影响是不同的。从债权人角度来看，他们最关心的是其贷给企业资金的安全性。如果资产负债率过高，说明在企业的全部资产中，股东提供的资金占比太低，企业的财务风险主要由债权人负担，其贷款的安全性也缺乏可靠的保障，所以，债权人总是希望企业的资产负债率低一些。从企业股东的角度来看，其关心的主要是投资报酬的高低，企业借入的资金与股东投入的资金在生产经营中可以发挥同样的作用，如果企业负债所支付的利息率低于资产报酬率，股东就可以利用举债经营取得更多的投资报酬。因此，股东所关心的往往是全部资产报酬率是否超过了借款的利息率。企业股东可以通过举债经营的方式，以有限的资金付出有限的代价取得对企业的控制权,并且得到举债经营的杠杆利益。在财务分析中,资产负债率也因此被人们称作财务杠杆比率。

3. 答:如果企业的应收账款周转率很低,则说明企业回收应收账款的效率低,或者信用政策过于宽松,这样的情况会导致应收账款占用资金数量过多,影响企业资金利用率和资金的正常运转,也可能会使企业承担较大的坏账风险。

4. 答:企业的营运能力反映了企业的资金周转状况,对此进行分析,可以了解企业的营业状况及经营管理水平。资金周转状况好,说明企业的经营管理水平高,资金利用效率高。企业的资金周转状况与供产销各个经营环节密切相关,任何一个环节出现问题,都会影响企业资金的正常周转。资金只有顺利通过各个经营环节,才能完成一次循环。在供产销各环节中,销售有着特殊的意义。因为产品只有销售出去,才能实现其价值,收回最初投入的资金,顺利完成一次资金周转。因此,可以通过产品销售情况与企业资金占用量来分析企业的资金周转状况,评价企业的营运能力。评价企业营运能力常用的财务比率有存货周转率、应收账款周转率、流动资产周转率、固定资产周转率、总资产周转率等。要想提高企业的营运能力,需要从反映企业营运能力的指标入手,对各个指标进行分析,找出原因,更好地提高企业的营运能力。

5. 答:在评价股份有限公司的盈利能力时,一般应以股东权益报酬率作为核心指标。对于股份公司来说,其财务管理目标为股东财富最大化,股东权益报酬率越高,说明公司为股东创造收益的能力越强,有利于实现股东财富最大化的财务管理目标。在分析股东权益报酬率时,要重点分析影响该比率的主要因素,如资产负债率、销售净利率、总资产周转率等指标的变化对股东权益报酬率的影响程度。

6. 答:在评价企业发展趋势时,应当注意以下几点。

① 分析期限至少应在 3 年以上,期限短不足以判断企业的发展趋势。

② 在进行比较分析时要注意不同期限的财务指标应当具有可比性,如果存在一些不可比的因素,应当进行调整。

③ 在评价方法的选择上要根据企业的具体情况来定,主要的评价方法有比较财务报表法、比较百分比财务报表法、比较财务比率法等。

7. 答:股东权益报酬率是一个综合性极强、最有代表性的财务比率,它是杜邦分析系统的核心。企业财务管理的重要目标就是实现股东财富的最大化,股东权益报酬率正是反映了股东投入资金的盈利能力,反映了企业筹资、投资和生产运营等各方面经营活动的效率。股东权益报酬率取决于企业资产净利率和权益乘数。资产净利率主要反映企业运用资产进行生产经营活动的效率如何,而权益乘数则主要反映企业的财务杠杆情况,即企业的资金结构。

8. 答:在利用杜邦分析法进行企业财务状况综合分析时,应将股东权益报酬率作为核心指标。在杜邦分析系统图中，资产、负债、收入、成本等每一项因素的变化都会影响股东权益报酬率的变化。

首先，分析各项因素对股东权益报酬率的影响程度主要应通过以下指标的分解来完成：

股东权益报酬率＝资产净利率×权益乘数

资产净利率＝销售净利率×总资产周转率

其次，分析各项因素对销售净利率、总资产周转率和权益乘数的影响。

9. 答：作为一家股份公司的董事，为了监督公司财务的安全，应该对企业现时的财务状况、盈利能力和未来发展能力非常关注，其财务分析的主要目的在于通过财务分析所提供的信息来监督企业的运营活动和财务状况的变化，以便尽早发现问题，采取改进措施。在行使董事职责时，尤其应当关注以下问题对公司财务安全的影响：

① 公司资产负债率是否在合理的范围之内，公司的财务风险是否过高；

② 公司的现金流量状况如何；

③ 公司是否存在过多的担保责任；

④ 公司管理层是否采取过于激进的经营政策；

⑤ 公司的应收账款周转率、存货周转率等营运能力指标是否发生异常变化。

10. 答：要了解宏观经济的运行情况和企业的经营活动是否遵守有关环保方面的法律法规，以便为其制定相关政策提供决策依据。分析企业在环境保护方面的投入成本是否过少，是否为追求超额利润而忽视了保护环境的社会责任，分析企业产品结构的变化是否有利于维护生态环境等。

### 六、实训题

1. 答：由存货周转率＝销售成本÷存货平均余额可知，存货平均余额＝销售成本÷存货周转率。

所以，提高存货周转率而节约的存货平均占用资金为

$1.6 \div 20 - 1.6 \div 25 = 0.016$（亿元）

用此资金偿还银行短期借款，预计节约的成本为 $0.016 \times 5\% = 0.0008$（亿元）。

2. 答：因为债务利息取决于债务规模和利率水平，不会随公司息税前利润而变化，所以，举债经营具有财务杠杆作用。在债务利息固定不变的情况下，当公司的息税前利润增长时，会引起税后净利润更大幅度的增长，这是举债经营给公司股东带来的财务杠杆利益。但是，公司是否通过举债扩大经营规模，还需要比较企业的资产净利率与债务利息率的大小。当公司的资产息税前利润率大于债务利息率时，通过举债扩大经营规模可以增加股东权益报酬率，对公司股东是有利的；反之，当公司的资产息税前利润率小于债务利息率时，通过举债扩大经营规模反而会降低股东权益报酬率，对股东不利。本公司的资产总额为50万元，无负

债,因此资产息税前利润率与资产利润率相同,都为10%。在资产报酬率不变的情况下,公司通过举债扩大经营规模的标准是资产息税前利润率要高出债务利息率十个百分点。

3. 答:公司的独立董事在与审计师沟通时,通常需要提出以下问题来表达对公司盈利质量的关注:

① 公司的收入和成本的确认与计量是否符合会计准则,是否遵循了谨慎性原则;

② 公司的资产是否按照会计准则规定进行了减值测试;

③ 公司的利润是否具有可持续性;

④ 公司经营活动产生的现金流量如何。

独立董事应请审计师在进行审计时重点关注这些问题。

## 七、案例分析题

**案例一:**

(一) 偿债能力

1. 短期偿债能力分析

(1) 流动比率

流动比率 = 3 960÷2 000 = 1.98

这个比率越高,说明企业流动负债得到偿还的保障越大,短期偿债能力越强,因为该比率越高,不仅反映企业拥有较多的营运资金抵偿短期债务,而且表明企业可以变现的资产数额较大,债权人的风险越小。但是,过高的流动比率也并非好现象,因为流动比率过高,可能是企业滞留在流动资产上的资金过多,未能有效地加以利用,可能会影响企业的盈利能力。经验数据表明,流动比率在2:1左右是比较合理的,A公司的流动比率为1.98,属于正常范围。

(2) 速动比率

速动比率 = (3 960-1 380)÷2 000 = 1.29

根据以往经验,一般认为速动比率为1:1时比较合适,A公司的速动比率为1.29,应属于正常范围之内。

(3) 现金比率

现金比率 = (980+160)÷2 000 = 0.57

现金比率高,说明企业有较好的支付能力,对偿付债务是有保障的。但是这个比率过高,可能意味着企业拥有的盈利能力较低的现金类资产过多,企业的资产未能得到有效的运用。

(4) 现金流动负债比率

现金流动负债比率 = 2 640÷2 000 = 1.32

(5) 到期债务本息偿付比率

到期债务本息偿付比率 = 2 640÷(660+650)≈2.02

该项财务比率越高，说明企业经营活动所产生的现金对偿付本期到期债务本息的保障程度越高，企业的偿债能力也越强。如果该指标小于1，表明企业经营活动产生的现金不足以偿付本期到期债务本息。计算结果说明，2021年度A公司经营活动产生的现金流量净额足以支付本年度到期的债务本息。

2. 长期偿债能力分析

(1) 资产负债率

资产负债率 = 4 140÷9 000×100% = 46%

资产负债率反映企业偿还债务的综合能力，这个比率越高，企业偿还债务的能力越差，财务风险越大。2021年A公司的资产有46%来源于举债；或者说，A公司每46元的债务，就需要有100元的资产作为偿还债务的保障。

(2) 产权比率与有形净值债务率

产权比率反映债权人所提供资金与股东所提供资金的对比关系，可以揭示企业的财务风险及股东权益对债务的保障程度。该比率越低，说明企业长期财务状况越好，债权人贷款的安全越有保障，企业财务风险越小。

A公司产权比率 = 4 140÷4 860≈0.85

有形净值债务率更为保守地反映了在企业清算时债权人投入的资金受到股东权益的保障程度。该比率越低，说明企业的财务风险越小。

A公司有形净值债务率 = 4 140÷(4 860-64)≈0.86

(3) 权益乘数

权益乘数反映企业财务杠杆的大小。权益乘数越大，说明股东投入的资金在资产中所占比重越小，财务杠杆越大。

权益乘数 = 4 500÷2 430≈1.85

(4) 利息保障倍数和现金利息保障倍数

① 利息保障倍数 = (3 632+650)÷650≈6.59

这个比率太低，说明企业难以保证用经营所得来按时按量支付债务利息，这会引起债权人的担心。一般来说，企业的利息保障倍数至少要大于1，否则，就难以偿付债务及利息，若长此以往，甚至会导致企业破产倒闭。

② 现金利息保障倍数 = (2 640+650)÷650≈5.06

现金利息保障倍数反映了企业一定时期经营活动所取得的现金是现金利息支出的多少倍，它更明确地表明了企业用经营活动所取得的现金偿付债务利息的能力。

(二) 营运能力分析

(1) 应收账款周转率

该比率越高，说明应收账款的周转速度越快，流动性越强。

应收账款平均余额=(1 290+1 370)÷2=1 330(万元)

应收账款周转率=18 750÷1 330≈14.10(次)

应收账款平均收账期=360÷13.74≈26.20(天)

(2) 存货周转率

该比率越高,说明存货的周转速度越快,企业销售能力越强。

存货平均余额=(1 160+1380)÷2=1 270(万元)

存货周转率=8 388÷1 270≈6.60(次)

存货周转天数=360÷6.60≈54.55(天)

(3) 流动资产周转率

该比率越高,说明流动资产的利用效率越高。

流动资产平均余额=(3 420+3 960)÷2=3 690(万元)

流动资产周转率=18 750÷3 690≈5.08(次)

(4) 固定资产周转率

该比率越高,说明固定资产的利用效率越高,管理水平越好。

固定资产平均余额=(3 600+4 300)÷2=3 950(万元)

固定资产周转率=18 750÷3 950≈4.75(次)

(5) 总资产周转率

该比率越高,说明企业利用资产进行经营的效率较高。

总资产平均余额=(7 600+9 000)÷2=8 300(万元)

总资产周转率=18 750÷8 300≈2.26(次)

(三) 盈利能力分析

(1) 销售毛利率

销售毛利率=(18750−8388)÷18750×100%≈55.26%

销售毛利率越大,说明在营业收入净额中营业成本所占比重越小,企业通过销售获取利润的能力越强。A公司2021年的销售毛利率为55.26%,说明每100元的营业收入可以为公司创造55.26元的毛利。

(2) 销售净利率

销售净利率=2520÷18750×100%=13.44%

该比率越高,说明企业通过扩大销售获取收益的能力越强。A公司的销售净利率为13.44%,说明每100元的营业收入可为公司创造13.44元的净利润。

(3) 成本费用利润率

A公司2021年成本费用总额=8 388+1 352+2 740+2 100+650=15 230(元)

成本费用利润率=3 632÷18 750×100%≈19.37%

成本费用利润率越高,说明企业为获取收益而付出的代价越小,企业的盈利能力越强。A公司的成本费用利润率为19.37%,说明该公司每耗费100元,可以获取19.37元的净利润。

(4) 总资产报酬率

A公司2021年息税前利润=3 632+650=4 282(元)

总资产报酬率=4 282÷8 300×100%=51.59%

A公司的总资产报酬率为51.59%，说明A公司每100元的资产可以为股东赚取51.59元的净利润。这一比率越高，说明企业的盈利能力越强。

(5) 净资产收益率

净资产收益率=2 520÷8 300×100%≈30.36%

A公司的净资产收益率为30.36%，说明A公司每100元的资产可以为股东赚取30.36元的净利润。这一比率越高，说明企业的盈利能力越强。

(6) 每股收益

每股收益=2 520÷3 000=0.84(元)

每股利润越高，说明盈利能力越强。

(7) 每股现金流量

每股现金流量越高，说明公司越有能力支付现金股利。

每股现金流量=2 640÷3 000=0.88(元)

(8) 每股股利

每股股利=600÷3 000=0.2(元)

A公司每股股利0.2元，说明该公司普通股股东每股可分得0.2元现金股利。

(9) 股利支付率

股利支付率=0.2÷0.84×100%≈23.81%

收益留存率=1−23.81%=76.19%

A公司的股利支付率为23.81%，说明该公司将利润的23.81%用于支付普通股股利。股利支付率主要取决于公司的股利政策，没有一个具体的标准来判断股利支付率是大好还是小好。一般而言，如果公司的现金量比较充裕，并且目前没有更好的投资项目，则可能会倾向于发放现金股利；如果公司有较好的投资项目，则可能会少发股利，而将资金用于投资。

(10) 每股净资产

严格地讲，每股净资产并不是衡量公司盈利能力的指标，但是，它会受公司盈利的影响。如果公司利润较高，每股净资产就会随之较快地增长。

每股净资产=4 860÷3 000=1.62（元）

(11) 市盈率

一般来说，市盈率高，说明投资者对该公司的发展前景看好，愿意出较高的价格购买该公司股票，所以，成长性好的公司其股票市盈率通常要高一些。但如果某一种股票的市盈率过高，则也意味着这种股票具有较高的投资风险。

市盈率=16÷0.84≈19.05

（12）市净率

市净率越高，说明股票的市场价值越高。一般来说，对于资产质量好、盈利能力强的公司，其市净率会比较高。在一个有效的资本市场中，如果公司股票的市净率小于1，即股价低于每股净资产，则说明投资者对公司未来发展前景持悲观的看法。

市净率=16÷1.62≈9.88

（四）发展能力分析

（1）销售增长率

该比率大于0，表示企业本年营业收入增加。该比率越高，说明企业营业收入的成长性越好，企业的发展能力越强。

A公司销售增长率为=(18 750-16 514)÷16 514×100%≈13.54%

（2）资产增长率

一般来说，资产增长率越高，说明企业资产规模增长的速度越快，企业的竞争力会增强。

A公司资产增长率=(9 000-7 600)÷7 600×100%≈18.42%

（3）股权资金增长率

该比率越高，说明企业资金积累能力越强，企业的发展能力也越好。

股权资金增长率=(4 860-3 952)÷3 952×100%≈22.98%

（4）利润增长率

该比率越高，说明企业的成长性越好，发展能力越强。

利润增长率=(3 632-3 366)÷3 366×100%≈7.90%

（五）杜邦财务分析体系

（1）净资产收益率反映公司所有者权益的投资报酬率，具有很强的综合性，是杜邦分析体系的起点。可以看出，决定总资产收益率（57.19%）高低的因素有3个：权益乘数（1.85）、销售净利率（13.44%）和总资产周转率（2.26）。3个因素分别反映了企业的负债比率、盈利能力比率和资产管理比率。

（2）权益乘数（1.85）主要受资产负债率指标的影响。权益乘数越大，企业负债程度越高，偿还债务能力越差，财务风险程度越高。这个指标同时也反映了财务杠杆对利润水平的影响。财务杠杆具有正反两方面的作用。在收益较好的年度，它可以使股东获得的潜在报酬增加，但股东要承担因负债增加而引起的风险；在收益不好的年度，则可能使股东潜在的报酬下降。当然，从投资者角度而言，只要资产报酬率高于借贷资金利息率，负债比率越高越好。

（3）销售净利率（13.44%）高低的分析，需要从销售额和销售成本两个方面进行，有关盈利能力。如售价太低，成本过高，还是费用过大。

（4）总资产周转率（2.26）是反映企业运用资产以产生销售收入能力的指标。

（六）沃尔比重评分法

**A 公司 2021 年财务状况综合评分表**

| 财务比率 | 评分值①/分 | 上/下限②/分 | 标准值③ | 实际值④ | 相对比率⑤=④/③ | 实际得分⑥=①×⑤ |
|---|---|---|---|---|---|---|
| 偿债能力 | 20 | 30/10 | — | — | — | — |
| 流动比率 | 10 | 15/5 | 2 | 1.98 | 0.990 | 9.90 |
| 利息保障倍数 | 10 | 15/5 | 5 | 6.59 | 1.318 | 13.18 |
| 营运能力 | 16 | 24/8 | — | — | — | — |
| 流动资产周转率 | 8 | 12/4 | 5 | 5.08 | 1.016 | 8.13 |
| 总资产周转率 | 8 | 12/4 | 2 | 2.26 | 1.130 | 9.04 |
| 盈利能力 | 40 | 60/20 | — | — | — | — |
| 销售毛利率 | 15 | 23/7 | 55% | 55.26% | 1.005 | 15.08 |
| 股东权益报酬率 | 25 | 48/12 | 40% | 57.19% | 1.430 | 35.75 |
| 发展能力 | 24 | 36/12 | — | — | — | — |
| 股权资金增长率 | 12 | 18/6 | 20% | 22.98% | 1.149 | 13.79 |
| 净利润增长率 | 12 | 18/6 | 5% | 7.33% | 1.466 | 17.59 |
| 综合评分 | 100 | — | — | — | — | 122.46 |

A 公司的综合评分为 122.46 分，高于 100 分，说明公司的财务状况很理想。

**案例二：**

（一）偿债能力分析

1. 短期偿债能力分析

（1）流动比率

本年流动比率 = 1 400÷600 ≈ 2.33

上年流动比率 = 1 220÷440 ≈ 2.77

光华公司本年的流动比率降低了 0.44（2.77−2.33），即为每 1 元流动负债提供的流动资产保障减少了 0.44 元。经验数据表明，流动比率在 2∶1 左右是比较合理的。

（2）速动比率

本年速动比率 =（1 400−238）÷600 ≈ 1.94

上年速动比率 =（1 220−652）÷440 ≈ 1.29

光华公司的速动比率比上年提高了 0.65，说明为每 1 元流动负债提供的速动资产保障增加了 0.42 元。根据以往经验，一般认为速动比率为 1∶1 时比较合适，一些应收账款较多的企业,速动比率可能要大于1。

(3) 现金比率

本年现金比率=(100+12)÷600≈0.19

上年现金比率=(50+24)÷440≈0.17

现金比率高,说明企业有较好的支付能力,对偿付债务是有保障的。光华公司的现金比率比上年增加0.02,说明企业为每1元流动负债提供的现金资产保障增加了0.02元。

2. 长期偿债能力分析

(1) 资产负债率

本年资产负债率=2 080÷4 000×100%=52%

上年资产负债率=1 600÷3 360×100%≈47.62%

资产负债率反映企业偿还债务的综合能力,这个比率越高,企业偿还债务的能力越差,财务风险越大。通常,资产在破产拍卖时的售价不到账面价值的50%,因此,资产负债率高于50%,则债权人的利益就可能缺乏保障。

(2) 产权比率

产权比率反映债权人所提供资金与股东所提供资金的对比关系,可以揭示企业的财务风险及股东权益对债务的保障程度。该比率越低,说明企业长期财务状况越好,债权人贷款的安全越有保障,企业财务风险越小。

年初产权比率=1 600÷760≈2.11

年末产权比率=2 080÷920≈2.26

光华公司2021年年末的产权比率为2.26,高于年初的2.11,在经济繁荣时,多借债可以获得更多利润;在经济不景气时,会显得举债偏高,财务结构不稳定。

(3) 利息保障倍数

本年利息保障倍数=(272+128+220)÷220≈2.82

上年利息保障倍数=(320+150+192)÷192≈3.45

这个比率太低,说明企业难以保证用经营所得来按时按量支付债务利息,这会引起债权人的担心。一般来说,企业的利息保障倍数至少要大于1,否则,就难以偿付债务及利息,若长此以往,甚至会导致企业破产倒闭。从计算结果来看,应当说,光华公司两年的利息保障倍数都较高,有较强的偿付债务利息能力。

(二) 营运能力分析

(1) 应收账款周转率

该比率越高,说明应收账款的周转速度越快,流动性越强。

应收账款平均余额=(796+398)÷2=597(万元)

应收账款周转率=6 000÷597≈10.05(次)

应收账款平均收账期=360÷10.05≈35.8(天)

(2) 存货周转率

该比率越高，说明存货的周转速度越快，企业销售能力越强。

存货平均余额=(238+652)÷2=445(万元)

存货周转率=5 288÷445≈11.88(次)

存货周转天数=360÷11.88≈30.3(天)

(3) 流动资产周转率

该比率越高，说明流动资产的利用效率越高。

流动资产平均余额=(1 440+1 220)÷2=1 330(万元)

流动资产周转率=6 000÷330≈18.18(次)

(4) 固定资产周转率

该比率越高，说明固定资产的利用效率越高，管理水平越好。

固定资产平均余额=(1 910+2 476)÷2=2 193(万元)

固定资产周转率=6 000÷2 193≈2.74(次)

(5) 总资产周转率

该比率越高，说明企业利用资产进行经营的效率较高。

固定资产平均余额=(3 360+4 000)÷2=3 680(万元)

固定资产周转率=6 000÷3 680≈1.63(次)

(三) 盈利能力分析

(1) 销售净利率

本年销售净利率=272÷6 000×100%≈4.53%

上年销售净利率=320÷5 700×100%≈5.61%

该比率越高，说明企业通过扩大销售获取收益的能力越强。计算结果表明，光华公司的销售净利率比上年下降了1.08%。如何加强企业管理，控制通股成本费用，以提升销售净利率，是该公司生产经营中需要解决的问题之一。

(2) 总资产报酬率

本年总资产报酬率=620÷3 680×100%≈16.85%

该公司资产的综合利用效果比较理想。比率越高，说明企业的盈利能力越强。

(3) 净资产收益率

本年净资产收益率=272÷1 920×100%≈14.17%

上年净资产收益率=320÷1 760×100%≈18.18%

这一比率越高，说明企业的盈利能力越强，运营效率越好。

**案例三：**

该公司三年内财务状况分析如下。

(1) 净资产收益率

净资产收益率=净利润÷资产平均总额×100%

2020年净资产收益率=净利润÷资产平均总额=300.3÷1 430×100%=21%
2021年净资产收益率=净利润÷资产平均总额=202.36÷1 560×100%≈12.97%
2022年净资产收益率=净利润÷资产平均总额=97.5÷1 690×100%≈5.77%

由此可见，本公司净资产收益率下降的原因是净利润逐年降低，但是资产规模却不断扩大。

（2）总资产周转率

总资产周转率=营业收入÷资产平均总额
2020年总资产周转率=营业收入÷资产平均总额=4 000÷1 430≈2.80（次）
2021年总资产周转率=营业收入÷资产平均总额=4 300÷1 560≈2.76（次）
2022年总资产周转率=营业收入÷资产平均总额=3 250÷1 690≈1.92（次）

由此可见，本公司总资产周转率从2.80下降至1.92的原因主要是资产规模不断扩大，营业收入并未呈现相应的稳定增长。

（3）营业净利率

营业净利率=净利润÷营业收入×100%
2020年营业净利率=净利润÷营业收入×100%=300.3÷4 000×100%=7.50%
2021年营业净利率=净利润÷营业收入×100%=202.36÷4 300×100%=4.71%
2022年营业净利率=净利润÷营业收入×100%=97.5÷3 250×100%=3%

由此可见，本公司营业净利率由7.5%下降至3%的主要原因是净利润与营业收入不匹配。2021年营业收入增加，净利润并未相应增长；2022年营业收入与净利润双双下降，导致营业净利率三年内持续下降。

**案例四：**

（一）偿债能力分析

1. 短期偿债能力分析

各指标计算结果如下表所示。

| 项目 | 2019年 | 2020年 | 2021年 |
| --- | --- | --- | --- |
| 流动比率 | 2.73 | 2.14 | 1.84 |
| 速动比率 | 2.33 | 1.75 | 1.52 |
| 现金比率 | 0.46 | 0.39 | 0.31 |
| 现金流量比率 | 0.58 | 0.44 | 0.21 |

2. 长期偿债能力分析

各指标计算结果如下表所示。

| 项目 | 2019 年 | 2020 年 | 2021 年 |
|---|---|---|---|
| 资产负债率 | 21.04% | 23.27% | 25.74% |
| 股东权益比率 | 78.96% | 76.73% | 74.26% |
| 偿债保障比率 | 1.73 | 2.30 | 4.87 |

注：未考虑少数股东权益。

3. 负担利息和固定费用能力的分析

各指标计算结果见下表。

| 项目 | 2019 年 | 2020 年 | 2021 年 |
|---|---|---|---|
| 利息保障倍数 | 53.79 | 72.79 | 27.70 |
| 固定支出保障倍数 | 35.60 | 52.29 | 22.38 |

注：利息费用以财务费用替代。

(二) 营运能力分析

1. 资金周转情况分析

各指标计算结果见下表。

| 项目 | 2019 年 | 2020 年 | 2021 年 |
|---|---|---|---|
| 应收账款周转次数 | 4 | 9 | 9 |
| 应收账款周转天数 | 90 | 40 | 40 |
| 存货周转次数 | 9 | 20 | 16 |
| 存货周转天数 | 40 | 18 | 22 |
| 流动资产周转率 | 2.03 | 4.01 | 3.33 |
| 固定资产周转率 | 5.77 | 9.90 | 7.55 |
| 总资产周转率 | 1.25 | 2.10 | 1.61 |

2. 产生现金能力分析

各指标计算结果见下表。

| 项目 | 2019 年 | 2020 年 | 2021 年 |
|---|---|---|---|
| 经营现金使用效率 | 1.13 | 1.08 | 1.06 |
| 现金利润比率 | −0.26 | 0.40 | −0.13 |
| 现金收入比率 | 0.10 | 0.06 | 0.03 |

(三) 获利能力分析

1. 与销售收入有关的获利能力指标

各指标计算结果见下表。

| 项目 | 2019 年 | 2020 年 | 2021 年 |
|---|---|---|---|
| 营业毛利率 | 18.24% | 16.89% | 12.95% |
| 营业净利率 | 8.78% | 5.40% | 3.44% |

2. 与资金有关的获利能力指标

各指标计算结果见下表。

| 项目 | 2019 年 | 2020 年 | 2021 年 |
|---|---|---|---|
| 投资报酬率 | 11.00% | 11.36% | 5.54% |
| 净资产收益率 | 14.33% | 14.65% | 7.34% |

注：未考虑少数股东权益。

3. 与股票数量或股票价格有关的获利能力指标

相关指标计算结果见下表。

单位：元

| 项目 | 2019 年 | 2020 年 | 2021 年 |
|---|---|---|---|
| 每股盈余 | 0.53 | 0.74 | 0.44 |
| 每股现金流量 | 0.60 | 0.84 | 0.43 |
| 每股股利 | 0.25 | 0.36 | 0.11 |

需要说明的是，目前对市盈率的计算存在很多有争议的观点，对股票市价的选择和每股盈余的选择都存在很大差异，所以学生能够掌握基本计算公式即可，不必拘泥于究竟选择哪一天的股价或者哪些天的平均股价。

（四）发展能力分析

相关指标计算结果见下表。

| 项目 | 2019 年 | 2020 年 | 2021 年 |
|---|---|---|---|
| 营业收入增长率 | — | 136.97% | 0.98% |
| 净利润增长率 | — | 45.69% | — |
| 总资产增长率 | 4.05% | 76.49% | 6.51% |
| 净资产增长率 | 10.37% | 71.50% | 3.08% |
| 经营现金净流量增长率 | — | 46.92% | — |

注：未考虑少数股东权益。

（五）综合分析

从以上各个财务能力分析的结果来看，ABC 公司 2019—2021 年的财务能力呈现下降趋势。可通过对偿债能力、营运能力、获利能力和发展能力三年的发展情况进行图表对比来呈现这一趋势。以获利能力为例,可绘图如下。

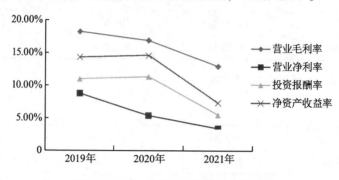

2019—2021 年 ABC 公司获利能力趋势图

在此基础上,以 2021 年的数据为例进行杜邦分析(ABC 公司杜邦分析图中除净资产收益率、投资报酬率、平均权益乘数、营业净利率、总资产周转率之外的数据单位均为万元)。

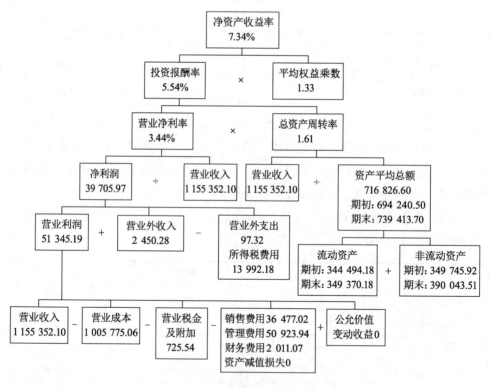

ABC 公司杜邦分析图

案例五:略。

案例六:略。

## 第十六章 企业设立、变更与清算

**一、单项选择题**

1. B  2. B  3. A  4. B  5. A  6. B  7. D  8. B  9. B  10. D

**二、多项选择题**

1. ABCD  2. ABC  3. ABCD  4. ACD  5. ABCD

**三、判断题**

1. 错  2. 错  3. 对  4. 错  5. 对

## 第十七章 企业并购财务管理

**一、单项选择题**

1. B  2. A  3. C  4. C  5. A  6. C  7. B  8. A  9. C  10. A

**二、多项选择题**

1. BCD  2. ABC  3. ABCD  4. ABCD  5. ACD

**三、判断题**

1. 错  2. 错  3. 对  4. 错  5. 对

**四、计算题**

第一步,估计公司高速成长期的股权自由现金流量。

$FCFE=$净收益$-($资金性支出$-$折旧$)\times(1-$负债比率$)-$营运资金增量$\times(1-$负债比率$)$

$$FCFE_{2021} = 3.1\times(1+30\%)-(1-0.6)\times(1+30\%)\times(1-60\%)-$$
$$[12.4\times20\%\times(1+30\%)-12.4\times20\%]\times(1-60\%)$$
$$\approx 4.03-0.21-0.3=3.52(元)$$

$$FCFE_{2022}=4.03\times(1+30\%)-0.21\times(1+30\%)-0.3\times(1+30\%)$$
$$\approx 5.24-0.27-0.39=4.58(元)$$

$$FCFE_{2023}=5.24\times(1+30\%)-0.27\times(1+30\%)-0.39\times(1+30\%)$$
$$\approx 6.81-0.35-0.51=5.95(元)$$

$$FCFE_{2024}=6.81\times(1+30\%)-0.35\times(1+30\%)-0.51\times(1+30\%)$$
$$\approx 8.85-0.46-0.66=7.73(元)$$

$$FCFE_{2025}=8.85\times(1+30\%)-0.46\times(1+30\%)-0.66\times(1+30\%)$$
$$\approx 11.51-0.6-0.86=10.05(元)$$

第二步,估计公司高速成长期的股权资金成本。

$r=7.5\%+1.3\times5\%=14\%$

第三步,计算公司高速成长期股权自由现金流量的现值,即将各年的 $FCFE$ 按照14%的折现率折现后加总。

公司高速增长阶段 $FCFE$ 的现值 = $3.52 \times PVIF_{14\%,1} + 4.58 \times PVIF_{14\%,2} + 5.95 \times PVIF_{14\%,3} + 7.73 \times PVIF_{14\%,4} + 10.05 \times PVIF_{14\%,5}$

$= 3.09 + 3.52 + 4.02 + 4.58 + 5.22$

$= 20.43$（元）

第四步，估计第 6 年的股权自由现金流量。

$FCFE_{2026} = 11.51 \times (1+6\%) - 12.4 \times (1+30\%)^5 \times 20\% \times 6\% \times (1-60\%)$

$\approx 12.20 - 0.29 = 11.91$（元）

第五步，计算公司稳定增长期的股权资金成本。

$r_n = 7.5\% + 1 \times 5\% = 12.5\%$

第六步，计算公司稳定增长期股权自由现金流量的现值。

稳定增长期 $FCFE$ 的现值 = $11.91 \div (12.5\% - 6\%) \div (1+14\%)^5 \approx 95.16$（元）

第七步，计算公司股权自由现金流量现值总和。

$V = (20.43 + 95.16) \times 3\,000 = 346\,770$（万元）

## 五、思考题

1. 答：目标公司价值评估方法主要有：成本法、市场比较法、现金流量折现法和换股并购股价法。

① 成本法主要以目标公司的资产价值为基础进行评估，可分为账面价值法、市场价值法和清算价值法。

② 市场比较法，也称相对价值法，以资本市场上与目标公司的经营业绩和风险水平相当的公司的平均市场价值为参照来评估目标公司价值。其基本假设是：在完全市场中，类似的资产应该有类似的价值。在难以通过其他方法确定评估对象的价值时可以考虑这种方法。同时，上市公司采用这种方法的好处是信息披露及时、充分，资本市场对类似的公司常常有相近的估值水平。市场比较法根据所选择的观测变量不同，可以分为市盈率法、市净率法和市销率法等。

③ 现金流量折现法，其基本原理是：资产价值等于以投资者要求的必要投资报酬率为折现率，对该项资产预期未来的现金流量进行折现所计算出的现值之和。对于经营性资产来说，其价值并非简单取决于资产的购置成本或者现行市场价格。从投资的角度来看，一项资产的价值主要取决于在其寿命期限内能够给投资者带来的期望报酬。现金流量折现法既可用于单项资产的价值评估，也可用于对一个公司的价值评估。

④ 如果并购双方都是股份公司，则可以采用换股并购的方式，即股票换股票的方式实现并购，并购公司用本公司股票交换目标公司股东的股票，从而实现对目标公司的收购。采用换股并购时，对目标公司的价值评估主要体现在换股比例的大小上。

在选择评估方法时要综合考虑被评估公司的实际情况。对于收购一家上市公司来说，一般可根据其股票市值，并参考同类公司的有关指标进行必要的调整来评估其公司价值比较合理。

2. 答：现金流量折现法是资产价值评估的一种重要方法，其基本原理是：资产价值等于以投资者要求的必要投资报酬率为折现率，对该项资产预期未来的现金流量进行折现所计算出的现值之和。对于经营性资产来说，其价值并非简单取决于资产的购置成本或者现行市场价格。从投资的角度来看，一项资产的价值主要取决于在其寿命期限内能够给投资者带来的期望报酬（通常以现金流量来表示）。在采用这种方法时，应当注意影响目标公司评估价值的主要因素，具体包括现金流量、期限和折现率。

① 现金流量。在公司并购决策中，目标公司的净现金流量是指该公司未来持续经营期限内所创造出的自由现金流量，可分为公司自由现金流量和股权自由现金流量。

② 期限。期限即目标公司现金流量的预测时间。期限长短对公司价值的评估结果会有较大的影响。从理论上讲，目标公司的现金流量的持续时间应当等于公司预计经营期限。在持续经营的假设下，公司将无限期经营下去，这就给预测期限的确定带来了难题。在实践中，可根据具体情况不同来确定期限。如果并购公司对目标公司有一个明确的计划经营期限，就可以按计划经营期限来确定预测期限；如果并购公司对目标公司没有明确的计划经营期限，预测期限一般以对目标公司的持续追加投资的预计内含报酬率等于资金成本率之时为时间截止点。

③ 折现率。在价值评估中一般采用资金成本率作为折现率。资金成本率与公司的风险水平密切相关。并购决策所采用的折现率需要考虑更多的因素，不仅要考虑目标公司的风险大小，还需要考虑并购之后对公司整体风险的影响。由于在价值评估中采用的现金流量不同，在确定折现率时也应选择不同的资金成本率。如果现金流量采用公司自由现金流量，折现率就应当选择公司的加权平均资金成本率；如果现金流量采用股权自由现金流量，折现率就应当选择股权资金成本率。

3. 答：财务危机，也称财务困境或财务失败，是指企业由于现金流量不足，无力偿还到期债务，而被迫采取非常措施的一种状态。企业发生财务危机的主要标志就是现金流量短缺并呈持续状态，无力履行偿还到期债务的义务，不得不采取在现金流量正常情况下不可能采取的非常措施，如变现重要的经营性资产、高息借贷、停发现金股利、债务重组、申请破产等。

在我国，企业出现财务危机的原因主要有以下几点。

① 企业管理结构存在缺陷。企业高级管理层存在结构缺陷，会导致企业重大决策失误，由此可能给企业带来重大损失。

② 会计信息系统存在缺陷。可靠的会计信息可以帮助管理层及时发现问题，为做出正确的决策提供依据。但是，失败的企业会计信息系统常常是不健全的，

主要表现在：缺乏预算控制系统，或者预算控制系统不健全；缺乏现金流量的预测；没有成本核算系统；对资产价值的估值不当。不健全的会计信息掩盖了问题，使财务风险不断积累，直到危机爆发。

③ 面对经营环境的变化，企业不能及时采取恰当的应对措施。

④ 制约企业对环境变化做出反应的因素。来自政府或社会的一些限制因素，可能会制约企业对环境变化的反应，降低企业的自由度，导致企业付出较高成本。

⑤ 过度经营。企业过度经营有许多表现形式，比如，过度筹资降低了资金利用效率；以牺牲利润率的方式追求销售额的增长等。

⑥ 盲目开发大项目。管理层过于乐观，盲目开发大项目，高估项目的收入或低估项目的成本，导致企业现金流量紧张。企业经常开发的大项目主要包括并购、多元化经营、开发新产品、项目扩张等。如果管理层对大项目判断错误，就可能导致项目失败，给企业造成重大损失。

⑦ 高财务杠杆。在经济环境不景气、企业经营业绩下降的情况下，较高的资产负债率会加大财务风险，导致企业发生亏损和现金流量紧张。

⑧ 常见的经营风险。任何企业都会面对一些常见的经营风险，这些经营风险一般不会导致企业经营失败，但对于实力弱小、管理水平较低的企业来说，常见的经营风险也可能使企业陷入财务危机之中。

4. 答：企业财务危机在发生之前一般都会存在一定的征兆，如果能事先察觉这些征兆，就可以采取有效措施预防财务危机的发生。一般来说企业在陷入财务危机之前，在财务指标上会表现出以下征兆：

① 现金流量。企业出现财务危机首先表现为缺乏偿付到期债务的现金流量。如果企业经营活动现金流量不断减少，现金流入小于现金流出，并且这种趋势在短时间内并无好转的迹象，就需要引起管理层的注意，及时采取措施，避免现金流量状况继续恶化。

② 存货异常变动。保持一定数量的存货对于均衡生产、促进销售有着重要的意义。除季节性生产企业外，对于正常经营的企业来说，存货量应当比较稳定。如果在某一时期企业出现存货大幅增加或大幅减少，发生异常变动，就应当引起注意，这可能是企业财务问题的早期信号。

③ 销售量的非预期下降。销售量的非预期下降会带来严重的财务问题。比如，当一个销售量正在下降的企业仍在扩大向其客户提供赊销时，管理人员就应该预见到其现金流量将面临困境。

④ 利润严重下滑。几乎所有发生财务危机的企业都要历经3—5年的亏损，随着亏损额的增加，历年的积累被蚕食，而长期亏损的企业又很难从外部获得资金支持，这就出现了财务危机的明显征兆，长期下去，企业必然陷入财务困境。

⑤ 平均收账期延长。收账期是反映企业应收账款周转速度的一个重要指标。

平均收账期延长，会增加企业在应收账款方面的投资，占用大量的资金。当企业的现金余额由于客户延迟付款而逐渐减少时，较长的平均收账期就会成为企业严重的财务问题。所以，管理层应重视企业的收账期，以免问题变得更加严重。

⑥ 偿债能力指标恶化。其反映企业偿债能力的财务指标主要有资产负债率、利息保障倍数、流动比率、速动比率等，如果这些财务指标在连续多个会计期间不断恶化，就是财务危机的明显征兆。

### 六、实训题

答：成功的企业并购与内部扩张方式相比，一般具有以下优点。

① 当两家或更多的公司合并时会产生协同效应。能给企业带来管理协同效应、经营协同效应、财务协同效应及税收协同效应，还能实现公司的多元化发展，同时也是解决代理问题的外部控制手段之一。

② 有助于企业整合资源，提高规模经济效益；有助于企业以很快的速度扩大生产经营规模，确立或者巩固企业在行业中的优势地位；有助于企业消化过剩的生产能力，降低生产成本；有助于企业降低资金成本，改善财务结构，提升企业价值；有助于实现并购双方在人才、技术、财务等方面的优势互补，增强研发能力，提高管理水平和效率；有助于实现企业的战略目标，谋求并购战略价值等。

但是，企业并购也可能带来潜在的危机和风险，主要体现为以下几方面。

① 营运风险。即企业并购完成后，可能并不会产生协同效应，甚至会出现规模不经济。

② 筹资风险。企业并购往往需要大量资金，如果企业筹资不当，就会对企业资金结构和财务杠杆产生不利影响，增加企业财务风险。

③ 反收购风险。如果企业并购演化成敌意收购，被并购方就会不惜代价设置障碍，从而增加企业收购成本，甚至有可能导致收购失败。

④ 安置被收购企业员工风险。在实施企业并购时，并购方往往会被要求安置被收购企业员工或者支付相关成本，如果并购方处理不当，往往会因此背上沉重的包袱，增加其管理成本和经营成本。

⑤ 资产不实风险。由于并购双方的信息不对称，有时并购方看好的被并购方的资产，在并购完成后有可能存在严重高估，甚至一文不值，从而给并购方造成很大的经济损失。

总之，企业并购与企业内部扩张相比，兼并和收购是推动公司规模扩张的更快途径，同时带来的管理协同效应、税收协同效应等是企业无法通过内部扩张实现的。但是并购也可能使公司面临更多的风险。

### 七、案例分析题

略。